GIORDANO BRUNO

Über die Monas, die Zahl und die Figur

als Elemente einer sehr geheimen Physik,
Mathematik und Metaphysik

Mit einer Einleitung
herausgegeben von

ELISABETH VON SAMSONOW

Kommentar von
Martin Mulsow

FELIX MEINER VERLAG
HAMBURG

PHILOSOPHISCHE BIBLIOTHEK BAND 436

Der Text wurde aus dem Lateinischen übersetzt und mit Anmerkungen versehen von Elisabeth von Samsonow, Martin Mulsow, Ingomar Lorch und Matthias Reuss, unter Mitarbeit von Miranda Alberti und Elisabeth Lehr.

Die Deutsche Bibliothek – CIP-Einheitsaufnahme

Bruno, Giordano:
Über die Monas, die Zahl und die Figur als Elemente einer sehr geheimen Physik, Mathematik und Metaphysik / Giordano Bruno. Mit einer Einl. hrsg. von Elisabeth von Samsonow. Kommentar von Martin Mulsow. – Hamburg : Meiner, 1991
  (Philosophische Bibliothek ; Bd. 436)
  Einheitssacht.: De monade numero et figura <dt.>
  ISBN 3-7873-1008-8
NE: Samsonow, Elisabeth von [Hrsg.]; Mulsow, Martin [Hrsg.]; GT

© Felix Meiner Verlag, Hamburg 1991. Alle Rechte, auch die des auszugsweisen Nachdrucks, der fotomechanischen Wiedergabe und der Übersetzung, vorbehalten. Dies betrifft auch die Vervielfältigung und Übertragung einzelner Textabschnitte durch alle Verfahren wie Speicherung und Übertragung auf Papier, Filme, Bänder, Platten und andere Medien, soweit es nicht §§ 53 und 54 URG ausdrücklich gestatten. – Satz: Satz-Offizin Hümmer, Waldbüttelbrunn. Druck: Strauss Offsetdruck, Hirschberg. Einband: Lüderitz & Bauer, Berlin. Einbandgestaltung: Jens Peter Mardersteig. Gedruckt auf säurefreiem, alterungsbeständigem Werkdruckpapier. Printed in Germany.

INHALT

Einleitung. Von Elisabeth von Samsonow IX

GIORDANO BRUNO
Über die Monas, die Zahl und die Figur

[Prolog]	2
Kapitel I.	4
Kapitel II. Über die erste Figur (die, die der Monas ist) Nicht-Eck oder Kreis	16
Die Keisbewegung	21
Umschreibung	22
Einschreibung	22
Einfachheit. Die Analogie zwischen Kreis und Monas	23
Die Stufen der Monas	26
Erste Ordnung	26
Zweite Ordnung	27
Dritte Ordnung	27
Kapitel III. Das Zweieck ist die Figur der Zweiheit	30
Pytagoräische Koordination	32
Die Analogie zwischen Zweieck und Zweiheit	32
Die Stufen der Zweiheit	34
Erste Ordnung	34
III. Zweite Ordnung der Zweiheit	36
IV. Dritte Ordnung der Zweiheit	37

KAPITEL IV. DIE DREIHEIT DES SEIENDEN	39
Die Analogie zwischen Dreiheit und Dreieck	39
Der Ring des Apoll	41
Ich zeichne den Tisch der Grazien	42
Die Stufen der Dreiheit	45
Erste Ordnung	45
Zweite Stufe der Ordnung der Dreiheit	47
Dritte Stufe der Ordnung der Dreiheit	51
IV. Der Zahl, der Größe und der Bewegung untergeordnete Dreiheiten	52
V. Der Zahl werden untergeordnet	53
VI. Der Größe werden untergeordnet	53
VII. Die Anwendung der Dreiheiten	54
KAPITEL V. ICH MALE DIE FIGUR DER VIERHEIT, DAS ZEICHEN DES OZEANS AUF UND BESCHREIBE SIE ALS QUADRAT	56
Das Siegel des Ozeans	56
Der Fluß, das Siegel der Nereiden, stellt das Quadrat dar	57
Aether. Wenn ich das Siegel der Juno zeichne, schreibe ich ein Viereck aus gebogenen Linien einem Kreis ein und um	59
Analogie zwischen Vierheit und Viereck	60
Die kabbalistische Stadt	61
Die Stufen der Vierheit	65
Erste Ordnung	65
Zweite Ordnung	68
Dritte Ordnung	72
Die Natur der vier Elemente am Himmel	74
Die Natur der vier Elemente in der intellektuellen Welt	76

Inhalt VII

Die Natur der vier Elemente in der geistigen Welt	76
Die Natur der vier Elemente in der leitenden Welt	80

KAPITEL VI. DIE FIGUR DER FÜNFHEIT ZEICHNET DEN SCHILD DER MAGIER, ICH SCHREIBE DAS FÜNFECK IN EINEN KREIS EIN 83

Die Analogie zwischen Fünfeck und Fünfheit 85
Die Stufen der Fünfheit 88
  Erste Ordnung 88
  Zweite Ordnung 90
  Dritte Ordnung 93
  Das Götterbild des Veiovis 98

KAPITEL VII. DIE ARBEIT. WENN ICH DAS HAUS DER EHE UND DES WERKES ZEICHNE, SCHREIBE ICH EIN SECHSECK EINEM KREIS EIN UND UM 103

Die Analogie zwischen Sechseck und Sechsheit ... 104
Die Stufen der Sechsheit 108
  Erste Ordnung 108
  Zweite Ordnung 110
  Dritte Ordnung 111

KAPITEL VIII. DAS HAUS DER RUHE, WELCHES DAS BILD DER SIEBENHEIT AUFMALT, SCHREIBE ICH ALS SIEBENECK EINEM KREIS EIN UND UM 116

Die Analogie zwischen Siebeneck und Siebenheit .. 117
Die Stufen der Siebenheit 121
  Erste Ordnung 121
  Zweite Ordnung 122
  Dritte Ordnung 123

KAPITEL IX. DAS HAUS. ICH ZEICHNE DAS BILD DER ACHTHEIT UND SCHREIBE DAS ACHTECK DEM KREIS EIN UND UM 126

Die Stufen der Achtheit	128
Erste Ordnung	128
Zweite Ordnung	130
Dritte Ordnung	131
KAPITEL X. DIE MUSE. ICH GEBE EINE BESCHREIBUNG DES BILDES DER NEUNHEIT	134
Die Analogie zwischen Neuneck und Neunheit	135
Die Stufen der Neunheit	136
Erste Ordnung	136
Zweite Ordnung	137
Dritte Ordnung	138
KAPITEL XI. DIE WELT. DAS ERSTE PRINZIP UND DER ARCHETYP DER ZEHNHEIT, DESSEN BILD ALS ZEHN-ECK AUF EINEM SCHILD AUFGEMALT IST	143
Geometrische Erstellung der Figur	144
Die Stufen der Zehnheit	146
Erste Ordnung	146
Zweite Ordnung	149
Dritte Ordnung	151
EPILOG DES MASSES	154
EPILOG DER FIGUR	156
Anmerkungen	159
Kommentar. Von Martin Mulsow	181
Ausgewählte Bibliographie	271
Register	275
Namen	275
Sachen	278

EINLEITUNG

I. Die Idee einer universalen Grammatik

Giordano Bruno schrieb das Lehrgedicht »Über die Monas« als mittleres von dreien, die zum ersten Mal in Frankfurt am Main 1591 publiziert worden sind. Den inneren Zusammenhang dieser sogenannten Frankfurter Gedichte erläuterte Bruno in der Widmungsepistel: »Hier also finden sich zunächst die Bücher vom Minimum, dem Magnum und dem Maß, in denen man die Lehre, die Ausbildung und die Unterrichtung in den ersten Prinzipien der Intellekte sieht. Zweitens findet sich das Buch von der Eins, der Zahl und der Figur, in dem man Offenbarung, Glaube und Weissagung, und gewisse Grundlagen und Spuren von Meinungen und Erfahrungen erkennt. Drittens folgen die Bücher vom immensen, unzähligen und unfigurierbaren Universum, in welchem die Beweise evident, unumstößlich und sehr sicher sind in Bezug darauf, wie die Staaten der Welten angeordnet werden, das eine Reich ohne Ende einem unendlichen Herrscher untersteht und die Ordnung der Natur sich faßbar und unfaßbar zeigt.«[1]

Als Thema des uns vorliegenden Gedichts »Über die Monas« gibt Bruno den Bereich von Offenbarung, Glaube und Weissagungen, Meinungen und Erfahrungen an. Es sei der Bereich »*unsicheren Fragens*« *(incerti quaerimus)*, ein offener Bereich, Veränderungen und dem Wechsel der Anschauungen unterworfen. Im Kontrast dazu stünden die Haltungen des Denkens, die die Themen der beiden anderen, die »Monas«

---

[1] Jordani Bruni Nolani De Monade Numero et Figura liber consequens quinque De Minimo Magno et Mensura. Item de Innumerabilibus, Immenso et Infigurabili; seu de Universo et Mundis libri octo, Francofurti 1591, S. 4 r.

umklammernden Gedichte bilden: In »De Minimo« begehrten wir eifrig zu wissen, und in »De Immenso« fänden wir höchste Klarheit. Der Weg von »De Minimo«, also vom Aufbruch der Erkenntnis aus den einfachen Prinzipien des Wissens, verläuft folglich über die Befragung der vorgefundenen, vorformulierten, schon dargestellten Gedanken, d. h. über die Reflexion der kulturellen und geistesgeschichtlichen Gebundenheit des Denkens, hin zu einer Idee des »Ganzen« im kosmologischen Sinne (De Immenso). In »Über die Monas« sucht Bruno nach den Strukturen der vermittelten und tradierten Erkenntnis in Gehörtem und Gelesenem, also nach den Strukturen vernommener Sprache[2] als Spuren geschichtlich gewordener Vernunft.

	De Minimo	De Monade	De Immenso
Fragehinsicht	eifrig zu wissen begehren	unsicher suchen	höchste Klarheit finden
Subjekt	das uns Eingeborene Einfaches	das im Bereich des Gehörten Gelegene Abstraktes	das im Bereich des Gefundenen Gelegene Zusammengesetztes
Methode	eine mathemathische	eine göttliche	eine natürliche
Die Weisheit stößt auf	den Körper	den Schatten	die Seele
vermittels	der Sinne	der Worte	der Dinge

(nach Bruno zusammengestelltes Schema)

Wir meinen die »Welt« in den Akten der Erkenntnis, und stellen sie sprachlich dar. Über Welt verfügen heißt zuallererst über sie sprechen, heißt die Dinge benennen, und die Welt begreifen bedeutet, Begriffe für sie finden. Sie wird in den

---

[2] Ebda., »verba« und »audita«.

Geist hineingelassen, indem er sie an ihren Namen wiedererkennt, die ja auch *seine* Namen sind, da er es ist, der spricht. Durch das Wort »erraten« wir die Welt und empfangen ihre Offenbarungen und Botschaften. Das Wort ist der Götterbote, der uns die Welt bringt und aufschließt, weshalb wir in ihm auch ihren »*Schatten*« haben, d. h. die Form, die sie in uns »wirft«.³ Es gibt keine unvermittelte Welt, in welcher sich das Denken darstellte; das Denken ist nicht Welt, sondern entfaltet sich erst in die Weltwerdung in dem Sprechen über sie und auf sie hin. Der Terminus »Schatten« erscheint durch diese Einsicht wohlbegründet: denn seine sprachliche Verfaßtheit offenbart dem Denken die Dinge und verbirgt sie zugleich vor ihm, insofern es sie sich nur als sprachliche Dinge repräsentieren kann. Die Reflexion auf die Sprachlichkeit der Dinge macht also vor allem deutlich, daß die jeweils in Sprache verfügbare Welt nicht direkt und auf einfache Weise einleuchtend, unmittelbar und unumstößlich sicher sein kann,⁴ sondern zunächst und grundsätzlich auf Sprach – und damit auf Erzeugungsarbeit beruht, und so auch eine Sache der Erfahrung ist. In der Schrift »Ars Memoriae« unterscheidet Bruno dreißig »Intentionen auf die Schatten« (Triginta intentiones umbrarum) unter dem Zitat des Hohen Liedes Salomonis in der ersten Intention A: »Unter dem Schatten desjenigen, den ich begehrt hatte, saß ich«.⁵ Der

---

³ Vgl. die Figur »Typus Umbrarum« in »De Umbris Idearum«, op. lat., Zweiter Band, Erster Teil, S. 40.

⁴ Vgl. Werner Beierwaltes: Negati Affirmatio – Welt als Metapher. Zur Grundlegung einer mittelalterlichen Ästhetik durch Johannes Scotus Eriugena, in: Jean Scot Erigène et l'Histoire de la Philosophie. Colloques Internationaux du Centre National de la Réchreche Scientifique, Paris 1977 (S. 263–276), S. 270: »Symbol – Sein impliziert, daß Seiendes als ein dem Ur-Bild ähnliches und zugleich unähnliches Bild geschaffen ist, daß sich in ihm das Ur-Bild oder der Grund als Zeichen, Spur oder zumindest als Schatten zeigt, daß Seiendes nicht primär es selbst und nicht Wahrheit im eigentlichen Sinne ist [...].« Zur Metapher »umbra« und »tenebrae« siehe ebda., S. 269–271.

⁵ De Umbris Idearum ebda., S. 20: »sub umbra illius quem desideraveram sedi«.

Schatten entstehe dadurch, daß unsere Natur ihrem Fassungsvermögen nach nicht in der Lage ist, das Feld der Wahrheit selbst zu bestellen. »Da ja die Durchsichtigkeit der Seele selbst durch die Undurchsichtigkeit des Körpers eingeschränkt ist, wird sie [die Wahrheit, der Verf.] im Geist des Menschen als etwas Abbildhaftes erfahren«.[6]

Die verkörperte Seele besitzt Erinnerung und Vergessen, in denen sich das Zusammentreffen von »Licht« und »Schatten« zeigt. Ebenso bildet die Sprache diese Begegnung von Geist und Welt bzw. der sinnlichen oder körperlichen Dimension ab als eine endlose Bewegung des Geistes, der das ihm Andere intendiert und umkreist. Alles ist ihm Darzustellendes, und, als im Entfaltungsprozeß oder Diskurs selbst Begriffenes, Sprachliches. In einer sprachlich dargestellten Welt erscheinen nicht nur die Dinge, sondern auch die Konzepte, die über diese Dinge gebildet werden und gebildet worden sind: folglich erscheint in einer Rede über die Welt die Geschichte des Denkens selbst. Diese Geschichte des Denkens verbirgt sich im Inneren der Rede, die ja auf ein »Ding« hinausgeht, wie etwas von ihr Vergessenes. Sie könnte nun, als eine Genealogie der Ideen, die relevanten Auskünfte über die Verfaßtheit des Denkens selbst geben. So untersucht Bruno in »Über die Monas« die verschiedenen Meinungen der Menschheit zu verschiedenen Zeiten auf ihre Konvergenzen hin und leitet daraus ab, daß die Ähnlichkeiten auf einfachen prinzipiellen Vorstellungstypen basierten. Die Reflexion auf die in Sprache verfügte Welt soll die Elemente und Strukturen sprachlicher – bzw. jedweder zeichenhafter – Weltkonstruktion zutage fördern, die konstituiv sind für alles Sprechen, auch für ein Sprechen in metaphysischer oder naturphilosophischer Absicht. In der »Triginta Sigillorum explicatio« versucht Bruno, die Grundmuster, Ordnungs- oder Vorstellungsformen zu erheben, nach denen das Denken vorzugsweise seine Gebäude errichtet. Die Siegel seien die immer wiederkehrenden

---

[6] Ebda., S. 20 ff.: »dum ipsius animae diaphanum corporis ipsius opacitate terminatum, experitur in hominis mente imaginis aliquid«.

Orientierungstypen oder Urformen der Ordnung, vermittels derer das sich exponierende Denken organisiert: z. B. das Feld, der Baum, der Stufenbau. Solchen Siegeln wohnt sozusagen die Formkraft der Ausbildung und Vermittlung von Wissen und Erkenntnis ein, weshalb man ihnen formal Prinzipiencharakter in Bezug auf eine Art »transzendentale Rhetorik« zugestehen könnte. Das Wort selbst als Ort bzw. Topos (bei der Findung von Erkenntnis behilflich) dient als Quelle und Fundament des Erkennens, wobei in den dreißig Siegeln Begriff, Bildhaftigkeit und Ordnungsfunktion zu einer wirksam strukturierende Kraft besitzenden Einheit zusammenfallen. Für Bruno ist offenbar die Sprachkritik von höchstem philosophischen Rang: sie ist die Instanz, von der aus alle anderen, auch philosophischen, Aussagen kritisch beleuchtet werden können als den der Sprache inhärierenden Regeln und Ordnungen der Imagination oft weit mehr verpflichtet als der gemeinten Sache. Bruno ist mit Sicherheit der einzige Philosoph der Renaissance, der sich mit dem schwierigen Problem der dem Sprechen impliziten logischen und analogischen »Kraftfelder« und Vorstellungsfiliationen beschäftigt hat. Die Methoden, mit deren Hilfe er die verborgenen Wirkmechanismen dieses »Schattenbereichs« als Elemente einer »diskursiven Architektur«[7] darzustellen versucht hat, erscheinen uns oft ungewöhnlich und fremdartig: wenn man nämlich die Hauptwerke zu diesem Thema – die Schrift »De Umbris Idearum«, den »Sigillus Sigillorum« – aufschlägt, fallen einem die darin abgebildeten geometrischen Zeichen auf, vor allem Kreise, die den kombinatorischen Rädern des Raimundus Lullus gleichen. Luciana de Bernart nennt in ihrem wichtigen Buch »Immaginazione e scienza in Giordano Bruno.«[8] diese zeichenhaften Strukturen Brunoschen Denkens eine »Geometrie der Erinnerung«,[9] die eine »Logik symbolischer Ra-

---

[7] Ars Memoriae, op. lat., Zweiter Band, Erster Teil, S. 56: »[...] discursiua architectura; [...]«.
[8] Immaginazione e scienza in Giordano Bruno. L'infinito delle forme dell'esperienza, Pisa 1986.
[9] Ebda., S. 77.

tionalität«¹⁰ begründe. Die Geometrie diene zudem der Veranschaulichung der Rationalität auch der Tiefenstrukturen eines Denkens höchst vielfacher Bezüglichkeit.¹¹ Bruno entwirft nach der Begegnung mit dem kombinatorischen Denken Lulls in seinen späteren Werken eine Philosophie, die die diesem selbst verborgeneren Zusammenhänge des Denkens über eine Grammatik universaler Erzeugung thematisiert, die die strukturale Beschaffenheit der Memoria und die Zuständlichkeit eines Denkens, das sich mit »Außenwelt« beschäftigt, erhellen soll. Die Suche nach einer solchen Grammatik ist die nach dem »Großen Schlüssel«¹², mit dessen Hilfe jegliche Äußerung des Denkens auf seine wahrhaftigen Konstituentien hin untersucht und entschlüsselt werden soll. Die relationale Verflechtung von Punkten und Linien im geometrischen Symbol korrespondiert der relationalen Verfaßtheit des Denkens, das sich diskursiv zu einer Figur der Komplexität organisiert. Diese Figur wird sich selbst durchsichtig, wenn sie ihrer Genesis innebleibt bzw. sich an den Ursprung oder an das Prinzip erinnert. Brunos Entwurf »Über die Monas« als Genesis einer »Weltfigur« (Zehnheit) aus der »Vernunftfigur« (Einheit) macht deutlich, daß er die Intelligibilität »überall« (ubique) ansetzt, wobei er der Frage nach der Erforschbarkeit des Schattens als des immer nur Impliziten die Forderung nach einer angemessenen Methode entgegenstellt.¹³

Eine solche angemessene Methode scheint Bruno in »Über die Monas« gefunden zu haben, weshalb er sie in der Widmungsepistel der Frankfurter Ausgabe die Methode von »Über die Monas« eine »wenn es erlaubt ist, diesen Ausdruck

---

¹⁰ Ebda., S. 88.

¹¹ Ebda., S. 77.

¹² Angeblich verlorene Schrift Brunos, auf die er sich nicht nur in der Ars Memoriae sehr häufig bezieht.

¹³ »Ars Memoriae«, ebda., S. 57: »Nonne licebit dicere ante plurimas artes extare artem quam organicam dixerim: cum plurimi artifici utantur organo; quorum tamen ars non est organum; sed per organum prosequuta? Nonne artem dicere licet quae artium fabricat instrumentum?«

zu benutzen, göttliche« nennt.¹⁴ Diese »göttliche Methode« der Konstruktion der Urfiguren und Urbuchstaben aus einem einfachen Vernunftprinzip ist offenkundig mit gutem Grund die systematische Mitte der Frankfurter Trilogie, und nicht, wie Felice Tocco – der Herausgeber und Kommentator brunoscher Schriften um die Jahrhundertwende – meinte, eine bloße poetische Vervollständigung der beiden anderen.¹⁵ Denn wenn es die »Weisheit des Schattens« erlangt hat, empfängt das Denken die Offenbarung seiner strukturalen Gebundenheit und zieht daraus Nutzen für alle seine Erzeugungen. In »Über die Monas« sucht Bruno nach den gemeinsamen Erzeugungsgrundlagen in dem Schrifttum der ihm bekannten Kultur, vor allem in der Heiligen Schrift, die aufgrund ihres Alters und ihres Einflusses als der Urtext über Gott, Mensch und Welt gelten kann. »Über die Monas« handelt von Zauberern und Dämonen (möglicherweise rührt der Besitz von »Zauberbüchern«, dessen die Inquisition Bruno beschuldigt, noch von den Zeiten her, in denen er die Vorarbeit für »Über die Monas« geleistet hat), von Engelshierarchien und derjenigen der Steine und Blumen, von Medizin, Planeten und Gottheiten, von der Bedeutung und dem Rhytmus der Zeiten und des Wachstums. Es befasst sich mit jener Vernunft, von der Bruno in der »Ars Memoriae« spricht: »[...] die durch einen geschickten Denkapparat, in Ähnlichkeit zu Bild und Wort, etwas darstellt, abbildet, aufnimmt oder anzeigt; um etwas auszudrücken oder zu bezeichnen. Eine Vernunft, die Rücksicht nimmt auf die allgemeinen Formen, die von alters her bis zu unseren Zeiten überkommen sind«.¹⁶ Die Grammatik dieser Vernunft ist nicht die, die man

---

¹⁴ Jordani Bruni Nolani De Monade Numero et Figura liber, ebda., S. 4 r.

¹⁵ Felice Tocco: Le opere latine di Giordano Bruno. Esposte e confrontate con le italiane, Firenze 1889, S. 211: »[...] questo poema, certamente inferiore al de Minimo e al de Immenso è pure una parte integrante della trilogia bruniana [...]«.

¹⁶ Ars Memoriae, ebda., S. 77: »[...] cogationis apparatum, presentando, effigiendo, notando, vel indicando ad picturae scripturaeque

in grammatischen Lehrbüchern finden kann, »die den Leser von Anfang an zermürben«.[17] Bruno konzipiert in »Über die Monas« die Genesis eines universalen Zeichensystems, einer universalen Grammatik, die die Elemente und das Ganze aller Dinge benennt, kennt, ordnet und erinnert.

II. Entfaltung und Darstellung der Vernunft

Welche Rolle spielen in dieser Grammatik die Zahlen? Nikolaus von Kues schreibt in den »Mutmaßungen«, einer für das Verständnis des vorliegenden Lehrgedichtes wohl unentbehrlichen Schrift: »Für das Bauwerk der Vernunft gibt es einen Ursprung, der sozusagen aus ihrer Natur selbst hervorgeht: die Zahl. Wesen, die keinen Geist besitzen, z. B. die Tiere, können nicht zählen. Überhaupt ist die Zahl nichts anderes als ausgefaltete Vernunft: So sehr nämlich erweist sich die Zahl als Ursprung des durch die Vernunft Erreichbaren, daß ohne sie, wie man vernünftigerweise zugeben muß, überhaupt nichts übrigbleibt.«[18]

Der Zählvorgang selbst ist für Cusanus Veranschaulichung der sich »ausfaltenden« Vernunft, eine Darstellung reiner Etfaltung. Für Brunos Suche nach den Grundstrukturen der Diskursivität nehmen Zahl und Zahlenreihe den Rang des elementaren Erzeugungsmusters einer Serie ein, innerhalb derer vielfachste Bezüglichkeiten möglich sind: Zählen ist die einfachste und dabei vollkommen adäquate Methode der Selbstvergegenwärtigung des sich im diskursiven Aktvollzug Befindlichen. So beschreibt Bruno im Kapitel XI (Zehnheit) von »Über die Monas« das Zählen als ein Tun des »zählenden

---

similitudinem; exprimendum vel significandum: Quae ratio respicit formas communes, ab antiquitate ad nostra vsque tempora dilapsas«.

[17] Über die Monas, S. 322. (Die Seitenzahlen von »Über die Monas« beziehen sich stets auf die Ausgabe der Opere latine von F. Fiorentino.)

[18] Nikolaus v. Kues, Mutmaßungen. Übersetzt und mit Einführung und Anmerkungen herausgegeben von Josef Koch u. Winfried Happ, lat. - dt., Hamburg 1971, Teil I, Kap. II, S. 11.

ich«, das sich beim Zählen über die Modi seiner Verläufigkeit aufklärt: ich erkenne »daß diese meine Zählung ist oder sein wird«, »daß ich zähle«, »daß ich gezählt haben werde was ich jetzt zähle«, »daß ich (weil ich gezählt habe) zähle«, »daß ich zähle oder gezählt habe«, »daß ich zu gleicher Zeit gezählt habe oder (da ich zähle) zähle«, »daß ich das Wahre gezählt habe«, »daß ich an diesen Zahlen vergangen bin«.[19] Im Zählakt deutet sich der Zählende die formale Struktur des Vergehens und liest die Zahlenreihe als Leitfaden der Memoria, der ihn mit dem Ursprung verbindet und zu ihm wieder zurückführt. Zählen ist ein Hinauslaufen aus der Einheit in die Vielheit oder Andersheit[20] und symbolisiert unter dem Horizont dieser begrifflichen Polarisierung den Brückenschlag zwischen Vernunft und Welt. In jeder einzelnen Zahl findet sich das Verhältnis von Einheit und Vielheit, weshalb das Zählen selbst in der Tat treffend als die Urstruktur der Welterzeugung im Sinne der Genesis von Vielheit bezeichnet werden kann. Jede Zahl stellt dar, wie wir »Welt« organisieren bzw. wie sich diese »Welt« für uns zu organisieren scheint, nämlich in einer auf Einheit hin vielfältigen Bezüglichkeit. Deshalb ergibt sich für Cusanus folgende Mutmaßung: »das All und alle Welten und alles, was in ihnen ist, bestehen aus Einheit und Andersheit, die aufeinander zuschreiten, und zwar auf mannigfaltige und verschiedene Weise.«[21] Bruno scheint also »Über die Monas« in der Absicht vor »De Immenso« angeordnet zu haben, eine Inspektion des Baumaterials selbst vor Beginn des »einen Riesenbaus«[22] vorzunehmen. Die Reflexion der Frage, wie der Geist überhaupt zur Welt kommen kann, nimmt daher zweifellos ihren systema-

---

[19] Über die Monas, Kap XI, S. 463.
[20] Mutmaßungen, Teil I, Kap. IX, S. 45: »Bekanntlich besteht jede Zahl aus der Einheit und der Andersheit, und zwar so, daß die Einheit zur Andersheit fortschreitet und die Andersheit zur Einheit zurückschreitet; so wird die Zahl im wechselseitigen Voranschreiten (invicem progressu) begrenzt und in ihrem Wesen verwirklicht.«
[21] Ebda., S. 47.
[22] Über die Monas, Kap. V, S. 384.

tisch gerechtfertigten Ort zwischen dem »Minimum« und dem »Immensen« ein.

Was den »Schatten« angeht, so steht er auch bei Cusanus für die Andersheit der Welt, die beim Sprechen und Zählen in die Helligkeit der Vernunft hineinragt: »Da du nun beim Mutmaßen zu der Einsicht gelangt bist, alles bestehe aus Einheit und Andersheit, begreife die Einheit gewissermaßen als formales Licht und als Abbild der ersten Einheit, und auf der anderen Seite die Andersheit als Schatten, als Abweichen vom ersten Einfachsten und als groben Stoff.«[23] Die »Mutmaßungen« des Cusanus können überhaupt als theoretisches Vorbild von »Über die Monas« gelten, wenn auch formal erhebliche Differenzen bestehen, wie sie z. B. allein durch die poetische Form der brunoschen Schrift gegeben sind. Auch werden in den beiden Schriften voneinander abweichende Zahlensysteme verwendet: Bruno benutzt die Dekade und beschäftigt sich ausführlich mit den einzelnen Einheiten, während bei Cusanus die Zehnerpotenzen im Mittelpunkt der Überlegungen stehen.[24] Bruno stellt jedem Kapitel eine geometrische »Erinnerungsfigur« voran, die den jeweiligen Fortgang innerhalb der Genesis der Zehnheit anschaulich und eindrücklich machen soll. Cusanus hingegen beschränkt sich auf zwei Hauptfiguren (Figur P über das Verhältnis der Pyramide des Lichts zu der Pyramide der Dunkelheit,[25] und den Kreis des Alls, den circulus universorum) und zwei weitere im Kapitel über Sechsheit, Siebenheit und Zehnheit. Er diskutiert das Verhältnis zwischen Einheit und Andersheit vor allem metaphysisch – begrifflich und entwickelt kein vollständiges Inventar der Elemente der »Weltzählung«, wie es Brunos erkärte Absicht ist. Aber immerhin scheint die cusanische Anregung: »Bilde dir nach diesem oder einem ande-

---

[23] Mutmaßungen, ebda., S. 47–49.

[24] Bei Bruno kommen die Zehnerpotenzen vor im Kap. XI., S. 465.

[25] Bei Cusanus dargestellt als gegenseitige Durchdringung von Licht und Finsternis, siehe Figur P, Mutmaßungen Teil I, Kap. IX, S. 49, dazu Kommentar Kap. X, S. 51–61.

ren, dir angenehmen Muster passende Ausdrücke und Zeichnungen, damit du zu den verschiedenen Zahlen der verschiedenen Welten einen Zugang gewinnst«[26] bei Bruno auf fruchtbaren Boden gefallen sein.

»Über die Monas« entfaltet sich entlang numerischer Einheiten, von der Einheit bis zur Zehnheit. Die Monas selbst steht für alle Konzepte, in denen, ob in philosophischer oder historisch bzw. literarisch überlieferter Weise, ein einfaches Prinzip begriffen wird, wie Raum, Materie, Vernunft, Seele. Die Monas ist »Wurzel« und »Formerin«[27] aller Figuren, sie ist die Figur der Figuren und nimmt ganz im Sinne der euklidischen Geometrie den Rang des ersten und einzigen Maßes ein.

In der Figur der Zweiheit ist das eine Zentrum der Monas sich selbst abständig geworden; es entsteht eine durch zwei Punkte begrenzte Linie, zwei Kreise schneiden einander in ihrem jeweiligen Mittelpunkt. Die Zweiheit ist die Figur des Gegensatzes, des Unterschiedes und aller Begriffspaare, die sich durch eben solche zweiwertige Bezüglichkeit strukturieren. Sie ist der Ursprung der Bestimmbarkeit und beginnender Diversifikation (actus differitatis).[28]

Die Dreiheit überwindet die Kontrarietät der Zweiheit, indem sie innerhalb dieser wiederum das Einheitsprinzip zu Darstellung bringt, als den »nexus duorum«.[29] Die Dreiheit ist Einheit in Prozessualität und deshalb die allen geistigen und kreativen Akten konforme Figur.

In der Vierheit sind zwei Punkte, die von sich selbst abständig geworden sind, zu einer Figur von vier Grenzpunkten angeordnet. Die Vierheit beschließt eine Reihe, die als eine Art Primärgenesis von Vielheit angesehen werden kann: denn die Zahlen von eins bis vier addiert ergeben schon die Zehn. Die doppelte Spaltung, also Wiederaufnahme des Kontrarietätsthemas (zwei), führt zu einer einfachen Form der Vielheit,

---

[26] Mutmaßungen, ebda., S. 47.
[27] Über die Monas, Kap. II, S. 335.
[28] Ebda., Kap. III, S. 350.
[29] Ebda., Kap IV, S. 358.

jedenfalls zu einer Form, die wie keine andere geeignet ist, Bestimmungen und Orientierungen innerhalb der vielheitlichen Welt zu begründen. Deshalb sind an den Enden dieser Figur die Namen der Himmelsrichtungen angebracht, und in der platonischen Auffassung der Dimensionenfolge erstellt der vierte Schritt die dritte oder Raumdimension.

Die Mitte der Dekade und damit des brunoschen Konzeptes bildet die *Fünfheit*, die aus Dreiheit und Zweiheit, also aus Ungleichem zusammengefügt ist. Die Fünfheit steht für den menschlichen Körper mit Kopf, zwei Armen und zwei Beinen, fünf Sinnen und jeweils fünf Fingern bzw. Zehen auf jeder der Extremitäten. Aus der mittelalterlichen Zahlenspekulation ist die Fünf als Zeichen der »corporalitas«, der Körperlichkeit des Menschen überliefert.[30] Bei Carolus Bovillus steht über den Quinar: »Der Quinar ist also Zahl und Maß für die Zusammensetzung jeder sinnlich wahrnehmbaren Substanz.«[31] »Jede sinnlich wahrnehmbare Kreatur stammt aus dem Quinar.«[32] Die Fünf ist Zeichen des Geistes in der Welt, und der Körper ist das bedeutsame und komplexe Symbol der Begegnung und Verschränkung von Einheit und Verschiedenheit. Mit seinen beiden Händen, mit jeweils fünf Fingern »greift« der Mensch in die Welt ein und »begreift« sie. Seine Aufgabe ist die universale Anverwandlung der Einheit in die Vielheit und der Vielheit in die Einheit vermittels seiner Arbeit. Deshalb ist die Hand hochehrbare Darstellung der Bestimmung des Menschen und nicht von ungefähr in ihrer Innenfläche von vielen feinen Linien durchzogen, die der Kundige wie ein Buch zu lesen weiß. »L'eccellenza umana

---

[30] Vgl. Heinz Meyer / Rudolf Suntrup, Lexikon der mittelalterlichen Zahlenbedeutungen = Münstersche Mittelalter-Schriften, hrsg. von H. Belting u. a., Bd. 56, München 1987, Fünfheit: S. 403–442, S. 403.

[31] Carolus Bovillus, Philosophiae Epistulae, Faksimile – Neudruck der Ausgabe Paris 1510, Stuttgart – Bad Cannstatt, 1970, S. 173, De quinario numero: »Est igitur quinarius numerus et metrum compositionis sensibilium omnium substantiarum.«

[32] Ebda., S. 173: »omnis sensibilis creatura sit ex quinario.«

deriva dunque dall' organo degli organo', dalla mano«[33] schreibt Carlo Monti im Vorwort zur italienischen Übersetzung von »Über die Monas« unter Verwendung eines Zitats aus Brunos »Lo spaccio della bestia triomfante«. Auch entnimmt Bruno die Begründung für seine Favorisierung der Dekade gegenüber jedem anderen Zahlensystem nicht wie Cusanus mathematischen Argumenten[34], sondern der Zehnfingrigkeit der menschlichen Hände. »Die Zehnheit ist die vollständige und vollkommene Zahl aus dem Zählakt des Menschen heraus: aufgrund einer Vorgabe, die nämlich von seinen Fingern kommt.«[35] Seine Hände bedeuten dem Menschen eine Intention auf Welt, und somit wirkt sich ihre Gliederung in zehn Fingern auf die kategoriale Gliederung der Welt aus: Bruno erwähnt als Beispiel kategorialer Diversifikation bzw. Fragehinsichten auf das Sein die zehn aristotelischen Kategorien und die zehn Sephirot der Kabbalisten. Für ihn besteht kein Zweifel darüber, daß der Weg des Denkens in die Welt über den Körper verläuft, der die intelligente Vereinigung der einander polar gegenüberliegenden Prinzipien Geist und Welt »verkörpert«, d. h. ihre immer schon gelingende Vermittlung darstellt. Als solche gibt der Körper demjenigen bedeutsame Hinweise, der aus seinen Zeichen, Gesten und Gebärden Schlüsse ziehen kann. Nicht ohne Grund schätzt Bruno die Medizin als eine »Metaphysik des Stofflichen«, die die Zusammenhänge und Bedingungen eines körperlichen Erscheinungsbildes als Elementarmischung – und Konfiguration lesen lehrt, als eine Möglichkeit, Komplexion als solche, gleich von welchem Stoff, zu erkennen und damit Zugang zum inneren Plan der »Weltfabrik« zu erlangen.[36] Im

---

[33] Opere latine di Giordano Bruno a cura di Carlo Monti, Torino 1980, Introduzione S. C. Monti, S. 28.

[34] Mutmaßungen, ebda., Teil I, Kap. XIII, S. 75: »Die Zehnzahl umfaßt alle Zahlen, die Vierzahl vollendet jede Reihung«.

[35] Über die Monas, Kap. XI, S. 464.

[36] Vgl. dazu die Schrift »Medicina Lulliana« von Giordano Bruno, op. lat., Dritter Band, S. 569–633; § »V. Tamen quia medicus non sanat hominem in communi, sed Socratem, ideo modum talem essendi subiec-

Kapitel über die Fünfheit entlädt Bruno ein Donnerwetter über die aristotelischen Ärzte und plädiert für eine Therapie, die man heute als homöopathische bezeichnen würde. Diese homöopathische Medizin geht aus von der Einheit des Weltenstoffs (Geist und Körper seien jeweils nur verschiedene Aggregatzustände dieses Stoffs bzw. verschiedene Darstellungsebenen der einen Substanz), dessen Zuständlichkeit als durch komplexe Information bestimmte Figuration erkennbar ist. Außerdem sei es möglich, durch Auflegen der Hände zu heilen, was kraft der in sie gelegten Fünfheit geschehe, wie diejenigen wissen, die in die Welt der Erscheinungen tiefer eingedrungen sind.[37]

Sobald der Mensch verkörpert ist, nimmt er seine Beschäftigung auf, weshalb die *Sechsheit*, die der Fünfheit nachfolgt, das »Haus der Ehe und des Werkes« genannt wird. Die Sechsheit besteht aus Zweiheit und Dreiheit in Multiplikation, also aus einem ihre Ungleichheit im Unterschied zur Fünfheit eher einebnenden Zusammentreffen der Geistfigur (Dreiheit) mit dem Ursprung aller Verschiedenheit und Bestimmbarkeit (Zweiheit). In der Figur der Sechsheit wird die Bewährung des Geistes gegenüber der weltergreifenden Tendenz zunehmender Erfahrung oder auch wachsender Fertigkeit im Bestimmen und Konkretisieren der Dinge veranschaulicht. In seiner Konstruktionsbeschreibung des Sechseckes benennt Bruno die einzelnen Punkte nach den Kräften, Dingen und Umständen, die letztendlich, indem sie alle zusammenwirken, ein »Werk« vollbringen lassen, wobei mit dem »Werk schlechthin« das Hexemeron gemeint ist, also das göttliche Sechstagewerk der Weltschöpfung als Vorbild und Archetyp

---

tive post generalia artis principia investigare debet in singulari homine, cuius sanitatem introducendam vel conservandam intendit. § VI.Ergo inspicere debet primo cuius qualitatis et complexionis proprie sit ex naturali potentia vel impotentia iuxta secundum qualitatis genus [...]«. Und: »[...] Medicus motum elementorum investigat in sitis tantum, horum vero maxime et proprie in homine.« S. 572 (Codice di Mosca 55 r).

[37] Über die Monas, Kap. VI, S. 418.

der menschlichen Arbeit.[38] Im Kapitel über die Sechsheit mahnt Bruno, der Mensch möge sein Leben nicht untätig vergehen lassen, damit es nicht, seines Wertes und Sinnes beraubt, schal und leer würde.[39]

Die *Siebenheit* setzt sich aus Dreiheit und Vierheit zusammen, also aus Geistfigur und Elementarkreuz, und steht so für die im Wandel und Lauf der Dinge waltende Schöpfungskraft. Der Schöpfer gewahrt sich selbst im vollendeten Werk (Sechsheit), kommt wieder zu sich und damit zur Ruhe (Siebenheit). Die Siebenheit ist eine mit der Vorstellung temporärer Umwälzung verknüpfte Idee: Jeder siebte Tag ist der Erholung und Betrachtung gewidmet und daher heilig, jedes siebte Jahr soll der Acker brach liegen, damit seine Fruchtbarkeit erhalten bleibe. Sieben Gottheiten – Sonne, Mond, Venus, Merkur, Mars, Jupiter und Saturn – regeln und gliedern die Zeitläufe der geschaffenen Dinge und Wesen.

In der *Achtheit* erblickt der Mensch die Idee seiner »Behaustheit«, also die Idee des Ortes in Form eines Raumkörpers. Dieser Raumkörper bedeutet den für den Menschen typischen »Bau« und entspricht seinem Haus oder Zimmer. Die Acht als erste Kubikzahl (2 x 2 x 2), d. h. als Raumgebilde interpretiert, steht für die Fähigkeit menschlicher Imagination, Konzepte für die Eigenschaften der »Weltkörper« auszubilden, indem sie sich die Idee des Unterschiedes (Zwei) sozusagen verstärkt vornimmt.

Die drei auf die Fünfheit als Zeichen des »Geist in Welt« folgenden Einheiten (Sechsheit – Siebenheit – Achtheit) können als Gegenstück zu der Serie Zweiheit – Dreiheit – Vierheit aufgefaßt werden, die die elementare Struktur der Genesis der Weltidee gewissermaßen im menschlichen »Innen« festlegte. Sechsheit, Siebenheit und Achtheit hingegen konturieren, über den Aufenthalt der menschlichen Seele im menschlichen Körper hinaus, den Aufenthalt der menschlichen Seele vermittels des menschlichen Körpers in einer Menschenwelt

[38] Ebda., Kap. VII, S. 427.
[39] Ebda., Kap. VII, S. 423.

bzw. Kultur, also in einem menschlichen »Außen«: in der Arbeit, im Kalender, in der gebauten Welt der Häuser und Orte. Das alles ist noch nicht »Welt« im Sinne des radikal Fremden, Anderen und Neuen in der Idee der Verschiedenheit. Bevor er aber diese unter dem Titel der Zehnheit einführt, befaßt sich Bruno im Kapitel über die Neunheit mit dem Sinn-Problem.

Wie die Achtheit als doppelt verstärkte Zweiheit, so kann die *Neunheit* als verstärkte Dreiheit gelten, zurecht also als die Zahl des geübten und erfahrenen Geistes, also als Zahl der Weisheit selbst.[40] Über neunerlei Erkenntnisvermögen verfüge der Mensch: Über Sehen, Hören, Schmecken, Berühren, Riechen, Phantasie, Denken, Erinnerung und Vernunft.[41] Bruno zählt zur Begründung der noch über die »Leibhaftigkeit« hinausgehende »Welthaftigkeit« menschlichen Denkens die sinnlichen Vermögen unter die Erkenntnispotenzen: durch sie nämlich trete die Welt sozusagen in den Geist ein wie durch offenen Türen.[42] Diese neun durch das Bild der um Apoll herumtanzenden Musen symbolisierten Erkenntnisvermögen vertreten Aspekte der Wahrnehmung, Perspektiven des Denkens, die, durch sich selbst oder miteinander verflochten, verschiedene Sinnschichten und -bereiche in das Weltkonzept eintragen. Jeder der neun Schriftsinne der Scholastiker, von denen Bruno spricht, werden in der Figur am Ende des Kapitel X[43] auf die jeweils übrigen bezogen, so daß als wesentliches Resultat dieses Kapitels die *Allbezüglichkeit* des menschlichen Geistes erkennbar wird in Gestalt des »sensus tropologicus«, der im Unterschied zu den übrigen acht Sinnen offenkundig keiner weiteren Erklärung bedarf, da er selbst ja die Verhältnisse der Bedeutungen und Sinne untereinander durch Übertragungsfiguren ermöglicht:

---

[40] Ebda., Kap. X, S. 435.
[41] Ebda., Kap. X, S. 455.
[42] Vgl. die Stelle in ebda., Kap. X, S. 452: »ad mentem totidem perducere portas«.
[43] Siehe ebda., S. 458.

»so ist alles in dem einen Sinn des göttlichen Wortes, wie der eine Sinn in allem ist [...] wie der Geist desjenigen, der spricht, alles in allem ist: der Sinn nämlich ist im Buchstaben wie die Seele im Körper.«[44] Die Neunheit ist also im Kontrast zu ihrer Wurzel, der Dreiheit, Idee des sich darstellenden Geistes, also Idee darstellbarer Bezüglichkeit überhaupt, wobei die Darstellbarkeit auf die Ebene der Sprachlichkeit als auf ein Ganzes möglicher Sinnbezüglichkeit verweist.

So bereitet die Figur der Neunheit den Boden für die Idee der Zehnheit, die »alle Arten und Unterschiede mit sich bringt«,[45] so daß in ihr die Fülle des Seins,[46] die Serie der Kreaturen entfaltet wird.[47]

III. Sprechen und Zählen

»Eines ist das Wort, das jede Emanation ausdrückt«.[48] »Es ist ein Name, der alles bezeichnet«[49] schreibt Bruno in der ersten Ordnung der Stufen der Monas. Die eine Monas sei »die Substanz jeder Zahl«.[50] Das eine erste Wort, der eine erste Name von allem und die eine Monas seien gleichzusetzen mit dem einen Prinzip allen Vorwärtsschreitenden (omnium procedentium primum unum principium).[51] Das erste Wort und die erste Zahl sind Möglichkeit und Fähigkeit zu sprechen und zu zählen. So wie der Sinn oder die Einheit der Vernunft in jeder Rede überall ganz ist,[52] so ist auch die erste Eins in allen Zahlen. Zählen ist ein vernünftiges Benennen von Welt in Verschiedenheit, und Benennen ist ein »Erzählen«. Spre-

---

[44] Ebda., Kap. X, S. 457.
[45] Ebda., Kap. XI, S. 460.
[46] Ebda., Kap. XI, S. 461.
[47] Ebda., Kap. XI, S. 463.
[48] Ebda., Kap. II, S. 346.
[49] Ebda.
[50] Ebda.
[51] Ebda.
[52] Vgl. Ebda., Kap. X, S. 457.

chen und Zählen bestehen aus und in dem Diskurs, aus dem Ausfaltungsprozeß selbst. Ihrer Struktur nach sind sie gleich, nämlich aus einem einfachen ersten Prinzip gleichförmig fortlaufend und durch dieses selbst überall endlos und vielfältig bezüglich. In den »Mutmaßungen« des Cusanus steht: »Beachte, daß alle Vielheit ihrer (resp. der Einheit) Namen gleichsam Zahlen der Einheit ihres Namens sind«.[53] Die Menschen zählen in Sprache, sie stellen ihren Zählakt sprachlich dar und geben den verschiedenen Einheiten Namen: eins, zwei, drei, unus, duo, tres. Sie stellen verschiedene Ordnungen auf innerhalb der großen Menge von Zahlennamen, wobei einfachere Elemente größere Ordnungskraft haben als zusammengesetzte. Diese die Zahlordnungen hervorbringenden Elemente oder auch »Orte« vereinigen auf sich die Kräfte der Beziehentlichkeit. Cusanus schreibt: »Die Mächtigkeit der Kraft ihrer Einheit umfaßt eine Zahl, die niemals in der Zeit beendet werden kann, wie die Einheit der lateinischen Sprache die Zahl aller, auch der ungesagten Reden«.[54] Und in bezug auf die Elemente dieser einen Riesenzahl führt er aus: Sie »müssen so sein, daß man sie miteinander verbinden kann, so daß sie bekanntlich ungleich und verschieden sind; je nachdem, ob das eine oder ein anderes die übrigen eint, entsteht Verschiedenes«.[55] Die Einheiten in »Über die Monas« sind solche »Elemente« im Sinne des Cusanus, die die Textur des Verschiedenen, des vielheitlichen Anderen erzeugen und strukturell stützen. Die Gleichsetzung von Zahlelementen und Wortelementen (Buchstaben)[56] hat ihr Vor- und Urbild in der hebräischen Schrift, deren Buchstaben zu-

---

[53] Mutmaßungen, ebda., Teil I., Kap. X, S. 51.
[54] Ebda., Teil II, Kap. V, S. 113.
[55] Ebda., Teil II, Kap. IV, S. 109.
[56] Vgl. Cusanus: »Keine Zahl kann also so groß sein wie die Kraft der Einheit der Art; es steigt also die Allgemeinheit der Elemente hinauf zum Arteigenen wie der Punkt zum Körper vermittels der Linie und der Oberfläche oder wie die Buchstaben zur Rede vermittels der Silben und Wörter, wie die Möglichkeit zur Wirklichkeit.« ebda., Teil II, Kap. V, S. 113.

gleich Ziffern sind. Diese Identität von Buchstabe und Zahlenwert ist die Basis der Verfahren kabbalistischer Textauslegekunst und Zahlenspekulation.[57] Die zehn Einheiten von »Über die Monas« sollen eine Art Uralphabet bilden, ein erstes System der Erzeugung, der Unterscheidung und Ordnung des Wahrgenommenen oder Gehörten, weshalb Bruno »Über die Monas« im Untertitel: »Die Elemente einer sehr geheimen Mathematik und Metaphysik« nennt. In den Koordinaten eines solchen Uralphabets wird die Welt, über die schon gesprochen wurde, also die in Sprache erscheinende Welt, als sinnvoll ausgesprochene rekonstruierbar. Bruno zitiert Textstellen, die mit Zahlen in Verbindung stehen und ordnet sie der jeweiligen Zahleneinheit zu. »Alles sinnlich Wahrnehmbare verhält sich nun gleichsam wie eine vollkommene Rede«, schreibt Cusanus.[58]

Die Zahlenreihe schreitet fort von der Eins zu Vielheit und Andersheit, während jene »vollkommene Rede« sich gewissermaßen zu reduzieren sucht auf Einfacheres, Elementares, sodaß sich in Brunos Dekade ein »Hin- und Rückfließen«[59] ereignet und sich eine Verschränkung der beiden Bewegungen ergibt, auch in der Verschränkung von Zählen und Reden.

IV. Zahl und Figur

Aber nicht nur Zahl und Wort sind in Brunos Uralphabet verbunden, auch Zahl und Figur bezieht er aufeinander, und zwar so, daß er noch im Vorwort sich anstrengt, den möglicherweise auftauchenden Vorwurf, er scheine »durch die offensichtliche Vermischung der Methoden etwas ganz Ab-

---

[57] Vgl. Georges Ifrah: Univeralgeschichte der Zahlen, Frankfurt-New York 1986, Kap. 16: Das hebräische Alphabet und das Ziffernsystem, S. 277–285. Bruno erwähnt die Kabbalisten des öfteren, z. B. als »die Weisen der Hebräer« (Über die Monas, Kap. IV, S. 408.). Im Kapitel V. findet sich z. B. ein Abschnitt »Die kabbalistische Stadt«, S. 385.
[58] Mutmaßungen, ebda., Teil II, Kap. V., S. 113.
[59] Vgl. Über die Monas, Kap. VI, S. 418.

surdes zu machen«,[60] zu entkräften. Wenn er die ersten Zahlen mit den ersten Figuren in Eins werfe, d. h. also die Arithmetik mit der Geometrie, dann deshalb, weil ganz einfach »die Figur eine wahrnehmbare Zahl ist«.[61] Die ersten Buchstaben oder Hieroglyphen waren zugleich Bilder. Jedes Verbum repräsentiert Welt, geht auf Welt, indem es sie »beschwört« und die Arbeit der Imagination befördert. Jeder Urbuchstabe steht in Beziehung zu einer Urvorstellung, die er chiffriert darstellt und die bei seiner Nennung wieder erinnert wird. So seien »die Elemente der Figuren in Zahlen von der gleichen Gattung zu betrachten«,[62] denn auch die heiligen Buchstaben der Ägypter wurden aus der Wahrnehmung der natürlichen Dinge und ihrer Teile heraus gebildet.[63] Die Magier, die auf der Suche nach dem Uralphabet sind, um es in ihren Riten und Manipulationen zu benutzen, hätten erkannt, daß jenes die »Sprache der Götter«[64] sein müsse, die immer dieselbe bleibe, wie auch die Erscheinungsformen der Natur sich immer gleich blieben.[65] Wie die Natur die Vielfalt der Formen der sinnlich wahrnehmbaren Dinge durch das verschiedentliche Zusammensetzen ihrer Elemente vollbringt, so verschafft sich der Magier Zugang zu den Quellen der Wirksamkeit und Kraft der Natur vermittels der Kenntnis dieser Elemente und ihrer sympathetischen Potenzen. Ein schönes Beispiel für den Zusammenhang zwischen Buchstabe, Zahl und Figur ist die Wundertat des Apollonius, die

[60] Über die Monas, Kap. I., S. 332.
[61] Ebda., S. 334.
[62] Ebda., S. 332.
[63] Giordano Bruno, De Magia, 12r M, op. lat., Dritter Band, (S. 397–454) S. 411f.: »[...] litterae commodius definitae apud Aegyptios, quae hieroglyphicae appellantur seu sacri characteres, penes quos pro singulis rebus, designandis certae erant imagines desumptae e rebus naturae vel earum partibus«.
[64] Ebda., S. 412.
[65] »et haec est illa deorum lingua, quae aliis omnibus et quotidie millies immutatis semper manet eadem, sicut species naturae manet eadem«. ebda.

Bruno im Kapitel I. erwähnt: »Apollonius hat, aufgrund der Kraft der Zahlen, ein Mädchen wiedererweckt, nachdem er ihren Namen gehört hatte«.[66] So groß ist die Kraft der Zahl, daß sie selbst die Figur eines Menschen versinnlichen und verlebendigen kann, ihn wieder zum Leben zu erwecken! Zu ihrer Wirkung gehört es daher notwendig, daß sie die ihrer Idee entsprechenden »Versinnlichungen« in Gestalt geometrischer Figuren mit sich führt. Solche hinsichtlich ihrer elementaren Kraft als »magisch« angesehene Zahlen seien Prinzipien, »durch die die Menschen Kooperatoren der operierenden Natur sein können«.[67] Ihre Figuren werden in »Über die Monas« nicht einfach als Dreieck, Viereck, Fünfeck vorgestellt, sondern mit ihre Macht anschaulich vor Augen führenden Ehrentiteln bedacht wie: »Tisch der Grazien«, »Zeichen des Ozeans«, »Schild der Magier«. Sicher ist es nicht ganz einfach, Brunos Darstellung geometrischer Figuren in ihren Absichten zu verstehen, weshalb Toccos entrüstete Bemerkung über das Fehlen einer strengen mathematischen Sprache[68] verständlich ist; sie ist aber auch Zeichen der Unfähigkeit, ein Interpretament zu finden, um die Sprache, die Bruno eben gewählt hat, als sinnvoll und seinem Ziel entsprechend zu würdigen. Die Verständnisschwierigkeiten nährt Bruno durch sein Verfahren, die geometrischen Grenz- oder Konstruktionspunkte mit den Namen von Gottheiten, Eigenschaften und Kräften zu bezeichnen, wodurch seine Konstruktionsgedichte zu Beschreibungen eigenartiger Tänze von Nymphen, Grazien und Musen, von Apoll, Bacchus und Diana usw. werden, die nur noch wenig Ähnlichkeit mit den Lehrsätzen Euklids haben. Wenn man aber an Brunos Ab-

---

[66] Über die Monas, Kap. I., S. 334.

[67] Ebda., S. 334.

[68] »Nè la parte filosofica del trattato è piu felice della matematica, e per poche osservazioni giuste ne trovi molte puerili, e parecchie trane; e non trovi fantasticheria a cui non si faccia posto, nè tradizione cabalistica o magica a cui si neghi fede, e in luogo del severo linguaggio matematico qui si parla il barbaro gergo delle scienze occulte.« Tocco, ebda., S. 204.

sicht denkt, ein System von Urelementen zu erstellen, versteht man leichter, warum er solche Bezeichnungen wählt: die Zahlen selbst oder auch die Buchstaben, die die Geometer benutzen, um Punkte im Raum zu lokalisieren, sollen als Abbreviaturen einer den Zusammenhang bewirkenden Kraft oder Funktion erkenntlich und erinnerbar sein. A B C D – warum sollten sie nicht Apoll, Bacchus, Charis und Diana heißen, und so, wie für mythisch sprechende Menschen, zu bedeutenden Koordinaten, zu Besonderungen des Gebäudes der Imagination werden? Um den prinzipiellen oder elementaren Rang seiner zehn Figuren herauszustellen, chiffriert Bruno ihre Konstruktionspunkte durch archetypische Namen und bestimmt so die geometrische Figur zu einem Ort der Ursprache, zu einem Ursprung der Poesie, in dem Zahl, Wort und Figur auf der Ebene der »magischen« oder wirkmächtigen Prinzipien der Imagination unzertrennbar verbunden sind. Im Kommentar zu Platons »Phaidros« (den Bruno mit Sicherheit gekannt hat, wie man aus der Übernahme der Flügel[69]- und Wagen[70]-metapher für die Beschreibung des Aufstiegs der Seele im Prolog ersieht) geht Marsilio Ficino auf die von Sokrates erwähnten Götter ein und nennt diese »locales dii«, Gottheiten des Ortes: »Unter den Gottheiten des Ortes befinden sich auch die Dämonen des Ortes, viele von ihnen wieder unter jedem einzelnen, die wieder eine jeweils besondere Aufgabe erhalten haben. Diese hat er [Sokrates, Anm. d. Verf.] ein wenig früher [im Text, d. Verf.] unter dem Namen der Zikaden dargestellt, und hier unter der Bezeichnung von Sängern und Interpreten. Aus den Unterschieden der Gottheiten des Ortes und der Dämonen ergeben sich viele und verborgene Unterschiede, vor allem die, die zu den Ingenien, den Sitten, Gesetzen, Glücks- und Unglücksfällen und Herrschaften gehören. Sokrates, eingedenk der menschlichen Hinfälligkeit, bekennt also dankbar und fromm, daß er nicht nur die Gabe der Findung (inventio)

---

[69] Phaidros 246 d – 247 c.
[70] Ebda., 254 a – e.

sondern auch die der präzisen Sprache (elocutio) daher bekommen habe.«[71]

Die Funktion der Namen, mit denen Bruno seine geometrischen Figuren schmückt, scheint jene der »Gottheiten des Ortes« zu sein: nämlich viele und verborgene Unterschiede in verschiedenen Bereichen des menschlichen Lebens zu erstellen. »Man muß also, wenn wir vieles erinnern wollen, viele uns bekannte Orte zusammenstellen, so daß wir viele Bilder mit vielen Orten zusammenstellen können«, schreibt der Autor der Rhetorik ad Herennium.[72] Was für die analytische Reflexion, die Metaphysik und die Naturphilosophie einfache Prinzipien und Begriffe, sind in der Reflexion auf Sprache und ihre Geschichte, auf Ingenium und Imagination die »locales dii«. Bei Friedrich Wilhelm Joseph Schelling findet man eine Erläuterung dieser im Gewand von Gottheiten einherschreitenden »Ideen«:

»Die Idee der Götter ist nothwendig für die Kunst. Die wissenschaftliche Construction derselben führt uns eben dahin zurück, wohin der Instinkt der Poesie in ihrem ersten

---

[71] »Sub diis localibus locales quoque sunt demones, sub unoquoque plures particularem nacti curam. Quos paulo ante sub nomine cicadarum, et hic sub appellatione cantorum interpretumque expressit. Ex differentiis localium deorum atque demonum multe occulteque et maxime locis variisrebusque contingunt, presertim ad ingenia mores, leges, fortunas, imperia pertinentes. Socrates igitur infirmitatis humane conscius non solum inventionis sed etiam elocutionis exacte munus tanquam gratus atque pius se illinc accepisse fatetur.« Marsilio Ficino: Commentum (in Phaedrum) cum summis capitulorum, Cap. XXXVIII (389), in: Michael B. Allen: Marsilio Ficino and the Phaedran Charioteer, Berkeley – Los Angeles – London 1981, (S. 145–215, A Critical Edition and Translation), S. 199.

[72] Incerti Auctoris de Ratione Dicendi ad C. Herennium, Lib. IV, ed. W. Trillitzsch = Bibliotheca Scriptorum Graecorum et Romanorum Teubneriana, ed. Academia Scientiarum Germanica Berolinensis, M. T. Ciceronis scripta Fasc. I, Lipsiis 1964, Lib. III, § 30 (C 17), S. 96. Überhaupt sind die Ausführungen des Autors zum Begriff der Memoria in Verbindung mit »locus«, »imago« und »similitudo« in Bezug auf Brunos Konzept der Memoria erhellend, vgl. § 28–40 (C16–24), S. 94–105.

Beginn schon geführt hat. Was für die Philosophie Ideen sind, sind für die Kunst Götter, und umgekehrt.«[73]

Eine solche Bedeutung der Gottheiten ist auch in anderen Schriften Brunos zu finden, zum Beispiel in »De Lampade Triginta Statuarum«, wo er anhand von Namen, die er der Mythologie entlehnt, »Regionen« der Reflexion zugleich methodisch wie inhaltlich bestimmt. Seine dezidiert poetische Begrifflichkeit läßt somit keinen Zweifel daran, daß sein Denken vor allem um die Kräfte der Imagination und der Phantasie kreist, denen er die Fähigkeit der Erzeugung von Wahrheit und Wirklichkeit zuschreibt. »[...] es besitzt nämlich das Gebilde der Phantasie Wahrheit« [74]

In diesem Sinne schreibt Schelling: »Alle Gestalten der Kunst, also vornehmlich die Götter, sind wirklich, weil sie möglich sind. Wer noch fragen kann, wie so hoch gebildete Geister als die Griechen an die Wirklichkeit der Götter haben glauben können, wie Sokrates Opfer befohlen, der Sokratiker Xenophon als Heerführer bei dem berühmten Rückzug selbst habe opfern können usw. – wer solche Fragen macht, beweist nur, daß er selbst nicht auf dem Punkt der Bildung angekommen ist, auf dem eben das Ideale das Wirkliche und viel wirklicher als das sogenannte Wirkliche selbst ist.«[75]

Bruno siedelt durch die Bezeichnung der Punkte einer geometrischen Konstruktion mit den Namen von Gottheiten die entstehenden Figuren auf der prinzipiellen umd archetypischen Ebene an und verknüpft damit die geometrische Figur als Ort einer relationalen symbolischen Logik mit Sprache und der Fähigkeit, »viele Unterschiede« in Hinblick auf

---

[73] F. W. J. Schelling: Philosophie der Kunst (Nachdruck d. aus dem handschriftlichen Nachlaß hrsg. Ausgabe v. 1859), Darmstadt 1980, S. 35 (S. 391).

[74] »habet enim suae (i. e. imaginationis, d. Verf.) species phantastica veritatem« Giordano Bruno: De vinculis in genere, Art. XXX: »Vincibilis veritas«, S. 93 v, op. lat., Dritter Band, S. 653–700, S. 683.

[75] Schelling ebda., S. 35 (S. 391).

die unendliche Verschiedenheit der Welt in Assoziation und Dissoziierung der Dinge und Eigenschaften zu erstellen.[76]

So heißt es im Kapitel I: »die Ordnung einer eigentümlichen Figur und der Zusammenklang einer eigentümlichen Zahl rufen alle Dinge herbei: indem sie sich mit ihnen vergleichbaren verbinden und die nächsten Generationen erzeugen.«[77]

Eine solche assoziative »Herbeirufung« liest sich bei Christian Enzensberger (zu der Frage: »Was ist die Welt?«) beispielsweise so:

»[...] eine Bucht, eine Sucht, eine Keramik, ein Gejodel, ein Simsalabim, und damit könnte die Aufzählung schließen – nur, daß sie auch eine Matratze und Luftwurzel ist: Darf man das unterschlagen? Und außerdem ein Kompott, ein Fesselballon, eine Balsamine, eine Einimpfung, eine Wasserwirtschaft, eine Mathematik, ein Kamm, ein Schwamm, eine Tragödie [...] sie ist ein Muff, ein Napf, ein Zopf, ein Pips, ein Simse, ein Aroma, ein Kürzel, ein Knorpel, eine Feuerwehr, und nicht zuletzt eine Koloratur und Spezerei. Insofern also auch ein Potpourri und Quodlibet, ein Gemischtwarenladen und Förderband ohne Ende, denn es gibt nichts was sie nicht ist, alles und jedes ist am Ende auch sie.«[78]

Die »Elemente einer sehr geheimen Physik, Mathematik und Metaphysik« können als Einheiten mehrdimensionaler Erzeugungsfunktionen gelten, auf die sich der Bau des Ingeniums oder der dargestellten Welt zurückführen und in seinen einzelnen Äußerungen hinordnen läßt. Sie bilden das Uralphabet verständiger Imagination, die Urkoordinaten sich explizierenden Weltverständnisses, die Charaktere oder Siegel

---

[76] Vgl. Schelling: »Man kann also [...] mit Moriz sagen, daß es eben die gleichsam fehlenden Züge sind in den Erscheinungen der Göttergestalten, was ihnen den höchsten Reiz gibt und sie wieder untereinander verflicht.« ebda., S. 37 (S. 393).
[77] Über die Monas, Kap. I, S. 330.
[78] Christian Enzensberger: Was ist was? Nördlingen 1987, S. 66.

als die »wenigen Indizien, die mit ihrem Reichtum allerdings nicht geizen«.[79]

In den »Analogie« genannten Abschnitten der einzelnen Kapitel behandelt Bruno die Beziehung zwischen der Zahlidee und ihrer figürlichen Darstellung als Genesis von Verhältnissen auf der Basis der jeweils vorangehenden Einheit, so daß die zehn Einheiten als aus der Monas erzeugt und konsequent hergeleitet erscheinen. Die Vergesellschaftung der ersten Elemente in der Dekade stellt also selbst schon dar, was das Prinzip der Poesie potentiell leisten muß: eine »consocialitas«[80] von allem mit allem.

V. Das Fatum

Dieses »Zusammen« von allem mit allem als Welt oder Idee der Ganzheit der verschiedenen Dinge untersteht dem Fatum. »Eine ist die Idee aller Arten und Akte, eines ist das Wort, das jede Emanation ausdrückt, eine ist die Notwendigkeit des alles bestimmenden Fatum.«[81] Das Fatum (von fari = sprechen, fatum = das Gesprochene, der Spruch, der Schicksalsspruch) verknüpft und trennt das Gleiche, Ähnliche, Verschiedene und Gegensätzliche und webt den Welttext, den Kon-Text. »contraria omnia simul contexta sunt«[82] heißt es in der 3. Enneade »Über das Fatum« des Plotin, die für die Überlegungen der Renaissance zu diesem Thema maßgebliche Gedanken enthält: »wir sollten die zusammenhängende Verbindung aller dieser (Dinge) Fatum nennen.«[83] Im Kapitel II von »Über die Monas« schreibt Bruno über das Fatum:

---

[79] Über die Monas, Kap. I, S. 333.

[80] Ebda., S. 332.

[81] Über die Monas, Kap. II, S. 346.

[82] Plotini Enneades cum Marsilii Ficini Interpretatione castigata, ed. F. Creuzer et G. H. Moser, Parisiis MDCCCLV, Enneadis III, Lib. I, VI, S. 137.

[83] Ebda., S. 113: »continuam horum omnium connexionem fatum appellare debemus«.

Einleitung   XXXV

»Der Kreis ist das Fatum, das über allem steht mit seinem unbeugsamen Gesetz, nach dem sich auch die kontingenten Dinge in ihrer gewissen Freiheit verbinden, manchmal in Bezug auf ihr Ziel. Das Fatum steht fest als etwas ganz Notwendiges, auch wenn sich der Wille der Natur und der Wille des Geistes widersprechen dort, wo du nicht ein Ganzes, sondern Partikuläres ausmachst.«[84] Die einzelnen, die besonderen, die vielen und unterschiedlichen Dinge scheinen sich also nicht nur immer anders und unberechenbar, sondern entsprechend einer Ordnung zu verhalten, was die Voraussetzung dafür ist, daß der »Wille des Geistes« überhaupt in sie eindringen kann. Offenbarung und Weissagung sind nur möglich aufgrund einer gewissen Ordnung der Dinge. Bei Plotin steht: »Deshalb wird es (aufgrund einer Unordnung) weder Vorraussagung noch Weissagung geben, noch irgend ein Vorherwissen durch eine Kunst. Wie kann es nämlich irgend eine Kunst in ungeordneten Dingen geben?«[85] Vaticinium und praesagium sind möglich, wenn es eine »Lesbarkeit« der Welt, also des »Kontextes« der Dinge gibt. Plotin führt die Astrologie als eine der Künste solchen Lesens an; sie deute die Bewegungen der Himmelskörper als γράμματα, als Buchstaben, und könne somit die Zukunft entziffern,[86] »wenn man durch einen gewissen analogischen Vergleich das Bezeichnete aus den Figuren selbst aufspürt: wie wenn einer sagen würde, ein hochfliegender Vogel bedeute hohe Taten«.[87] Im 15. und

---

[84] Über die Monas, Kap. II, S. 343.
[85] Plotin, ebda., Enn. III, Lib. I, III, S. 112: »Quam ob rem neque praedictio neque vaticinium prorsus erit, neque praesagium ullum ex arte. Quo enim pacto in rebus inordinatis ars ulla esse potest?«
[86] Vgl. dazu bezüglich der Metapher von der »Lesbarkeit der Welt« das umfangreiche Quellenstudien bietende gleichnamige Buch von Hans Blumenberg, Frankfurt a. M. 1981, S. 43: »Die Sterne sind wie Buchstaben zu lesen, wenn man die Grammatik ihres Zusammenhangs beherrscht.«
[87] Plotin, ebda., Enn. III, Lib. I, VI, S. 115: »ex ipsis figuris comparatione quadam analogica indagantes significatum: quemadmodum si quis dixerit, avem per sublimia pervolantem actiones quasdam sublimes significare«.

16. Jahrhundert gibt es eine Reihe von Schriften zur Frage des Fatum und der Schickalsbestimmtheit des Menschen, z. B. von Giovanni Pico della Mirandola,[88] Marsilio Ficino,[89] Giovanni Pontano,[90] Pietro Pomponazzi.[91] Es ist nicht nur die Frage nach der menschlichen Freiheit, die diese Schriften inspiriert hat, sondern auch und vor allem die, ob der menschliche Geist, einfach und selbig, in die Welt geworfen sei wie ins Exil, in dem er ewig fremd bleiben muß, oder ob er diese Welt enträtseln und entschlüsseln könne in ihren innersten Sinn- und Bedeutungsornamenten. Plotin kleidet seine Vorstellung von dem In – der – Welt – Sein des Menschen in eine Metapher: die Welt sei eine Bühne, eine ungeheure »scena«,[92] auf der sich ein andauerndes Auf- und Abtreten ereigne und alles »concors mundanae tragoedia vel comoedia«[93] sei, in der Welttragödie oder Komödie mitwirke. Jeder spiele die ihm zugedachte Rolle und nehme so nur einen Teil des Geschehens wahr. Daher treibt ihn die Neugier, den vollständigen Text des Stückes zu verstehen, das der eine Poet als Weltpoem erdichtet hat. Bruno spricht von diesem Poeten als dem »Schreiber [...], der im Bezeichnen das Ganze macht und im Machen bezeichnet«.[94] Und die Welt sei nicht fremd und verschlossen, sondern man finde »fruchtbare Stimmen und Schriften der Dinge überall, wohin auch immer sich [...] (die) Augen und Ohren wenden«.[95]

Aber die Welt zu lesen ist nicht ganz einfach und einem Unkundigen nicht ohne weiteres möglich. Man müsse so vorgehen wie die alten Weisen, die »lehrten, die vielen Dinge in gewissen Siegeln und in der Spur der Charaktere zu verglei-

---

[88] Disputationes adversus Astrologiam divinatricem 1494.
[89] Teile der Theologia Platonica, 1469–74, De vita coelitus comparanda.
[90] De Fortuna, 1500.
[91] De fato, de libero arbitrio et de praedestinatione, 1520.
[92] Plotin, ebda., Enn. IV, Lib. II, XV, S. 131.
[93] Ebda., Lib. II, XVII, S. 131.
[94] Über die Monas, Kap. I, S. 327.
[95] Ebda.

chen, nach gewissen Zeiten«.[96] Man müßte ihre Sprache, die nicht so allgemein verbreitet zu sein scheint, erst in Erfahrung bringen. Die vielen Traktate der Renaissance über Zahlen und Figuren (wie z. B. die des Carolus Bovillus) haben versucht diese Sprache zu formulieren als eine mathematische, symbolische, hieroglyphische. Diese Sprache aber ist weder nur die der vielen einzelnen, verschiedenen Dinge, noch nur die der einfachen Vernunft: sie ist die Sprache der Mitte, die Sprache der Seele. Denn die Seele verfügt zugleich über einen Ordnungsbegriff des Vielen und über »samenhafte« Vernunft,[97] sie ist Vieles und hat Zugang zu Allem: »Die Seele ist Vieles, also Alles, einmal das Höchste, einmal das Niedrigste, auf allen Stufen des Lebens«.[98]

Im Kapitel IV schreibt Bruno: »Die atmende Essenz ist die Seele; der Lebensodem ist die Kraft der Seele, die in alles hineingegossen wird; das mit Intelligenz erfüllte Wort ist der Akt jener Kraft, welche vom Obersten bis zum Untersten reicht, das es ihrem eigenen Umfang entsprechend ordnen, formen und vollenden muß«.[99]

Mit dieser Seele ist aber nicht eine einzelne Seele gemeint, sondern »Seele überhaupt« oder auch die »Weltseele«. »Die Weltseele nämlich fließt in die Seele der Sphären, und diese fließt in die Seele der übrigen Lebewesen«.[100] Sie verfügt über die »Matrizen«, vermittels derer sie in die dimensionale und körperliche Welt gelangt und sich in ihr zurechtfindet. Marsilio Ficino nennt sie das »idolum«, durch das die Seele das

---

[96] Ebda.
[97] Plotin ebda., Enn. III, Lib. VI, XV, S. 163. (Überschrift v. Ficino) »De ratione seminali, quae est in anima quod non misceatur cum materia, ac de vanitate materiae formarumque sensibilium«. Lib. VIII, II, S. 182 »Rationes seminales in natura sunt contemplationes quaedam impressae desuper ab intellectuali contemplatione, et ideo quae natura fiunt, et contemplatione fiunt et contemplationes quaedam sunt«.
[98] Ebda., Lib. IV, III, S. 140: »Est anima multa, imo omnia tum superiora, tum rursus inferiora usque ad omnem vitae gradum«.
[99] Über die Monas, Kap. IV, S. 366.
[100] Ebda., S. 370.

Körperliche durch den Körper wahrnehmen könne.[101] Die Weltseele besitzt das höchste »idolum«: »an dieses binden sich zwölf idola von zwölf Seelen, die die zwölf Sphären bewegen. Da ja in jeder Sphäre mehrere Seelen sind, binden sich deren idola an das idolum der einen gemeinsamen Seele, die jene ganze Sphäre lenkt, zurück. Und so hängen alle idola der rationalen Seelen in einer gewissen Einigkeit (conspiratio) von dem einen höchsten idolum ab, so daß jeder willenhafte Anstoß des höchsten idolum in die mittlere Region und über die mittlere in die untere gelangt, und die Samen aller körperlichen Dinge von den ersten idola in die folgenden hineingetragen werden. Einigkeit von solcher Art und die Übertragung der Samen hielten wir für das Fatum«.[102]

Durch das idolum gestaltet die Seele zunächst den Körper.[103] Dies ist die erste Handlung der sich der sinnlich wahrnehmbaren Welt zuwendenden Seele. Sie bildet sich das idolum als »simulacrum animae«,[104] d. h. als Imaginationskörper bzw. Seelendarstellung, mit dessen Hilfe sie sich die sinnliche Welt zusammensetzen kann. Die Sprache, bzw. die Chiffren oder Buchstaben dieser Zusammensetzung sind durch dieses idolum bestimmt und bildhaft. Auf der Ebene dieser Bildhaftigkeit befindet sich die Seele nach Marsilio Ficino »in der Ordnung des Fatum«[105] selbst. Die Seele nämlich spricht in der Sprache dieser Bildhaftigkeit und wird »besprochen« (vgl. dazu auch die noch weitgehend unerforschten Traktate der Renaissance mit Titeln wie »De Incantationibus« und »De Perorationibus«), wie es bei Plotin heißt: im Univer-

---

[101] Marsile Ficin, Théologie Platonicienne de L'Immortalité des Âmes, Tome II (Livre IX – XIV), Texte critique établi et traduit par Raymond Marcel, Paris 1964, Lib. XIII, Cap. II, S. 207.

[102] Ebda., S. 208.

[103] Ebda., S. 210: »Idolum quoque illud animae id est rectrix potentia corporis«.

[104] Ebda., S. 208: »idolum non est animae purae officium, sed animae iam vergentis ad corpus«.

[105] Ebda., S. 209: »Per idolum est in ordine fati similiter, non sub fato«.

sum »wird wohl alles handelnd und leidend sein«.[106] Diese Befindlichkeit ist die des »alles in allem«, also einer tätigen Gebundenheit, einer Teilhaberschaft und Mitwirkung am Fatum, was als Grundstruktur erkenntnislogisch einzig und allein mittels der Begriffe der Repräsentation (eines stellt ein anderes dar) und damit des Zeichens faßbar wird, die wiederum über die Kategorien der Ähnlichkeit und der Bildhaftigkeit eine kontextuelle zugleich Vereinigungs- wie Diversifikationsidee des Kosmos erstellen können. »Die Mantik kann nur deshalb alles durch alles angekündigt finden, weil in dem einen Lebewesen Kosmos alles miteinander verbunden ist.«[107] Das Fatum spricht also in Gestalt von Bildern und Zeichen aus der Seele, die durch die Kräfte der Phantasie und der Imagination aus den »Samen« geformt werden. Der Begriff des »Samen« bei Plotin, Ficino und auch bei Bruno steht für einen der Logik und Vernunft nur schwer zugänglichen Ort einer noch undeutlichen Absicht oder »ratio«. Die Sprache der Seele »per idolum«, also die Sprache des Fatum ist nicht einfach »recta intentione« vernünftig und erscheint daher dem Verstand leicht als fremd. Selbst Kant gesteht in der »Kritik der reinen Vernunft«, daß Ursprung und Logos bildhafter Vorstellungen sich durch eine gewisse Unzugänglichkeit auszeichnen: »Dieser Schematismus unseres Verstandes, in Ansehung der Erscheinungen und ihrer bloßen Form, ist eine verborgene Kunst in den Tiefen der menschlichen Seele, deren wahre Handgriffe wir der Natur schwerlich jemals abraten, und sie unverdeckt vor Augen legen werden«.[108]

Auch die Schriften vom Typus der »Über die Monas« hinterlassen beim modernen Leser den Eindruck der Fremdheit. Wenn man aber »Über die Monas« beispielsweise als ein Buch über die Sprache der Seele im Sinne einer Art »tiefenpsychologischer« Systematik ihrer Zeichen, Symbole und Bilder

---

[106] Plotin, ebda., Enn. III, Lib. I, IV, S. 113.
[107] Blumenberg, ebda., S. 45.
[108] B 180 / 181, A 141.

auffassen würde, könnte die Befremdung schnell dem Interesse weichen.

Im 18. Jahrhundert verschwinden zunächst die Traktate über diese Bildsprachen aufgrund der Rationalisierung des Diskurses aus der philosophischen Diskussion, bis die Romantik, vor allem in Schelling und Novalis, sich wieder dem Thema der bildhaften Gebundenheit des menschlichen Denkens zuwendet. In der Philosophie des 20. Jahrhunderts ist das Konzept der Seele als Bedingung der Möglichkeit, die ganze Welt in ihrer »Allheit« wahrzunehmen und zu erkennen, kaum zu finden. Die Erfindung der Psychoanalyse hat das Seelenkonzept der Moderne entschieden beeinflußt und verändert, und seine philosophische Geltung untergraben. Untersucht man aber die theoretischen Substrukturen der Psychologie des 20. Jahrhunderts, so läßt sich unschwer erkennen, daß sie aus den in die Psychologie abgedrängten Fragmenten der philosophischen Seelenlehre zusammengefügt sind.

Im Jahr 1900 veröffentlichte Sigmund Freud in Wien eine Arbeit mit dem Titel »Die Traumdeutung«, in der er versuchte, »die Vorgänge klar zu legen, von denen die Fremdartigkeit und Unkenntlichkeit des Traumes herrührt, und aus ihnen einen Rückschluß auf die Natur der psychischen Kräfte zu ziehen«.[109] Aufgrund seiner »divinatorischen« Kraft nämlich werde der Traum von den Schellingianern hochgeachtet.[110] Im Abschnitt VI »Die Traumarbeit« schreibt Freud: »Der Trauminhalt ist gleichsam in einer Bilderschrift gegeben, deren Zeichen einzeln in die Sprache der Traumgedanken zu übertragen sind. Man würde offenbar in die Irre geführt, wenn man diese Zeichen nach ihrem Bilderwerte anstatt nach ihrer Zeichenbeziehung lesen wollte. Ich habe etwa ein Bilderrätsel (Rebus) vor mir: ein Haus, auf dessen Dach ein Boot zu sehen ist, dann ein einzelner Buchstabe, dann eine laufende Figur, deren Kopf wegapostrophiert ist und

---

[109] Sigmund Freud, Die Traumdeutung, Wien ⁷1945, I, S. 1.
[110] Ebda., S. 3.

dgl. Ich könnte nun in die Kritik verfallen, diese Zusammenstellung und deren Bestandteile für unsinnig zu erklären. Ein Boot gehört nicht auf das Dach eines Hauses und eine Person ohne Kopf kann nicht laufen; auch ist die Person größer als das Haus und wenn das Ganze eine Landschaft darstellen soll, so fügen sich die einzelnen Buchstaben nicht ein, die ja in freier Natur nicht vorkommen. Die richtige Beurteilung des Rebus ergibt sich offenbar erst dann, wenn ich gegen das Ganze und die Einzelheiten desselben keine solchen Einsprüche erhebe, sondern mich bemühe, jedes Bild durch eine Silbe oder ein Wort zu ersetzen, welches nach irgend welcher Beziehung durch das Bild darstellbar ist«.[111]

Die Begriffe, die nach Freud für das Verständnis des Traumes notwendig sind, tauchen auch auf in Brunos »Über die Monas«: Bild, Zeichen, Zusammenstellung, Beziehung der Teile untereinander, Beziehung zwischen Bild und Wort. Das der Aufklärung verdächtige, der Irrationalität geziehene Thema der symbolischen Sprache, von der Philosophie in die Psychologie abgewandert, kommt dort in nur geringfügig veränderter Form zum Vorschein. Freud spricht von einer Methode der symbolischen Deutung und einer weiteren, die er die »Chiffriermethode« nennt.[112] Letztere behandle »den Traum wie eine Art Geheimschrift [...], in der jedes Zeichen nach einem feststehenden Schlüssel in ein anderes Zeichen von bekannter Bedeutung übersetzt wird«.[113] Freud behauptet ein Raster, in das die vielen Bildungen und Ausformungen der Seele in ihrem Traumleben dekomponiert und dechiffriert werden können, ohne es jedoch als solches, unabhängig von seinen stark persönlich gefärbtem Einfällen bei der Deutung einzelner Fälle, darstellen zu können. Deshalb muß Brunos Versuch, das Gebäude der Imagination und der poetischen Erzeugung in »Über die Monas« durch die relationalen Strukturen arithmetischer und geometrischer Elemente zu

---

[111] Ebda., Abschnitt VI, »Die Traumarbeit«, S. 190.
[112] Ebda., Abschnitt II, »Die Methode der Traumarbeit«, S. 68.
[113] Ebda.

bestimmen, als die entschieden systematischere und, was ihre Überprüfbarkeit angeht, als eine vom Ansatz her auch »wissenschaftlichere« Lösung als die *symbolische Methode* Freuds angesehen werden, von der er selbst sagt, sie bleibe Sache »des witzigen Einfalls, der unvermittelten Intuition«.[114] Sie nämlich hat eine gewisse Nähe zum unmethodischen Vaticinium Plotins. »Es ist ja nicht die Aufgabe des Sehers, zu erkennen, weshalb etwas geschieht, sondern dies nur so vorherzusagen«.[115]

Blumenberg äußert den Verdacht, ein zu großes Interesse am Traum verrate einen »niedere(n) Rang des kosmischen Lesens gegenüber dem inneren Phantasiebesitz«, zu dem » nach der Abwertung des Kosmos neu der innere Zugang, und sei es durch den Traum, gesucht wird«.[116] Daß das Thema der Entschlüsselung der Bilderwelt in Freuds Entwurf als rein innenweltlich und individuell ausgerichtete Psychologie auftaucht, zeigt, daß hier das logische Grundaxiom der alten Bild- bzw. Seelenlehren »alles in allem« ausgedient hat und der Mensch sich in einer Welt der Risse und Brüche wiederfindet, in der seine Seele notgedrungen der Therapie bzw. Heilung bedarf. Bruno bewahrt und begründet die Dialogfähigkeit des Menschen »mit allem« durch »alles in allem« nicht zuletzt in der Einsicht, daß die *Einheit* und Durchgängigkeit in *allem* (auch von »Innen« und »Außen«) notwendige und unersetzliche Kriterien jeden Denkens sein müssen, um nicht zu gefährden, was die Erkenntnis im Schatten der Wahrheit gewähren soll: Vergnügen und Heilung im Sinne von Ganz – Werdung. Mit den Worten des Cusanus: »Unser Geist muß mit all seiner Kraft um den Begriff der Einheit kreisen, um ihn immer gründlicher zu erforschen; denn die ganze Vielheit des Erkennbaren hängt von der Kenntnis dieses Begriffes ab, weil

---

[114] Ebda.
[115] Plotin, ebda., Enn. III, Lib. II, VI, S. 137: »Non enim vatis officium est, quam ob rem aliquid fiat, cognoscere, sed sic fore tantum praenuntiare«.
[116] Blumenberg, ebda., S. 46.

die Einheit in jedem Wissen das ist, was gewußt wird.«[117] Im übrigen liegt Brunos Verdienst gegenüber ähnlichen Schriften seiner Zeit, die oft nur enzyklopädische Absichten, d. h. eine Inventarisierung der Zeichen und ihrer Bedeutungen verfolgen, darin, daß er versucht hat, das relationale System der Zahlen, Zeichen und Figuren als Durchgang von der Einheit zur Vielheit aus der einen Monas herzuleiten und somit ihren intelligiblen Charakter aus dem Urgrund aller Zeichen zu zeigen. Damit sichert Bruno die Erkennbarkeit und Lesbarkeit der Welt durch die Einheit als erstes Prinzip von allem, wobei das Konzept der »Weltseele« als Begründung einer Erkenntnisrelation zwischen Mensch und »All« oder Universum dient. Die Seele ist die Form des Menschen und damit auch die Form seiner Welt, als Idee der »Allheit«. Die »Weltseele« wird gedacht als Kosmologe, der sich die Welt, den Kosmos, zusammensetzt. Die Strukturen dieser Zusammensetzung oder Komplexion werden durch die heiligen Chiffren oder Hieroglyphen ausgedrückt. Die Struktur der Welt ist das in diesen Chiffren geschriebene Fatum oder Weltgedicht, also eine *poetische Erzeugung*.

»Die Seele geht in dieses Universum ein durch das Poem von der Welt«,[118] schreibt Plotin, und die Kunst des Weissagens, also das Reden vom Fatum, »ist gewissermaßen das Lesen der Buchstaben der Natur, die eine Ordnung anzeigen«.[119] Am Schluß von »Über die Monas«, vor den beiden Epilogen, schreibt Bruno über die Bewohner der Sphären, die Geister und Dämonen, die, bei der Divination behilflich, eine große Rolle für die Mantik spielen. Sie seien die Mittler zwischen der Weltseele und den individuellen Seelen, wie Bruno einhellig mit Ficino annimmt. Bruno berichtet von haarsträubenden Geschichten über die Täuschungsmanöver der Dä-

---

[117] Mutmaßungen, ebda., Teil I, Kap. X, S. 51.
[118] Plotin, ebda., Enn. III, Lib. II, XVII, S. 131: »anima ingrediens in hoc universum mundi poema«.
[119] Ebda., Lib. III, VI, S. 137: »arsque praesagiendi lectio quaedam est naturalium litterarum ordinem indicantium«.

monen und die Irrtümer, denen die Menschen beim Ausdeuten ihrer Sprüche anheimfallen.

»[...] meistens sind die Seher nicht zugleich auch die klarsichtigen Interpreten, und oft wissen diejenigen, die weissagen, nicht was sie weissagen«, heißt es bei Ficino,[120] der damit die praktischen Schwierigkeiten andeutet, die Sprüche des Fatum recht zu verstehen, den richtigen unter den unzähligen möglichen Sinnen des einen unendlichen Riesengedichtes herauszufinden. Die Geister der Sphären stehen für die poetisch chiffrierten »fruchtbaren Stimmen überall«, von denen Bruno im Kapitel I spricht.[121] Diese reden von dem Ganzen, vom All und vom Universum, seinen Kräften und Ordnungen. Sie haben Namen und werden als Personen aufgefaßt, wie die geometrischen Punkte der Figuren. Dies ist Zeichen für die Art und Weise, wie die Seele dem Universum begegnet, mit ihm »redet«. Ihre Unterhaltung wird in Form von unzähligen Konzepten und Intentionen[122] immerfort geführt und aus den Urelementen zusammengesetzt.[123] Mit den Worten Schellings: »Es gibt [...] kein wahres Lehrgedicht, als in welchem unmittelbar oder mittelbar das All selbst, wie es im Wissen reflektiert wird, der Gegenstand ist. Da das Universum der Form und dem Wesen nach nur Eines ist, so kann auch in der Idee nur Ein absolutes Lehrgedicht seyn, von dem alle einzelnen bloße Bruchstücke sind, nämlich das Gedicht von der Natur der Dinge«.[124]

---

[120] Marsilio Ficino, Theol. Plat., ebda., Lib. XIII, Cap. II, S. 217: »plurimum non iidem praesagi sunt perspicui et interpretes, et saepe, qui praesagiunt nesciunt quid praesagiunt«.

[121] Über die Monas, Kap. I, S. 327.

[122] Vgl. Ebda. Kap. X, »Die dritte Ordnung der Stufen der Neunheit«, S. 454 ff.

[123] Vgl. dazu Johannes Scotus Eriugena, der in Anspielung auf die Logos – Theologie formuliert: » Räume und Zeiten mit allem ihren Inhalte sind also im Worte geschaffen.« Über die Einteilung der Natur, übs. v. L. Noack, Hamburg 1983, I. Buch, Kap. 58, S. 87.

[124] Schelling, ebda., S. 308 (S. 664).

Einleitung XLV

VI. Ganzheit in Bewußtsein und Unbewußtem (Schattenhaftem)

Die Monas ist der eine Indentitätspunkt des philosophischen Konzeptes der vorliegenden Schrift. Aus ihr kommt alles und auf sie hin verhält sich alles. Die Lineamente ihrer Erzeugungen sind die Spuren einer immer nur sie selbst – in Verschiedenheit – zeichnenden Darstellung. Die *Repräsentation* Brunos ist kein »sich selbst errichtendes« Gebilde und damit ein Rätsel wie in Foucaults »Die Ordnung der Dinge«;[125] er faßt in den Akten der Repräsentation vielmehr die Erscheinungsweisen von *Selbstverhältnissen*, die Ektypen der Monas. Der Begriff der *Memoria* ist deutliches Indiz dafür, wie man diese Selbstverhältnisse zu interpretieren hat: nämlich – ungeachtet der Vorbehalte beispielsweise von Spaventa, Fellmann, Gerl und Bremer[126] – als Bewußtsein ermöglichende, erzeugende

---

[125] Michel Foucault: Die Ordnung der Dinge. Eine Archäologie der Humanwissenschaften, Frankfurt a. M. 1974, S. 114: »In diesem abgeschlossenen Raum, den die Repräsentation für sich selbst errichtet, ist die Sprache vorhanden.«

[126] Spaventa: vgl. den Hinweis bei Fellmann: »Das beweist einmal mehr, daß die Autonomie des transzendentalen Bewußtseins sich ohne den vorhergehenden cartesischen Zweifel eben doch nicht haben läßt. In diesem Punkt behältwohl Spaventas Interpretation der Erkenntnistheorie Brunos das letzte Wort mit der prägnanten Formulierung, Bruno bleibe am Universum haften.« Ferdinand Fellmann: Giordano Bruno und die Anfänge des modernen Denkens, in: Die Pluralität der Welten. Aspekte der Renaissance in der Romania, hrsg. v. W. D. Stempel und K. H. Stierle = Romanistisches Colloquium Bd. 4, München 1987, (S. 449–488), S. 464.

Fellmann: »Die Differenz zur neuzeitlichen Theorie des Bewußtseins wird nicht nur im Konstitutionsprozeß, sondern auch im Resultat greifbar, das bei Bruno in Form der intellektuellen Wesensschau vorliegt. So rational das auch klingen mag, ihre Differenz liegt doch darin, daß sie sich nicht in methodisches Vorgehen transformieren läßt.« ebda., S. 460 f.

Ergänzend dazu ein Hinweis: In seiner Vorrede zu den »Heroischen Leidenschaften« Brunos macht Fellmann in bezug auf die Fassung des Bewußtseinsproblems (das als solches bei Bruno offenbar nicht mehr in

und erhaltende Strukturen. Tatsächlich ist Erinnerung bei Bruno nicht einfach ein Instrument, dessen man bedarf, um die Vollständigkeit der Rede im Sinne der Rhetorik zustande zu bringen; ihm geht es um einen Begriff von Erinnerung, wie Platon ihn im »Menon« entwickelt: »Dieses nun, selbst aus sich eine Erkenntnis hervorholen, heißt das nicht sich erinnern?«[127] Erinnerung also – Selbstbezogenheit in Differenz – ist der Habitus des Denkens seinem Prinzip oder Grund gegenüber. Die Erinnerung, von der Bruno spricht, greift nicht einfach nur hinsichtlich der Dinge, also in objektiver Hinsicht – wie bei einem Hund, der, von seinem Herrn nach dem Verbleib seines Balles befragt, stutzt und erst eine Vorstellung von ihm hervorholt, ehe er davonstürzt, um ihn herbeizu-

---

Frage gestellt wird) folgende interessante und weiterführende Bemerkung: »Die Entfaltung der modernen Subjektivität erfolgt in einem selbständigen Traditionsstrang, an dessen Anfang Brunos steht. Die Selbständigkeit seines Ansatzes liegt darin, daß er Selbstbewußtsein nicht über die Gewißheit der Erkenntnis, sondern über die Fülle der Inhalte zu erschließen versucht. Nicht Evidenzsicherung, sondern Zugang zu den Inhalten des Bewußtseins bildet das Problem, an dessen Abarbeitung Bruno die Idee der Subjektivität gewinnt.« Einleitung XII, in: Giordano Bruno: Von den heroischen Leidenschaften, übs. u.hrsg. v. Christiane Bacmeister, Hamburg 1989. Die »ars memoriae« kann durchaus als eine Methode des »Zugangs zu den Inhalten des Bewußtseins« im Sinne Fellmanns interpretiert werden. Hanna – Barbara Gerl: »Bei Bruno wird das Subjekt niemals in dem Sinne Person, daß es auf das Erkannte eine Antwort gäbe, die nicht selbst wieder *Spiegel* wäre. In diesem Sog der Gleichsetzung und Einswerdung mit dem Erkannten verliert aber der Erkennende sich selbst – im Aktaionmythos, den Bruno benutzt, wird er sogar getötet. Menschlicher Eigenstand will und kann denkerisch nicht mehr bewahrt werden.« Einführung in die Philosophie der Renaissance, Darmstadt 1989, S. 206. D. Bremer: »Giordano Bruno stellt als Philosoph an der Schwelle der Neuzeit nicht die Frage der modernen Wissenschaft nach der objektiven Realität der Welt. Er denkt auch noch nicht aus dem spekulativen Geist der Subjektivität als Projektion des menschlichen Bewußtseins. »Antikes Denken im neuzeitlichen Bewußtsein, dargestellt an der Entwicklung des Welt- und Menschenbildes bei Giordano Bruno, in: Zeitschrift für philosophische Forschung 34/4, 1980 (S. 505–533), S. 508.

[127] Menon 85 d.

bringen. Brunos *Memoria* ist die Kraft, die einem Denken, das sich in einem auf das Verschiedene und auf zunehmende Komplexität hinauslaufenden Diskurs befindet, ermöglicht, seine Einheit herzustellen, indem es sich an sein Selbst oder sein Prinzip erinnert, sich in besonderer Weise mit diesem Prinzip verbindet. Sie begründet so die Transzendentalität des Denkens, ist mithin par excellence eine philosophische Idee.

Die Komplexion geometrischer Punkte und Linien in den Figuren von »Über die Monas« ist Symbol des sich selbst in der Verschiedenheit seiner Akte nicht nur verlierenden, sondern stets im Stand des Bewußtseins auch wiederfindenden Subjekts. Der Mittelpunkt ist dabei »die Substanz des Kreises«,[128] das selbst ewig Undargestellte, sich in die Relationalität der Segmente, Winkel und Grenzpunkte hinein Darstellendes. Ihm entspricht erkenntnislogisch die Kraft des einfachen sich seiner selbst inne sein Könnens als Focus und Identitätspunkt der Subjektivität, der die relational verfaßte Komplexion der Denkfigur als Bewußtsein durchdringt. Die Monas ist die »tätige Kraft, die alles zu allem hin, und alles auf sich selbstwenden kann.«[129]

Offene Relationalität, das heißt potentielle All – Bezüglichkeit, kann folglich nur aus der Idee absoluter Einung gedacht und begründet werden, wie der platonische Parmenides folgert: »Wenn also Eins *nicht ist,* so wird auch nicht irgend etwas von den Anderen weder Eins zu sein vorgestellt noch Vieles. Denn ohne Eins Vieles vorzustellen ist unmöglich.«[130] In der Spannung zwischen Einheit und Vielheit organisiert sich das Denken zu einer Figur relativer Komplexität: die Figuren von »Über die Monas« erinnern dieses Denken anschaulich an die Geschichte seiner Komplexion, weshalb man sie als Symbole denkgeschichtlicher Zuständlichkeit, als

---

[128] Über die Monas, Kap. II, S. 343.
[129] Über die Monas, Kap. II, S. 344.
[130] Parmenides 166 a, b.

Siegel des Bewußtseins[131] interpretieren kann. Sie bilden das Instrumentarium der brunoschen Bewußtseinsphilosophie. »Denn das Zeichen ist keine bloße zufällige Hülle des Gedankens, sondern sein notwendiges und wesentliches Organ. Es dient nicht nur dem Zweck der Mitteilung eines fertiggegebenen Gedankeninhalts, sondern ist ein Instrument, kraft dessen dieser Inhalt selbst sich herausbildet und kraft dessen er erst seine volle Bestimmtheit gewinnt. Der Akt der begrifflichen Bestimmung eines Inhalts geht mit dem Akt seiner Fixierung in irgendeinem charakteristischen Zeichen Hand in Hand. So findet alles wahrhaft strenge und exakte Denken seinen Halt erst in der Symbolik und Semiotik, auf die es sich stützt.«[132] Das Konzept einer Reihe von Zeichen in »Über die Monas« ist ein früher Versuch, Leibnizens Ideal einer allgemeinen Charakteristik zu erfüllen, mit der wir »eine Grammatik der symbolischen Funktion als solcher« besäßen, »durch welche deren besondere Ausdrücke und Idiome, wie wir sie in der Sprache und in der Kunst, im Mythos und in der Religion vor uns sehen, umfaßt und generell mitbestimmt würden.«[133] Sie leistet den »›Ausdruck des Vielen im Einen‹[134], die multorum in uno expressio, als welche Leibniz das Bewußtsein überhaupt charakterisiert.«[135]

Die Schattenmetapher aus der Vorrede zur Frankfurter Ausgabe ist allerdings ein Hinweis auf die *doppelte* Valenz dieser Figuren bzw. Komplexionen: d. h. daß dem Prozeß der

---

[131] Vgl. dazu die siegelhafte Logik bei Raimundus Lullus: Die neue Logik (Logica Nova). Textkritisch hrsg. v. Ch. Lohr, übs. v. V. Hösle u. W. Büchel, Hamburg 1985, Prologus S. 2: »Istius quidem artis subiectum est veri et falsi intentio, cui cum modo, principiis regulisque Generalis Artis auxiliabimur, ut in demonstratione clarior et in memoriae habitu radicabilior cognoscatur.«

[132] Ernst Cassirer: Philosophie der symbolischen Formen, Darmstadt ²1985, Erster Teil. Die Sprache, S. 18.

[133] Ebda., S. 19.

[134] Oder, im Sinne Brunos, auch umgekehrt: den Ausdruck des Einen im Vielen.

[135] Cassirer, ebda., S. 34.

Erinnerung ein Prozeß des Vergessens oder Vergehens gewissermaßen spiegelbildlich zugeordnet werden muß. Die Philosophie Brunos nur als eine »Philosophie des Bewußtseins« zu bezeichnen scheint nämlich einseitig zu sein, weshalb auch ganz folgerichtig der Vorwurf magischer Geheimniskrämerei gegenüber den symbolischen Arbeiten Brunos, die ja in einem Konzept einfach dimensionierter Rationalität nicht ohne weiteres unterzubringen sind, meistens nicht lange auf sich warten läßt. Wenn man diese Philosophie also eine »Philosophie des Bewußtseins« nennt, dann muß man – damit Brunos Theorie des Diskurses unter dem Horizont der Memoria überhaupt sinnvoll ist – auch als eine »Philosophie des Unbewußten« bezeichnen. Sie kehrt nämlich dem Schatten nicht einfach den Rücken, sondern versucht ihn in die philosophische Reflexion systematisch zu integrieren.[136] In dieser Hinsicht verdient Bruno entschieden weniger als ein mit einer möglicherweise nur vordergründig postulierten Rationalität blendendes Denken den Vorwurf, er sei ein Phantast und Schwärmer, methodischem Vorgehen abhold.[137] Schließlich hat Brunos Konzept des Bewußtseins als die eine Licht- und Schattenkomplexion, als relationale Figur zwischen Selbst- und Weltförmigkeit durch seinen radikalen Anspruch auf Ganzheit Schellings Aufmerksamkeit erregt. Bruno rettet die Einheit des Bewußtseins und die Intelligibilität der Welt, indem er eine philosophische Intention auf Verborgenheit, Schattenhaftigkeit und Dunkelheit einführt. Ihm geht es um

---

[136] Interessanterweise spricht Foucault seinen sogenannten Humanwissenschaften zwar die »Repräsentation« als strukturelle Idee zu, verneint aber gerade das »Bewußtsein« in ihr. Foucault, ebda., S. 433: »Muß man [...] nicht [...] sagen, daß seit dem neunzehnten Jahrhundert die Humanwissenschaften unaufhörlich jenem Gebiet des Unbewußten sich annähern, in dem die Instanz der Repräsentation in der Schwebe gehalten wird? In der Tat ist die Repräsentation nicht das Bewußtsein, und nichts beweist, daß dieses Hervorbringen von Elementen und Organisationen, die niemals als solche dem Bewußtsein gegeben werden, die Humanwissenschaften dem Gesetz der Repräsentation entgehen läßt.«
[137] Fellmann, ebda., S. 461.

die Absicherung des einen Grundes der Philosophie, auf den auch Schelling sein Gebäude zu errichten trachtete: Identität, oder auch, als operationalisiertes Prinzip: Alles in allem. Die Schattenwelt ist nicht das vernunftlose Loch im Bewußtsein, sondern über den Begriff des Anderen und Verschiedenen stets auf Vernunft Bezogenes, Abbildliches. Kaum einer unter den modernen Philosophen und Psychologen hat von der »dunklen Rede« der Seele eine solch hohe Meinung – in Bezug auf ihre Erhellbarkeit, also in Bezug auf eine Möglichkeit, sie zu verstehen und zu entschlüsseln – entwickelt wie Giordano Bruno.

GIORDANO BRUNO AUS NOLA

Über die Monas,
die Zahl und die Figur,
als Elemente einer sehr geheimen Physik,
Mathematik und Metaphysik

[PROLOG]

Andere haben das Begehren, die dädalischen[1] Federn ihren leeren Schultern anzuheften, oder durch die Kraft der Wolken emporgehoben zu werden. Sie suchen nach einer Antriebskraft in den Flügeln der Winde, oder von dem Segel des flammenden Kreises fortgerissen zu werden, sie suchen nach den Flügeln des Bellerophon.[2]

Oder sie trachten danach, den Olymp und den Ossa auf den Pyndus[3] zu türmen, oder (noch besser) daß diese von einem herumvagabundierenden Geist herbeigebracht würden. Aber was sie fertigbringen ist, das Werkzeug eines höheren Geistes zu werden, so daß sie, vom Körper her verkommen, das Beispiel elender Unterworfener abgeben.

Wir aber haben uns jenem (anderen) Genius verschrieben (da wir das Fatum[4] und die uns entgegengetretenen Schatten unerschrocken sehen), daß wir nicht blind vor dem Licht der Sonne, taub vor den durchsichtigen Stimmen der Natur, mit unwürdigem Herzen vor den Geschenken der Götter stehen.

Wir kümmern uns nicht darum, was die Meinung dummer Leute über uns sagt, oder was von irgendwelchen Stühlen gnädig verlautet. Mit besseren Flügeln steigen wir nach oben, wir haben gesehen, was jenseits der Wolken,[5] jenseits der Wege der Winde ist, in hinreichendem Maße.

Dorthin schwingen sich die meisten auf, unter unserer Führung, über die Stufen, die in ihrem eigenen Herzen aufgerichtet und fest sind, welche Gott und eine Art von lebhaftem Ingenium geben, nicht der Geist, die Feder, das Feuer, der Wind, die Wolken, der Dunst und die Phantasmata der Weissagenden. |

Nicht der lebendige Sinn, nicht der Verstand beschuldigen mich und die klare Begabung eines geschliffenen Ingenium[6], sondern der finstere Ernst eines unredlichen Betrügers ohne

Waagschüssel, ohne Waage, ohne Maß, ohne Auge und ohne die Saat eines mit Wundern Gewappneten.

Die Lobrede eines Verse schmiedenden Grammatikers, die Glossen und Briefchen der Griechisch Treibenden, die Bücher derer, die den Leser von Anfang an zermürben, indem sie gegen die Zoilen,[7] die Momen[8] und Mastigen[9] anbellen, mögen sich als Textzeugnisse von hier fernhalten. Die Sonne, die nicht die Nebel schmücken, tritt nackt hervor; das Prunkgeschirr der Vierbeiner[10] paßt nicht auf den menschlichen Rücken. Nun aber bin ich hingerissen von der Erscheinung des Wahren, die gesucht wurde, gefunden, und nun offen dasteht.

Und wenn keiner erkennte, wenn ich mit der Natur und unter der Gottheit weise bin, so ist dies doch mehr als genug. |

Dem hochwohlgeborenen und erhabenen Heroen
Heinrich Julius Herzog von Braunschweig und Lüneburg,
Bischof von Halberstadt, etc.

KAPITEL I

Der größte Teil der Menschen, die der wohltätige Schoß der Erde hegt und pflegt, ist vom Schicksal (o höchst gepriesener der Herzöge) dazu gebracht worden, lebendig unter dem Schleier der Sonne die Zeit des Studiums den Dingen zu widmen, durch die ein leerer Geist in seinen Fesseln gehalten wird, in der Finsternis des Grabes bei lebendigem Leibe. Für diese Menschen ist das Leben das Ende des Lebens, und der Weg schon sein Ende. Unbeweint stirbt zuerst das Geschlecht derjenigen, die sich nicht ihres Glückes noch der Kraft ihrer Sinne freuten, die für nichts die Ebenbildlichkeit zum Anlitz Gottes mit sich trugen, die nur ihre äußere Erscheinung als Mitmenschen dem Mensch zu erkennen gibt. Unterdessen, es eignet sich das Ingenium eines solchen Viehes die Gewinne des Lebens an, | in höchst geeigneter Weise nach Maßgabe seiner fünf Finger. Diese Misere muß beibehalten werden, damit die Schar der Dienerschaft, die von einem besseren Ingenium ist, unterworfen bleibe. Eine nicht weniger unglückliche Zahl dieser Menschen eilt denen zu Hilfe, die, sobald sie sich entziehen können und die ihnen zugemessene Arbeit einem anderen auferlegt haben, mit zur Ruhe gelegtem Geist auf dem Rücken schlafen und so den Tag an die Nacht und die Nacht an den Tag binden, so daß ein lebendiger Tod und ein tödliches Leben die Elenden niederdrückt. Denn etwas Gutes ist nicht gut für den in seinen eigenen Sinnen Verwaisten, dem das Ingenium, der Verstand, die Erfahrung und der Nutzen entfliehen. Nichts hört er, was er nicht gleich glaubt, und er hält sich dabei für einen, der bisweilen etwas erkennt. Wenn er wach ist, schläft der Einfältige. Aber mitten in der Üppigkeit läßt er im Leben nach, und die rohe Kraft der Lust wird getrübt durch Todesangst. So peinigt den Dummen seine eigene Unwissenheit wie ein Folterknecht, bis daß der Jüngste Tag in einem unumstößlichen Dekret verlautbart hat, daß dieses Gewächs der Erde wieder in dieselbe Art zurückgeführt werden soll, in der es, als es zuerst entstand, in die höheren Welten hinübergegangen war. Es sind Menschen, die die Bedürftigkeit in harten Tagen erhebt, die brennende Liebe anstachelt oder auch Furcht, oder Ehrgeiz mit seiner kochenden Antriebskraft. Weshalb nicht die einfache Art des Wahren oder die der lauteren Tugend diese Menschen bewegt, sondern das, was die wechselhafte Meinung auf einen gewinnbringenden Titel gibt. Deshalb wird das Studium von ihnen für etwas Unnützes gehalten, was nichts von einem tauben Bauch als angenehm Empfundenes gebiert; aber genau diese Leute hält das verrückte Volk in Ehren hoch. So sehr wir uns auch in widrigen Schicksalsläufen befinden, wir haben den Kampf ums Glück lange schon, von Kindesbeinen an, begonnen und halten dennoch unbesiegt an unserem Vorhaben und Wagnis fest, | für die wir besondere Stärke aufbringen. Nur Gott ist unser Zeuge. Wir sind selbst nicht besonders krank und schlaftrunken, und wir halten sogar den Anflug einer Krankheit zurück und scheren uns darüberhinaus nichts um sie, so wie wir auch den Tod selbst am allerwenigsten fürchten. Dank der Kräfte unseres Geistes werden wir also kaum je einem Sterblichen unterliegen. Dich (o erhabenster Fürst) bestimmte das beste Schicksal, der barmherzige Gott dazu, von beiderlei Sorgen entbunden zu sein, wofern du nur an Ehren der Sache des Ingenium etwas hinzufügst, wenn du schon auch ohne Reichtum und Ansehen glänzst. Daß du nicht die Völker verachtest, denen er auftrug, zu dir aufzublicken. Und nicht, daß du die mit Füßen trittst, denen er befahl, dich zu verehren. Wenn es auch eine Anzahl, und zwar gar keine geringe, solcher gibt, die das Szepter lediglich festhalten und sich daran gewöhnt haben, daß Werkzeuge vorhanden sind, mit denen dem verachteten Volk beigekommen werden soll, damit das unwürdige Vieh unter ihrer Aufsicht auf der Weide grase, wofür es dann seinen Pelz ableistet und noch schwerere, ihm auferlegte Abgaben. Es gibt nichts Unerträglicheres, als ein in hochmütiger Willkür habsüchtiges und bäurisches Herrschergeschlecht, welches die Macht besitzt, die Rechte für sich nach Gutdünken zu erfinden. Welches dann glaubt, den Himmel zu berühren, wenn es eher dabei ist, das Recht und was immer vor Tugend und Vornehmheit leuchtet, ungestraft mit Füßen zu treten. Zu treten, was von der Gattung ist, von der es sich zu Recht verachtet sieht. Aber du glänzt von göttlichem Feuer und leuchtest höher gestellt für den Erdkreis. Du verjagst die Finsternis durch die verschwisterten Kräfte des Lichtes und der Unbeugsamkeit und richtest die aufrührerischen Keime der Barbarei zugrunde. Die Ehren der Muse und des Mars | entfaltet hier Pallas, aus dem einen Körper des Jupiter entsprungen. Wer über so viele Völker mit großmütigem Eifer regiert, hat nicht die rauhen Mittel nötig (wie ich sehe), in denen, wenn man die Praxis studiert, viel eher Macht zu sehen ist als einfache Vernunft, die die Quelle der Dinge ist und das ewige Licht. Also, weil dieser Teil der Menschen sich ganz in der Praxis niedergelassen hat und auf dem Gewicht geringer praktischer Erfahrung unzählige solcher Erfahrungen trägt, ist er auch dem Volk lieber und genießt den Vorrang, selbst in den Ehrentiteln. Wir aber tischen dem Volk derartiges nicht auf. Wir geben das dem Rachen Angenehme, das für ein Volk besorgt werden muß, welches selbst nicht alles erkennt, sondern nur, was Sinnesnahrung ist. Jeder, der sich stark erhebt und sich aus jener Menge zurückzieht, wer mit aufmerksamen Geist seinen Gegenstand wieder beleuchtet, ihn unablässig immer wieder hin – und herdreht, der wird in Erfahrung bringen, was wir mit nicht gerade spärlichen Zeichen zeigen. Denn wir stellen nichts auf, was nicht verstehen könnte, wer nicht nur im Gesetz der Grammatik weise ist, sondern auch das Gesetz der Steine, der Kräuter und der Gattung der Lebewesen kennt, der weiß was Zustand und Verhältnisbeziehung sind, was die jeweils vorherrschende Kraft, das Leben und die Gepflogenheiten im Ganzen und in seinen Teilen. Das hier Beschriebene kommt sozusagen aus der zuverlässigen Feder der Natur. Es wird zuerst nach den Zeichen der Gattung unterschieden, dann trennt unter der Gattung der Archetyp die eine Art von der anderen, und unter der Art werden die einzelnen Dinge durch die bekannten Proprien erkannt. Denn was soll ich glauben, daß die ähnlichen und verschiedenen wechselnden Begriffe seien, wie das Proprium und in Bezug auf anderes das Commune,[11] als bezeichnende Zeichen? | Ohne Zweifel sind sie mit einem so viel besseren Licht ausgestattet, und vor allem leicht zur Hand, wie auch jener der beste Schreiber ist, der im Bezeichnen das Ganze macht und im Machen bezeichnet. Und er läßt nicht zu, daß Verschiedenes von ähnlichem Aussehen begegne, er bemalt alles weise mit Licht und Schatten. Daher gingen alle Farben in alle Dinge, und du wirst fruchtbare Stimmen und Schriften der Dinge überall finden, wohin auch immer sich deine Augen und Ohren wenden. Diese Schrift hat sich hinreichend ausgedrückt, sie kommt darin dem hellen Licht des Tages gleich. Und dennoch, entweder weil wir verwaist sind oder eher zu wenig aufmerksam, ist sie für uns auch verborgen und unbestimmt. Aber sie erscheint nicht durch sich selbst, sondern sicherlich einfach als unbestimmt, denn wir sind nicht ganz sich mit ihr bewegendes Moment der Natur. Wären wir ganz Moment der Natur, so wären wir dies kaum auf Grund dieser oder jener ihrer Gestaltungen, die so vorübergeht, sondern einfach Kraft aller Zahlen der Materie und ihres Aktes. Nichts hindert jedoch, zu sein, wie früher Männer waren, die mit ihrem Sinn bis dahin aufsteigen konnten, daß die lehrten, die vielen Dinge in gewissen Siegeln und in der Spur der Charaktere zu vergleichen, nach gewissen Zeiten, als die Spuren, die das Gesicht der allesgebärenden Natur mit einem starken Licht erhellen. So konnten sie eine Unterhaltung mit den Göttern führen, und die göttlichen Kräfte der Natur gut in Tabellen von derselben Art zusammenstellen, oder sie so nach dieser Vorschrift hervorbringen. Eine jede Art[12] drückt durch ihre einzelnen Glieder alle Arten aus. Wie im Falle von Menschen, die vom | Aussehen und der Seele eines langsam dahinmarschierenden Esels sind. Also hat die Natur alles der Reihe nach in eigentümlichen Figuren unterschieden, und nach einem dauerhaften Gesetz alles aus den wenigen Quellen der Prinzipien hergeleitet, damit die Arten, Nachahmungen der

Monas und des ersten Lichtes, angesichts der Dinge benannt werden und aus der Tiefe leben. In der Monas aber und im Atom ist die Potenz des Geraden und des Gekrümmten, und ein einfacher Akt, in dem diese ein und dasselbe sind. Als dann eine weitere Monas zu einer Monas hinzukam, war eine erste Ausbreitung des Geraden gegeben, der erste Unterschied und die erste Unterschiedenheit. Darauf kam zu dem ersten Gegensätzlichen die Kraft der Dreiheit, die sie in Gerades und Gekrümmtes, rechts und links zusammenführt. In die Mitte wurde sie gesetzt, nach oben und nach unten jeweils in Bezug zu den Extremen. Sie folgt als erstes Gleiches und Ungleiches. Wenn die Monas jeweils [nochmals] hinzugefügt wird, erschafft sie die Arten, indem sie sie vermittels der Unterschiede der ersten Zweiheit und der Dreiheit vervielfältigt, auf keine bestimmten Zahlen beschränkt, weil sie die einzelnen Dinge durch je gewisse Zahlen konstituiert, jedoch kaum einen Moment lang durch dieselben. Deshalb lehrt das diese vielen Dinge voraussehende Licht des Geistes, den Blick der Vernunft von der Zweiheit abzuwenden, und die Wege der Weisheit und gewisse Erscheinungsformen, die sie annehmen, verstreut durch eine umfangreiche Zahl, gründlich zu verweben. Denn verschiedenartig im Verschiedenen ist dieselbe Figur eingedrückt. Wie die Art eines Spiegels verschieden ist, seine Kraft, die Stellung der einzelnen Scheiben, sein Material; er ist mehr oder minder klar während des Aktes eines einzigen Bildes. Deshalb gefiel es | gewissen Leuten aus der Gemeinschaft der Weisen, daß der Mensch für das Ganze angesehen werden soll. Dieselbe Art verlängert ihre eine Form im Verhältnis zum Antrieb der Materie und biegt sie, wie in einem gekrümmten Spiegel, und bewirkt hier das Gesicht eines Hundes, eines Ochsen und eines Elephanten; und zieht dann in lange Glieder die Muskeln auseinander. In die Zweige hinein streut sich hier die selbe Substanz der Pflanze, alle Teile der Erde siehst du in ihrem Körper. Nichts, was den Sinnen entgegengeworfen wird, ist so unerheblich, daß es nicht nach Kräften diese eine Art widerspiegelte. Hier ist die Materie weniger verteilt, dort ist sie spärlich, wieder anderswo sehr dicht: der eine wie der andere Akt ist verborgen. Aber deswegen wird nicht weniger die einzige Gestalt durch alles hindurchgesandt, wie Timaios meinte und wie es Platon schien. Sie haben auf sehr gute Weise die Zweiheit der Materie zugeschrieben, die Monas aber der Form. Gegen sie steht der Stagyrite. Obgleich auch seine Art der Weisheit nicht immer unbrauchbar ist. Was immer es ist, eine Schlange wird sagen, daß die Schlange das Ein und Alles ist, der Rabe, daß es eben ein Rabe ist, und sie machen die eigene Art zum Maß der Dinge und stellen sie in den Mittelpunkt, wie wir es auch mit unserer Art machen und uns selbst in den Mittelpunkt stellen (in Wort und Ingenium verwirrtes und durcheinandergebrachtes Geschlecht, weshalb es die Hand höher schätzt). Weil alle Dinge in einem Ähnlichkeitsgefüge bestehen, und der eine Geist, der allem innewohnt, alles bewegt, insofern es beweglich ist, und so eifrig ist, daß er die ihm gegenwärtige Gestalt allen vorzieht, so daß sie selbst mit ihrem ganzen Antrieb begehrt, in einem fort sich zu erhalten. Wenn also einem der Geist gegeben ist, sich zu einem hohen Urteil zu erheben, | wohin er aus der Vergessenheit bringenden Unterwelt kam, folgt er der Art der Natur, indem er nun von einer eigentümlichen Art aus zur Gattung emporklettert. Damit er in der Schärfe des Geistes sehe, wie aus den eigentümlichen Quellen, als je anderes in anderen Gestalten, das Wahre und das Falsche, das Gerade und das Gekrümmte, das Ziemliche und das Schändliche, Gute und Schlechte, Häßliche und Schöne kommen. Denn die Ordnung einer eigentümlichen Figur und der Zusammenklang einer eigentümlichen Zahl rufen alle Dinge herbei: wodurch sie sich mit ihnen Vergleichbaren verbinden und die nächsten Generationen erzeugen sollen. Denn wer, wenn er nicht selbst von tierischer Art ist, empfände schon Begehren (freilich vorausgeschickt, daß sie auch Samen des Lebens besitzt) nach einer Venus von tierischer Art? Die Venus ist einer jeden Art und sich selbst ähnlich, und unter einem häßlichen Volk ist Cupido ein anderer, und auch Gott. So verschieden ist die Gattung, wie das Ingenium verschiedenartig ist, und die ihm angepaßten Schicksale verschieden sind. Wie auch nicht derselbe Anteil Materie den Seelen zweier Menschen beigelegt wird. Du siehst nämlich, daß aus der Art der Menschen eine verschiedenartige Gattung zusammenkommt, die einen nehmen sich in ihren Sitten die Bären zum Vorbild, die anderen die Schweine, wieder andere die Löwen. Es gibt Menschen, die du mit Fischen in Verbindung bringst, mit Geflügel und mit Schlangen. Durch eine jede beliebige Art und durch eine Zahl wird sofort alles in Erfahrung gebracht, unter verschiedenen Bedingungen für das Verschiedene. Weil ich in allem das Schwein und den Löwen sehe, und der Reihe nach für ein jedes zugrundegelegte dieses sehr viele, so steht alles mit allem in einer Übereinstimmung. Weiter wirst du nicht zwei Gleiche und durch alles hindurch Selbe finden, und du wirst oft Gegensätzliches finden, welches in Gewissem übereinstimmt. Wie ein Handwerker den anderen beneidet: denn hier | stoßen sich zwei einander Gegensätzliche ständig ab in dem Affekt für das selbe Objekt, welches nicht von zweien gleichzeitig besessen werden kann. So ist es notwendig, diese Gegensätze auf ein sicheres Ziel hin und von einem ersten Grund her zur Übereinstimmung zu bringen. Nichts ist auf den Menschen gehässiger als der Mensch selbst. Demnach ist in den Prinzipien schon diese Zwietracht verborgen, die die Art des Gegnerischen auf dem geteilten Feld der Materie einpflanzt, gemäß einer Zahl die sich vom Kreis der Monas entfernt hat. Dennoch folgt es der Monas nach Kräften durch die unzählige Zahl, weil nicht auch für dich süß ist, was für mich süß ist. Und was mir kurz zuvor noch süß war, ist es nicht auch jetzt. Weil ja ein Teil Materie hinzukam, ein anderer aber verging. Das Geflügel, die Schlange, das Ungeheuer und der Fisch gehören nicht zu den selben Zahlen. Wenn sie diese Dinge zählen, können sie nicht in ein und derselben Ordnung zusammengezählt werden, noch scheinen sie vorgängig gezählt zu sein. Denn es ziemt einem je anderen ein eigenes Ziel, ein Anfang und ein Werk. Und sie weisen nicht dieselbe Anzahl Finger und Fingerglieder auf. Deshalb hat der Mensch kaum größeres praktisches Wissen als die anderen Wesen, und er wird in vielen Zahlen sogar von vielen übertroffen, auch von manchem, von seiner Masse her bedeutungslos Erscheinenden. Dem Menschen gestand das beste Schicksal für seine Aufgaben seine Hände zu. Es ist also nicht einfach die Methode der Natur, wenn er im Durchlaufen einer unendlichen Zahl prädefinite Naturen und Figuren ergreift, durch die alles konstituiert | und figuriert wird. Damit nämlich preist er die Zehnheit, deren verschiedenartige Anfänge, von denen her alles eine Gestalt annimmt, in seinen Gliedern liegen. Wo nun die zehn Figuren in einer Kunst begründet werden, wird dies durch das Ingenium bewirkt und durch den Beistand der Natur, welcher unserer Art beigegeben ist, und der alle Ursachen, Elemente und Modi der menschlichen Bestimmung umgreift.

(1) Für den, der bloß oberflächlich hinsieht, scheinen wir durch die offensichtliche Vermischung der Methoden etwas ganz Absurdes zu machen, indem wir nämlich die Reflexion auf die ersten elementaren Zahlen mit der Reflexion auf die ersten elementaren Figuren verbinden. Wer würde schon eine geometrische Aufgabe mit einer arithmetischen vermischen? Aber für den, der die Sache eindringlicher betrachtet und die Ordnung der Dinge untereinander und jene Analogie der Vergesellschaftung gut kennt, der weiß, wie die Natur selbst, indem sie das Höhere mit verschiedenem Niederem unter einer jeder Gattung verbindet, die Materie begrenzt, figuriert, belebt, erhält und sie zur Erzeugung wunderbarer Arten antreibt – für den also werden wir uns als die im höchsten Maße Lohnendes Vollbringende erweisen. Wir, die wir doch nichts Gewöhnliches unternehmen, und nichts Gemachtes machen, wenn wir (glücklicheren Geistern zu Gefallen) die wahrnehmbaren Elemente der Zahlen in besseren Figuren, als man gemeinhin kennt, darstellen; und wir werden die These vertreten, daß die Elemente der Figuren in Zahlen von der gleichen Gattung zu betrachten sind.

(2) Meinst du hingegen, es gebe etwas Gemeinsames im Gebrauch gewisser Redewendungen unter der Schar der Arithmetiker und der der Geometer, so ist es wohl erlaubt, zu sehen, auf welche Weise wir, die wir die Zahlen der Natur erforschen, den natürlichen Figuren unsere Aufmerksamkeit schenken. Durch die natürlichen Figuren unterscheidet die beste Mutter, wenn sie alle Dinge figuriert, ihre Kräfte und Eigentümlichkeiten und malt, meißelt und webt die Namen selbst in ihrer aller Oberfläche ein. Jene Mutter bezeichnet die Bewegungen aller Glieder und Fasern in diesen Zahlen selbst. | In diesen Bildern selbst offenbart die Natur ihre Vorteil bringenden Gefälligkeiten, also die Privilegien der Natur, oder deren Gegenteil. Dieselbe Natur senkt die Gesetze, die Modi und den Wechsel von Tun und Leiden ein in die Charaktere. Jene beste Mutter und Lehrerin zeigt schließlich in diesem Eindruck der Siegel die Vorherrschaft und den bewährten Schutz einer über die ihr untertane Art thronende Gottheit. Für die in ihrem wahrhaft göttlichen Licht Wandelnden zeigt sich ein nicht von einem gemeinen Geist angelegter Weg, und es öffnet sich eine Tür, die man keineswegs aufgrund vieler Indizien (die von unserem, das von allen das unglücklichste Zeitalter ist, sehr weit entfernt sind) entdeckt, die mit ihrem Reichtum nicht geizen.

(3) Das sehr helle Licht der Sonne leuchtet weder allen, noch allen, denen es leuchtet, in gleicher Weise, noch wenden alle zu ihm und im Verhältnis zu ihm ihren Geist auf gleiche Weise. Die weiter darüber hinaus Strebenden, ohne schicksalsbestimmte Fügung, werden nicht weiter erleuchtet. Es gäbe nämlich überhaupt keine Frucht des Reichtums und der Ehren, wenn nicht sonst noch Mehrere von niedriger Herkunft und Bedürftige da wären. Wer nämlich würde sich von den Reichen und Mächtigen beherrschen lassen, wenn nicht die Armen und Abhängigen? Wer würde die Ehre der Großen und ihren Ruhm

bewundern und verehren, wenn nicht der Stand der Ruhmlosen und Unbekannten? Ohne Gegensätze gäbe es kein Werk der Vornehmheit, der Tugend oder des Glücks, nichts wäre folgerichtig Glück, nichts wäre Tugend, nichts wäre Vornehmheit, weil eben das Licht erst in der Dunkelheit leuchtet. Ich sage aber, es kann keinen Ort, keinen Zustand und auch keine Hoheit des Lichtes sein, wenn es nicht auch Dunkelheit gibt. Wir verachten, tadeln und verfolgen alles, was wir nicht erreichen können, manchmal willig, manchmal (wenn es den Göttern gefällt) klug, weil wir so Unterworfene sind; und wir führen den Grund eines verborgenen und gewiß substantiellen Wechsels aufgrund unseres Mangels an wahrem Licht nicht zurück auf eine allem voranstehende Gerechtigkeit.

(4) Das Buch ist schwer, ich gebe es zu, gewiß für die, die die Schrift selbst nicht lesen können; aber wir erkennen auch, daß durch bloßes Lesen es immer noch unmöglich ist, zu verstehen. Für den ungeschulten Menschen oder auch nur für den grammatikalisch Weisen kann ja nichts mühelos verständlich | und empfehlenswert sein, als das was nach jenem leichten Schuhwerk der Unterhaltungsliteratur riecht. Aber wir, zu unserem Vorhaben zurückkehrend, sagen, daß die Zahlen dieser Art für Pythagoras, Aglaophemus, Zarathustra und Hermes Babylonius[13] Prinzipien waren, durch die die Menschen Kooperatoren der operierenden Natur sein können. Es steht fest, daß Platon die Figuren dieser Art über den Kreis der wahrnehmbaren Arten hinaus gerühmt hat. Apollonius[14] hat, aufgrund der Kraft der Zahlen, ein Mädchen wieder erweckt, nachdem er ihren Namen gehört hatte.[15] Die Römer wagten nicht, den Eigennamen der Stadt Rom preiszugeben, damit nicht die, von der gesagt wird, daß sie andere Städte unterworfen habe, und die Römer selbst irgendwann durch diese Kunst unterworfen würden.[16]

(5) Die Philosophen, die die Zahlen berücksichtigten (die die Verknüpfung und die Vielfalt der Prinzipien erstellen) und die Figuren, die die Ordnung der ersten und der jeweils nächsten Teile und ihre Stellung bestimmen, definierten den Menschen als das weiseste der Lebewesen, und zwar deswegen, weil er geübt ist im Umgang mit Zahlen und Maßen. So wie sich nämlich die Arten untereinander unterscheiden, so unterscheiden sich auch die Zahlen, da ja entsprechend den Zahlen die Formen unterschieden werden, entsprechend der Bewegung die Kräfte der zusammengesetzten Dinge, entsprechend der Maße die Körper, und alles entsprechend den wahrnehmbaren und verborgenen Figuren.

(6) Wir wissen von einem sehr erfahrenen Geschlecht von Magiern und Weissagern: sie beabsichtigen ein unglückliches Schicksal abzuwenden, oder bemühen sich um ein neues Vorhaben, sie ringen, auch durch Belehrung der Gottheit selbst, für einen besseren Ausgangspunkt, Erkenntnisse ans Licht zu bringen, um ein Konzept der Veränderung der Zahlen und der Veränderung der Namen. Und im Namen einer inneren, nicht sinnlich wahrnehmbaren Figur werden diese Magier in die Riten und Techniken eingeweiht: die Figur ist nämlich die wahrnehmbare Zahl. |

KAPITEL II

Über die erste Figur (die, die der Monas ist) Nicht-Eck oder Kreis

Der Kreis ist in Bezug auf die Figuren ein erster fester Grund, der sie formt und anzeigt. Der eine Kreis übertrifft sie alle, er umgibt sie und schließt sie ein, berührt, erfüllt und mißt sie von seinem Zentrum aus und gleicht sie sich an. Aus dieser ersten und gebärenden Quelle fließen die klar darzustellenden Figuren, und sie suchen seinen Platz auf als ihren gerechten Gerichtshof. Von seiner Oberfläche aus werden die Figuren betrachtet, wenn sie vergrößert werden; und auf seine Oberfläche hin nimmt schließlich alles ab. So erweitert sich der Horizont, der nach dem Bild des Kreises entsteht, wenn er sich sehr weit von unseren Sinnen entfernt. Ebenso nehmen die abgenutzten Körper allem Anschein nach seine Form an und kehren zu ihm zurück. Wenn man die Erfahrung gemacht hat, daß die Wirkungen der Speerspitze[17] erlöschen, und das Angesicht der Dinge die Unterschiede der Seiten verliert, rufe sie auf die Ebene des Prinzips, wo das auf die Augen hin Entwickelte weiter zerfällt bis zum Nichts.[18]

Daher scheint es, daß diese Form mit der Gestalt der Monas gerühmt werden muß, da sie die übrigen Figuren hervorbringt und sie, sobald sie hervorgebracht sind, begründet. Diese Form wird gerühmt als die überall befindliche und in sie eingedrungene Substanz der Figuren. Dies ist kaum zufällig so eingerichtet, sondern durch eine Regel soll es bewiesen werden, dem entsprechend, was uns durch das Licht der Natur gezeigt wird, um sie zu erfassen. Und es sind aus einem Prinzip Regeln zu gewinnen für dasjenige, was die Weisheitslehre des Minimum[19] feststellt, welche die Durchgänge darstellt, aus denen jede Größe, jedes Maß kommt; aber nun ist die genannte Figur eine erste. |

Für den, der die ganze Gattung der äußeren Form eingrenzen will, muß, damit er nicht vergeblich bis zu einer unzähligen Zahl hinirrt, dieses eine in der Gattung dem Vielen vorhergehen. Es soll sich alles nach diesem einen Zentrum gemäß einer einzigen Ordnung richten, und in ihm, wenn man es aufgefunden hat, besteht alles zur Ruhe gekommen fort, und zwar sowohl in Hinsicht auf sein Ziel, als auch in Hinsicht auf seine Anfänge.

Die Kugel ist gewissermaßen der unteilbare unter den Raumkörpern. Sie besteht nämlich offensichtlich aus nur einer einzigen Oberfläche, so wie auch der Kreis aus nur einer einzigen Linie. Daher werden für die Flächenfiguren aus der Substanz die Größen erzeugt, und, damit sie nicht ungültig werden, wenn eine bestimmte Größe auf verschiedene Art geteilt wird, halten sie sich an dem am wenigsten Geteilten, nämlich an Kreis und Kugel, fest. Der Kreis selbst ist gleichsam ein Ganzes, Teil und Punkt, er umfaßt und zeigt als Grenze schlechthin Anfang, Mitte und Ende, und keine Grenze schließt ihn selbst ein, weil Anfang und Ende überall verbunden sind.

Aufgrund einer richtigen Überlegung sind sein Anfang, seine Mitte und sein Ende für unendlich zu halten. Außer wenn man sagt, du sollst ein wahrhaft einfaches Zentrum konstituieren, ohne Teile, ein Eines, wie das Minimum Eines ist, nämlich eine Gerade, ein Kreis, Sehne, Bogen, Spitze, Punkt, Grenze, Nichts und Alles. Hier, wenn Gegensätzliches sich zu Einem zusammenfindet, entstehen Aufgang und Untergang, rechts und links, Kommen und Gehen, Ruhe und Bewegung durch alle Punkte hindurch. Und dasjenige, welches niemals duldet, daß ihm noch etwas hinzugefügt wird, pflegen wir ein Vollständiges, Ganzes und Vollkommenes zu nennen.

Der eine Kreis verhält sich wie ein überall rechter Winkel zum Zentrum. Danach folgt das Dreieck, welches gleichsam aus zwei rechten Winkeln besteht. | Dann folgen die übrigen Formen in ihrer eigentümlichen Ordnung, und sie fügen zur Eins und zur Zahl wieder eine Eins und eine Zahl hinzu.

Der Kreis läßt im Zentrum keine Bewegung zu, die sich in verschiedenen Zeitabschnitten und in einer verschiedenen Ordnung vollzieht. Er ist als Einziger Regel für sich und die anderen, denn nichts verändert sich an diesem Ort, sondern nur ein Anderer und ein Anderes lassen sich von äußeren Gründen ergreifen. Die äußerste Grenze einer jeden Figur reicht nicht über den Kreis hinaus, wenn sie nach einer bestimmten Ordnung ihre Seiten und Spitzen vermehrt, z. B. jede Art von zugrundegelegtem Dreieck, das sich ergibt, berührt er durch seine einfache Umfassung. So also bestimmt der Kreis selbst, wenn er einmal und wiederum genommen wird, die Teile einer jeden Figur. Was immer in sich selbst zurückgehen will, vermag auf möglichst kurzem Wege sich selbst am nächsten zu sein und biegt sich durch die ihn ihm angelegten Kräfte in die Form eines Kreises. So halten alle Segmente einer Figur an ihrer Gestalt fest durch die im Zentrum zusammengestellten Zahlen, weil sie aus dem Zentrum folgen und gleichmäßig mit ihren ganzen Antriebskräften das Zentrum anstreben. Füge hinzu, wie er als ein im Gleichgewicht Befindliches erscheint, von allen Seiten gleich in Bezug auf Gewicht, Struktur, Bewegung, Vermögen und Ort. Daher nimmt er die Wechselfälle und die Zeiten für die Gerechtigkeit in sich auf. Was immer es ist, es begehrt in seinen verschiedenen Teilen als ein Eines zu bestehen, als ein Gleiches, Ähnliches, Verbundenes und Zusammenhängendes.

Unter allen Bewegungen ist allein die Kreisbewegung ewig; sie mißt die Wechselfälle mit einem über allem gerechten Maß und paßt das Vergangene nach einer bestimmten Reihe ihrem selben Gesicht an. Wenn auch ein Kreis in der Natur der Dinge | nicht gerühmt wird, und zwar deshalb, weil er von allen Seiten das Ganze umkreist: da die Natur wohl kaum eine einzige Gestalt anstrebt, sondern unzählige Gestalten in einem einzigen Anstoß zustande bringt.

Deshalb läuft kein Zusammengesetztes in der einfachen Spur der Kreisbewegung, weil ja ein verschiedenartiger Impetus sie verzerrt zu verschiedenartigen Teilen. Es gibt keinen gleichen Kreis für alles ungleich Beschleunigte, das ungleich wird in seiner Grenzlinie. Aber ein Ziel ist für alles dasselbe (nämlich sich selbst zu erhalten), und dieses streben alle Dinge in der Kreisbewegung an, in ihr suchen sie, es zu erreichen und verfolgen es.

Daher zeigt die Struktur der Natur, die alles aufnehmen kann, daß kein Winkel auf der Kreislinie ihr Feld einengt, sondern daß entlang der ganzen Umfassung die Randlinie gespannt ist. Im Kreis selbst kommen zugleich Ruhe und Bewegung vor.

Wenn man nämlich etwas Bewegliches, das sich gerade in Ruhe befindet, im Kreis bewegt, ergreift es das Zentrum, damit es dieses nicht verlasse und dasselbe Zentrum sich ins Verhältnis stelle mit jedem Punkt auf der Kreislinie. Diese Bewegung faßt das Ende des Vergangenen und den Anfang des Künftigen zusammen: deshalb ist sie Terminus für Bewegung und Ruhe. Daher ist er Ruhe für das Ganze und Bewegung durch sich selbst.

Füge hinzu, wie das ganze Werk der Natur ein Kreis ist, so auch jeder Antrieb, jede Bewegung, Kraft, jedes Handeln und Leiden, Sinn, Erkenntnis und Leben. Wie die Seele das Zentrum ist und sich überall in den Kreis ergießt, streben sich selbst alle Dinge in der Gestalt der Kugel an, damit sie im Zentrum der Kugel ihre Zuflucht finden. Denn die Seele entfaltet jedes Glied des Körpers von der Mitte des Herzens aus, aus dem Prinzip, das aus einem verborgenen Samen die Schicksalsfäden aussendet, die wiederum in umgekehrter Ordnung und gemäß einer bestimmten Reihenfolge der Dinge, den mit ihnen verbundenen Schicksalsfällen entsprechend, aufzunehmen sind. So ist die größte und ganze | Kraft im Zentrum der Dinge gelegen, die Seele selbst ist das Zentrum und das Ganze (wenn es etwas ist) ist sozusagen ihre Entfaltung. Das auf einfache Weise von der Natur Zusammengesetzte wird ein Eines, Dieses und Selbes genannt. Und was du auch immer für ein durch sich selbst bestehendes Teilbares ansiehst, ist kein zugrundeliegendes Seiendes für den, der es genau bedenkt. Denn Teile zu sein heißt nicht, die Sache selbst zu sein, sondern zu ihr zu gehören.

Der Kreis stärkt auch die geradlinige Bewegung, so daß das Schwere nach oben strebt und geradewegs in die Höhe getragen wird, und das durch das Zentrum im Gleichgewicht Befindliche den Ort und die Leere durchdringt; nämlich das, was mit Flossen das Wasser und mit Flügeln die Luft schlägt, was wie die Schlange mit gewundenem Körper eine Strecke auf einer Ebene zurücklegt, was die Erde umkreist, wenn es seine Sohlen in die Luft geschwungen hat, wird zweifelsohne von einer es antreibenden kreisenden Kraft bewegt. Denn die Bewegung des Geflügels, also der Schwungfedern, des Flaums und der leicht beweglichen Sehnen und Knochen ist ein echter Kreis,[20] da es sich auf je zwei Flächen fortbewegt, und hoch erhoben fliegt es durch die leere Weite eines milden Feldes. In ihnen allen steht die Bewegungskraft in einem Verhältnis zum Zentrum. Wie das Zentrum die ganze Essenz des Kreises ist, so ist seine Fläche gewissermaßen die Entfaltung des Zentrums, das sich in sie ergossen hat. Ja, das Zentrum ist die ganze Substanz der Natur, das ganze Werk ist ein Kreis, und der Kreis ist in der Kugel in alle Teile hinein ausgebreitet. Das Ganze selbst ist ohne Grenze. Als ein Selbes aber findet es sich auf verschiedene Weise in verschiedenen Teilen, was die tosende Brandung des Meeres überall vor Augen führt. Von allen Seiten fließt das Ganze zusammen und die einzelnen Teile des Ganzen kreisen. Dies ist ganz offenkundig in der Luft, wo einzelne Dinge aufgrund ihrer Leichtigkeit schon durch unmerkliche | Erschütterungen davongetragen werden. Was immer in seinen Teilen an eigentümlichen Orten erscheint, wird durch diese ewige Reihe ausgesiebt.

Aber da ja nichts rein ist, außer dem Erstursprünglichen und dem Raum, der alles aus dem Erstursprünglichen Folgende als Geformtes in seinem grenzenlosen Bauch aufnimmt, geschieht es, daß der Kreis keine wahrhafte Norm ist für das Körperliche, da dieses durch ein Zusammentreffen von Prinzipien entsteht. Ihm ist ein fortwährender, rastloser, unheilvoller Kampf auferlegt. Also was kann sich in einem fortwährenden Streit schon auf sichere und gleichförmige Art bewegen? Was kann ein mit geometrischer Regel Geformtes genannt werden? Legt nicht diese Dinge unsere Wahrnehmung fest mit ihrer ungestümen geraden Linie? Flieht etwa das Umherschweifende das ihm Widerstrebende auf geradem Wege, und geht es auf einer geraden Spur hin zu seinem eigenen Ziel?

Die Kreisbewegung

Wenn also ein bestimmter Punkt um einen anderen kreist, ständig durch gleichen Abstand von jenem getrennt, wird dir die erste einfache Monas gegeben, eine erste Linie, für die ein Punkt überall aus sich heraus und zu sich zurückgegangen ist. Eine erste Ebene und ein Minimum wird dir gegeben, wenn ein Bezugspunkt ruhig stehenbleibt, den etwas mit seinem ganzen Körper Herumgeführtes umkreist, während es die Spur seiner selbst vollständig hinterläßt. Du sollst dabei die ganze Gattung auf die Natur und zugleich auf die Kunst beziehen. Wenn etwas sich aus einem festen Ursprung heraus in einer ununterbrochenen Spur bewegt (verstehe dies in jeder beliebigen Gattung von Bewegung), wie eine Linie weiterläuft und gleichermaßen sich begegnet, indem sie die Spuren ihrer Punkte hinterläßt, wenn sie zu ihrem Ausgangspunkt zurückgekehrt ist, | wird durch keine Struktur und Gestalt behindert, etwas auf göttliche Weise Gemachtes auftauchen, und seine Auffindung geschieht gleichsam wie durch ein freundliches Geschick.

Du wirst mit Hilfe eines aufgefundenen Teilstücks eines zerstörten Kreises ihn vollständig in seiner eigentümlichen Fläche beschreiben können, wenn du nur zuerst das Zentrum findest. Mit wenigen Worten, klar und deutlich, werde ich dich lehren, auf welche Weise du dies ausführen sollst. Nämlich: wenn sich zwei Kreise auf dem Bogen in zwei Punkten berühren, wirst du zeigen können, daß die Berührungspunkte offensichtlich auf den herausgeschnittenen Sehnen liegen. Denn sobald je ein Berührungspunkt durch die beiden schon vorhandenen Punkte der beiden Kreiszentren geflossen ist, stößt man auf den gesuchten Mittelpunkt selbst, weil ja der zweifache nach unten gezogene Ausfluß der Zentren in einem einzigen Punkt zusammentrifft, und jener Winkel wird das Zentrum bestimmen, welches als seinen äußersten Punkt der Bogen des dargestellten Kreises umwölbt. Dieses Zentrum können die Wahrnehmung und auch die unwandelbare Definition des Kreises bestätigen.

Umschreibung

Du sollst den Punkt, wo der Kreis den Kreis und die eine Kugel die andere berührt, kennen, sobald das Zentrum des einen in das Zentrum eines anderen geflossen ist. Und der eine kleinere kann zu dem größeren Kreis konzentrisch sein, sobald ein und derselbe Grenzpunkt das äußerste Ende beider Radien ist. Und das Verhältnis zwischen ihnen wird ein sicheres genannt, wenn das Verhältnis ermittelt ist, in dem der eine Durchmesser auch der des anderen Kreises ist. So kann jegliche Kunst aus ihr zur Verfügung stehenden Teilen oder aus einem Teil zu den Zeichen eines Ganzen kommen; die Weisheit führt zu dem Ganzen, zu dem der Teil | gehört. Der Teil kommt aus dem Ganzen und wird in die Ordnung seines Ganzen gesetzt, wenn die Kreise, sowohl der eine als auch der andere, den Teil gehörig berühren.

Einbeschreibung

Eine der genannten verwandte Kunst unternimmt das, was sie durch die drei vorliegenden Punkte als Methode, einen Kreis zu vollenden, zeigt: du sollst nur darauf achten, daß eine gerade Linie nicht alle diese Punkte durchläuft. Daher wird diese Form einfach sein, mit der du ein beliebiges Dreieck um einen Kreis herum beschreiben kannst, sobald nämlich nur der Mittelpunkt zuverlässig den gleichen Abstand von diesen drei Punkten hat, da das Dreieck vollendet wird durch das dreifache Zusammenlaufen der Punkte. Und da dann, wenn das Lot durch die mittleren Punkte der Seiten fließt, allen ein Zusammenfließen in einem einzigen Punkt zuteil wird. Dieser ist der kardinale Punkt des Dreiecks und das nun aufgefundene Zentrum des Kreises.

Einfachheit.
Die Analogie zwischen Kreis und Monas

Ein Seiendes, das die Formen der Dinge, das Leben und die Zahl umfaßt, wird in einem unendlichen Kreis und in einer unendlichen Sphäre erkannt. Als ein *Wahres*, Ähnliches und Eines, und du wirst nur das ein für sich selbst von allen Seiten her Bestehendes nennen, was ein in allen Teilen Gleiches ist. Freilich nennst du so auch das Unendliche, in dem du das Zentrum überall annimmst,[21] und den körperlichen Raum, dem überdies die *Natur* beisteht, die in keinem seiner Teile fehlt und ganz ist in allen seinen Teilen. | Der eine Kreis und die Kugel zeigen diese Natur in den Dingen auf vollkommene Weise an, auch wenn wir ihre Bewegung betrachten und ihre Kraft, sich zu bewegen. Der Kreis ist das *Fatum*, das über allem steht mit seinem unbeugsamen Gesetz, nach dem sich auch die kontingenten Dinge in ihrer gewissen Freiheit verbinden, manchmal in Bezug auf ihr Ziel. Das Fatum steht fest als etwas ganz Notwendiges, auch wenn sich der Wille der Natur und der Wille des Geistes widersprechen dort, wo du nicht ein Ganzes, sondern Partikuläres ausmachst. Ein *Gesetz* ist es, nach dem wir durch die Natur geflossen sind von einem hohen Prinzip aus, und in dem wir uns erhalten, mit Sinn und Ingenium Beschenkte und Lebendige. Schließlich werden wir im Rückfluß aus der dem Tode nahen Gegend zu unserem hohen Ursprung zurückgehen. Ein *Maximum* ist der eine alles umfassende Kreis und ein größter Globus, da ja beide ohne Grenzen sind. Für sie sind jene unermeßliche Potenz und ihr Akt Eines, weil sie beide sind, was immer von ihnen bewirkt werden kann. Der einzigartige Kreis ist ein

Minimum, weil er alles enthält. Er ist, weil er vollkommen innen in allem ist, und weil außerhalb seiner nichts ist, wahrhaft alles für alles, und er ist in allem erfahren. Daher ist der kleinste und der größte Kreis dasselbe.[22] Er ist einfach der eine Raum, und der eine Ort seiner selbst wegen, weil er ohne jegliche Raumgrenzen gegeben ist. Und kein Verstand oder keine Wahrnehmung sind der Überzeugung, daß jenes Unermeßliche zwecklos in diesem Ganzen sei und seine völlig gleiche Potenz, so daß womöglich nicht jeglicher seiner Teile für wahrhaftig erfüllt gehalten werde. Sobald einem Kreis ein Zentrum gegeben wird, wodurch er umso wahrer als solcher erscheint, nämlich als ein Kreis, dessen Substanz ja das Zentrum ist, sind der Raum, der Körper, die Natur und der Geist durch das eine | UNENDLICHE, und sie sind auf einfache Weise absolut durch dieses eine Wahre, in dem alles wahr ist. Also wird das Unendliche von dem einen Zeichen ausgedrückt, dessen Zentrum als überall befindlich gefaßt werden soll. Es zeigt sich gleichfalls durch sich selbst als die Vernunft, die Sache und als die Kraft des Namens: UNIVERSUM. Es allein begegnet gleichsam überall dem Geist und sich selbst. Als die TÄTIGE KRAFT, die alles zu allem hin, und alles auf sich selbst wenden kann. Alles, damit alles aus allem entspringt und alles aus ihm selbst. Als Alles, wie es ein Zentrum für alles ist, und es selbst in allem. Es ist die MATERIE, die nicht weniger notwendige Substanz ist, als sie auch als Bewirkende in Bezug auf das Bei–Werk in überragendem Maße ihre Kraft entfaltet. So daß jene Kraft nur so viel machen kann, wie diese [Materie] werden kann. Denn die Potenz kann nicht das Unendliche machen, ohne dasjenige selbst, was Unendliches werden kann,[23] und umgekehrt. Daher begleiten sie sich so gegenseitig, und in Wahrheit setzen sie dasselbe Prinzip, wenn du die Sache von höherer Warte aus, und wenn du den Namen der Materie besser begreifst als der Stagyrite. Dieses Ganze ist ein Mögliches, in dem die ganze aktive Potenz ihrem eigentümlichen Subjekt angeglichen ist, und das Sein dem Seinkönnenden. So ist die Materie die ganze Substanz der Dinge und sie umgreift in einem ewigen Kreislauf als Ganze durch alle Teile hindurch in einem fortwährenden, ununterbrochenen Verlauf von allen Seiten das ganze Sein. Und weil nichts im Akt ist außer dem, was zu sein vermag, und nicht mehr sein kann als das, was es vom Bewirkenden her werden kann: also merke dir, sind *Potenz* und *Akt* Eines. Als ein Einziger aus beiden und als ein Selbiger zeigt sich der Kreis. Und da es ja genügend bekannt ist, daß der Akt und das *Ziel* selbst auf ein Subjekt hin wiederum zusammenkommen, | und nur das logische Argument sie zu unterscheiden pflegt, sind sie in der Physik mit der Wirkursache auf denselben Nenner gebracht und, wie Aristoteles, durch das Licht der Natur gleichsam genötigt, sagte: Das Ziel des tätigen Aktes kommt von einem ähnlichen Bewirkenden und erscheint somit in einer ähnlichen Form. Also begreifst du das Prinzip entweder wie ein Element im Zusammengesetzten beschaffen; oder was eher würdig ist des Namens einer Ursache: als ein Vollkommenes, Höchstes, durch sich Seiendes, Unbewegliches, Ganzes. Alles ist unter einer Natur und unter einer Vernunft, das Prinzip, das Ziel, die Form des Akts, die Materie, das Bewirkende, das Unendliche, und über allem das Maximum und das Minimum, und das, welches von diesen beiden umfaßt wird: das Universum, das dem Raum gleichkommt, das größte Gesetz oder Schicksal, und die gebärende Natur, das Seiende und das Selbst, das Eine, Gute und Wahre, sie alle sind durch überhaupt keinen Unterschied getrennt. Das Einzelne soll entweder unter sich zusammengebracht werden, oder alles in dem Meisten, für das ein Gesetz gilt, oder das Einzelne soll in dem Ganzen entstehen. Wie es für die Radien, einer nach dem anderen betrachtet, ein und denselben Grenzpunkt gibt und einen selben Punkt, dessen Ausflüsse sich in den Radien zeigen: so ist für alle einzelnen Geraden das Ziel im Zentrum, wie in der Ebene, so auch im Raumkörper, in den jene hineingeflossen ist. Der Kreis als Monas entfaltet so zuerst alle Gattungen, der Kreis faltet wie ein einfaches Zentrum alles ein, damit was ist, immer sein kann. Also ist er die Substanz der Dinge. |

Die Stufen[24] der Monas

Erste Ordnung

Einer ist der Raum, eine ist die Größe, einer ist der Beweggrund, von unendlicher Möglichkeit und unendlicher Potentialität ist das Unendliche.

Eine ist die erste Essenz, eine ist die erste Güte, eine die erste Wahrheit, wodurch alles Seiendes ist, Gutes und Wahres.

Einer ist der Geist ganz und überall, er ermißt alles,[25] einer und überall ist die alles ordnende Vernunft, eine ist die Liebe, die alles mit allem versöhnt.

Einer ist der Mutterleib, der alles empfängt, eine die Ewigkeit, die alles zugleich und vollkommen besitzt, eine ist die Zeit und sie ist das ganze Maß für Ruhe und Bewegung.

Eine ist die Idee aller Arten und Akte, eines ist das Wort, das jede Emanation ausdrückt, eine ist die Notwendigkeit des alles bestimmenden Fatum.

Das erste Prinzip für alles Hervorgehende ist eines. Die erste Ursache für jede Wirkung ist eine. Eines ist das Element für alles Zusammengesetzte.

Eine Unendlichkeit verendlicht alles. Eines ist das Maß von allem. Eines ist das unendliche Universum, das alles umfaßt.

Die Monas ist die eine Substanz jeder Zahl, eine erste Zweiheit bzw. ein erster Gegensatz unterscheidet alles. Das erste gemeinsame Subjekt aller Gegensätze ist eines.

Die Intention, die alles einteilt, ist eine. Das Ziel, zu dem alles als auf ein Letztes hinstrebt, ist eines. Die Mitte, durch die ihm alles folgt, ist eine.

Einer ist der Beweger, der allen Wechselbewegungen den Anstoß gibt, es ist ein Akt, der alles vollendet, es ist die eine Seele, die alles belebt.

Es ist ein Name, der alles bezeichnet, ein Verstand, der alles erwägt, ein Streben, das alles begehrt. |

Zweite Ordnung

[I.] Das eine Unteilbare ist gleichsam das Zentrum, aus dem und von dem her wir wie aus einem Ursprung erkennen, daß alle Gestalten wie der Ausfluß verschiedener und unzähliger Linien sind; und zu diesem Zentrum hin wiederum und in es selbst hinein werden sie zurückgeführt und wieder aufgenommen. Eine ist die Sonne im Megakosmos, die alles erleuchtet und mit belebender Wärme bestrahlt, wie Apoll, der in der Mitte der Nymphen residiert.[26] Einer ist der Tempel oder der Bezirk, wo so viele Gottheiten einen wunderbaren Reigen ohne Unterlaß auf festliche Weise vollführen. Eine ist die Luft, die alles rundherum temperiert. Eine ist die Feuchtigkeit, die sich in alles ergießt. Eines ist das Gesetz, das alles koordiniert.

II. Einer pythagoräischen Lehrmeinung entsprechend sagt man, daß ein Feuer in der Mitte und im Mittelpunkt der Erde sich befinde, und man erkennt, daß seine Gottheit die Seele oder das Leben sei. Woher es kommt, daß bezeichnenderweise im Prytaneum[27] ein immerfort brennendes Feuer beim Altar unterhalten wurde. Eines ist in jeder Kugel das Zentrum, gleichsam ein Punkt, zu dem hin jede um ihn herum befindliche Kraft direkt dringt, indem sie den Abstand durchbricht. Deshalb meinen die Platoniker, daß die Strahlen aller Planeten bis zum Zentrum der Erde Einfluß hätten. Und desgleichen glauben sie, daß in der einen Mitte alle Einflüsse am stärksten und wirkungsvollsten seien. Und deshalb habe diese Mitte den Reichtum, der durch die ganze äußere Weltregion verstreut ist, bei ihr selbst versammelt und vereint. Und deshalb wiederum bestimmte man jenen Ort als Pluto[28] und dem Dis, dem Gott des Reichtums, gehörig.

Dritte Ordnung

I. Eines ist das Zentrum im Mikrokosmos, das Herz, von dem durch das ganze Lebewesen die Lebensgeister ausgehen, in ihm ist der universale Lebensbaum angeheftet[29] und angewurzelt, und auf seine erste Bewahrungs – und Erhaltungskraft wenden sich jene Geister wieder zurück. Ein Gehirn ist das Prinzip und der Sinn jeder Bewegung. Ein Mund ist das Organ universaler Aneignung. Eine Leber ist da für die ozeanische Fülle der Nahrungsmittel. |

II. In der einen Mitte ist jede Wirkkraft heftiger, da die Geraden wie Strahlen von allen Seiten zum Zentrum hin stehen und alle sich in der Engstelle und im Unteilbaren zusammenbündeln. Das ist die eine Mitte in jeder beliebigen Figur und für das Figurierte. Wir finden und erkennen jene Monas in jedem vollkommen Zusammengesetzten. Die Betrachter der geheimereren Philosophie kennen sie und folgen ihr nach Kräften in ihren Operationen. Wo freilich es nicht gegeben ist, daß ein Punkt berührt werden kann, blicken sie in ihrem Bestreben auf das Minimum, auf den Kreis oder auf die Sphäre, gleichsam wie auf eine Einheit. Wo sie also die Einheit nicht treffen, schaffen sie eine Einigung. Wenn aber die Gegensätzlichkeit sich dem entgegenstellt, kommen sie ihrer Aufgabe mit der einen Ordnung der Symmetrie bei.

III. Es bedeutet in einem Kreis die Äquidistanz aufzuheben, wenn sie indistante Einheit wird, wie die Bedingung der Materie keine einfachere mehr zuläßt. Die ganze Kraft freilich in der Einheit ist ewig und unendlich, in der Einfachheit stabil und immerwährend, sie wird durch Einigung vermehrt, durch Zerstreuung vermindert.

IV. So werden alle zusammengesetzten und koordinierten Dinge auf die Sphäre, auf den Kreis, auf ein unteilbares Zentrum (von dem wir sagten, es sei der einfachste Kreis) und auf eine ihren Kräften gemäß ganz absolute Monas zurückbezogen.

V. So spiegeln wir die seienden Dinge, und wir bringen dies dadurch zustande, daß in dem einen Zentrum die Strahlen durch die Kraft der Einigung zusammengesammelt werden. So haben wir zur Wirksamkeit aller Wunder in dem Buch, welches das Siegel aller Siegel[30] heißt, die fünfzehn Arten der Kontraktion erklärt.

VI. Nicht zufällig also werden wir mit den Pythagoräern schließen, daß dies das erste Arkanum dieser Philosophie ist, daß die Natur der Einheit vom Zentrum auf die Zirkumferenz und von der Zirkumferenz zum Zentrum hin wandert, daß sie die rechte Mischung den zusammengesetzten Dingen gibt, Gesundheit den Körpern, Tugend den Seelen, Freude den Wohnungen, Friede den Staaten, | Stärke den Regierungen, Dauerhaftigkeit dem Zeitlichen, der Welt das Leben und allem Vollkommenheit.

KAPITEL III

DAS ZWEIECK IST DIE FIGUR DER ZWEIHEIT

Wie die Monas die ganze Essenz aller Dinge ist, die die Zahlen konstituiert, wenn sie wieder und wieder genommen wird, so konstituiert sie auch Gleiches und Ungleiches, Vieles und Weniges, Größeres und Kleineres. Sobald die Zweiheit zu einem Ersten, zu einem Besseren und Guten hinzugetreten war, ergossen sich Gutes und Böses aus dem ersten Ursprung. Die Zweiheit gab den Zahlen ihre ersten Grundlagen, aus denen hier ein je anderes und von dort wieder ein anderes kommt: Zugrundeliegendes, Gegenübergestelltes, Abgezo-

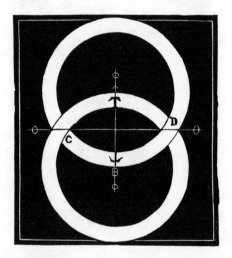

genes, Hinzugefügtes, und daher gibt es nirgends im Ganzen einmütige Eintracht, wenn schon dir und mir Deines und | Meines unterschieden erscheinen. Wenn es nur zwei Seiende gäbe, so würde doch eine einzige Natur in beide Zugrundeliegende, als die ihnen gemeinsame, hineingetragen. Auf Grund dieser Natur sind sie ein Eines, ein Wahres und Gutes, und erst eine gewisse zunehmende Bestimmung des Zugrundeliegenden wird ein Dieses und ein Jenes zustande bringen. In der Geburt der Zweiheit wird die allumfassende Potenz verlassen, denn die Zweiheit ist dem materiellen Prinzip angepaßt, weil ja aus ihm als Erstes das Teilbare kommt. Moses dringt ein in die verborgenen Orakel der Babylonier, indem er entfaltet, in welcher Reihenfolge der Lauf der Dinge erstellt worden ist; er versieht alles mit Zeichen in einem Zusammenhang der Typen, er hüllt die meisten Geheimnisse in einen verborgenen Sinn und er unterteilt jenes Werk der Natur in sechs Tage, von denen er fünf als durch große Güte gepriesene und gesegnete darstellt, den zweiten aber, der der Untergang der ersten Monas und des Ursprungs der Zahl ist, bedenkt er mit keinem lobenden Wort.[30] Wenn also ein weiterer zu einem ersten Kreis hinzugefügt wird, und zwar dort, wo er dem anderen auf seiner Kreislinie einen Punkt als Zentrum gibt, siehe da erhebt sich der Akt der Unterschiedenheit mit seinem einen Gegensatz bildenden Angesicht: der Sohn und der Vater, das Zugrundeliegende als Frau, das Befruchtende als Mann, Einfaches und Zusammengesetztes, Getrenntes und Zusammengefügtes; dies nennt man die eigentümliche und allgemeine logische Hinsicht. Teil – Ganzes, Einfaches – Doppeltes, aufwärts – abwärts, vor – zurück, Inneres – Äußeres, rechts – links. Es gibt Tausende [solcher Begriffspaare], die sofort, sobald die Zwei gesetzt sind, begründet werden, und Tausende, die die Substanz des Binären mit sich bringt. Die Figur wird vollendet, wenn eines der beiden Extreme das jeweils andere umkreist bis zur Begegnung mit dem untersten und dem höchsten Punkt. Zuerst wird eine gegebene Linie in zwei gleiche Teile geteilt; und durch diese Prozedur treten dann zur Monas die ersten Unterscheidungen hinzu. |

Pythagoräische Koordination.
Die Analogie zwischen Zweieck und Zweiheit

Wenn du dir die Erscheinungsweise der unermeßlichen Natur in einem Konzept des einen Ganzen vorstellst, erschreckt dich einerseits ihre *Potenz*, andererseits zieht sie dich an. Ihr Akt hat ein grausames und ein freundliches Anlitz. Einerseits subsistiert die *Substanz* ohne äußere Stützen, andererseits ist das *Akzidenz* das, was mit seinem ganzen Körper mit ihr verbunden ist. Die *Materie* steht weit offen mit ihrem sehr großen Schoß, und hier ist die *Form*, die aus ihrem Schoß geboren wird. Die *Beharrlichkeit* ist immerwährend wie die Materie, die *Veränderung* geht einher mit der Form, zu keinem bestimmten Ziel. Das Verharrende erleidet die ihm ähnliche *Ruhe*, wie dagegen eine verschiedenartige Veränderung sich der *Bewegung* erfreut. Dort dehnt sich aus dem heiligen Stillstand das *Entstehen* aus, hier holt das habsüchtige *Vergehen* [das Entstandene] mit verdrießlichem Gesicht zurück. Jene ist eine reine, bleibende, nackte und *einfache* Substanz, das *Zusammengesetzte* hingegen besteht auf Grund einer Verknüpfung von Prinzipien. Dort bringt die Unterscheidung keinen *Streit* mit sich, hier erzeugt die *Eintracht* keineswegs wahre Liebe. Eine *Zusammenstellung* zielt auf die besseren Teile, die *Aussonderung* trifft zuweilen die schlechten. Der *Ausfluß* kommt aus einem Vollen und Zusammenhängenden hervor, und durch den *Einfluß* ballen sich die Teile in einem leeren Gebiet zusammen. Dort ist das *Unendliche*, dieselbe Grenze durch alle Dinge hindurch, und hier ist das *Endliche*, welches ohne eigene Grenze scheint. | Durch dasjenige, welches immerfort Masse *hinzufügt* und eine Zahl dazutut, ist dort keine Ruhe angezeigt; hier wurde durch dasjenige, welches *vermindernd* wirkt, eine Auflösung in Bezug auf Monas und Atom vollbracht, und zwar nach der Art des *viel* und *wenig*. Hier konstituiert die Materie die Zahl, und dort steht das Reich der Einheit in Blüte. Das Gleiche neigt sich einerseits in die Richtung der Zahl, andererseits strebt, was immer an Ungleichem entstanden ist, zur Monas wie zu einer Mutter. Wie das Dichte dem Vollen ähnlich ist und auch sein Gefährte an einem Platz, so verhält es sich auch mit dem Spärlichen in Bezug auf das *Leere*. Von dieser Seite her stammt der Mangel, von jener das *Übermaß*. Dieses befindet sich auf seinem angestammten Platz, jenes ist ein *Herumvagabundierendes*. Durch einen je verschiedenen Anstoß wird dieses und jenes angetrieben, dieses durch den Anstoß des *Schweren* und *Leichten*, jenes durch den eines *sich Herumdrehenden*, was von uns durch die Begriffe Fluß oder ringsherum fließender Fluß erfaßt wird. Ferner siehst du jene Gattung als *ewig* an, denn jene kennen nicht ihnen zugeschriebene Grenzen in der Zeit und bezüglich des Ortes ein gegenwärtig oder *abwesend*, entfernt oder *nahe sein*. Und als Norm des Zusammenhängenden wird die Ebene und das Räumliche betrachtet, und in seinen Grenzen das *Gerade*, und in der Figur das *Gekrümmte*. Weiter werden zwei einander wie Zwillinge zugeordnete Größen einsichtig durch eine einzige Umschließung, in der sich einerseits das *Archetypische*, andererseits das ganze sinnlich *Wahrnehmbare* befindet. Dort wirkt die *Vorsehung, hier das Fatum*. Und wenn nun, gesetzt den Fall, dies ein Menschengeschlecht ist, welches Klugheit besitzt, siehe, da hast du zweierlei, das glänzende *Licht* und das undurchdringliche Anlitz der *Finsternis*. Daher kommt einerseits belebende *Wärme*, andererseits träge machende *Kälte*, einerseits die Art des *Mannes*, andererseits die *Frau*, die von bartlosem Angesicht ist. Hier schleudert die Sonne mitten aus der Himmelshöhe einen flammenden Strahl, dort dreht sich die fruchtbare Erde in einer verschiedenen Bahn um sich herum und erblickt von neuem lebendige Zeiten. | Hier ermuntert die *sinnliche Wahrnehmung*, dort vielleicht in noch höherem Grade der *Geist*. Und wenn es beliebt, durch jene liebende Umarmung das Glück zu gestalten, ist hier die *Freude* mit huldvollem Antlitz zu Gefallen, und dort steht die schwarze *Trauer* schlaff da, in einem schäbigen Gewand. Wenn dir ein Gegenstand des Geistes vorgegaukelt wird, hast du hier die Hüllen des *Falschen*, und das *Wahre* ist in einer fernen Gegend. Dort wird den Augen *Schönes*, hier *Hässliches* dargeboten. Dort wird alles *wohlklingend* genannt, hier *misstönend*, nach einer Beurteilung durch den Sinn. Wie schließlich eine jede beliebige Gattung als zusammengesetzte erkannt wird. So ist das Zweieck Kennzeichen einer ersten Unterscheidung, da ja jede Gattung in zwei erste Gegensätze aufgespalten wird, und dieser Schnitt wieder je zwei Gliedern Äste gibt, indem man zu einer Zahl Unzähliges vervielfältigend hinzufügt, wie zu einem *Bestimmten* das entgegengesetzte *Gegenüberliegende* und *Bezogene*.

Die Stufen der Zweiheit

Erste Ordnung

I. Die Zweiheit geht aus der Einheit hervor, (wie aus dem Fließen des Punktes die Linie). Wie die Essenz, in ein Anderes fließend, Sein bewirkt, so auch die sich verströmende Güte das Gute, die sich entfaltende Wahrheit das Wahre. Daher stammt die erste Zahl (unter den eher einfachen) aus der Essenz, und das Sein ist Zusammensetzung. Und daher ist die begriffliche Bestimmung eine zweifache, einerseits durch die Form, andererseits durch die Materie, einerseits durch das Prinzip, andererseits durch das Prinzipiierte, einerseits durch das Vollendete, andererseits durch das Vollendbare, einerseits durch den Begriff des Einen, andererseits durch den Begriff des Anderen.

II. Auch hat die erste Teilung einer jeden Gattung zwei Glieder.[31] Jede Gattung des Gegensatzes umfaßt durch sich selbst zunächst nur zwei Termini. Das Eine verhält sich zu einem relativen Einem korrelativ, zu einem Diktum verhält sich ein anderes kontradiktorisch, zu dem einen Gegensatz ein anderer, und der einen Potenz wird der eine Akt gegenübergestellt. |

Die Stufen der Zweiheit

IV. Es besteht also in einer ersten Teilung ihres Seins
die Natur[32]

1	absolut		hinsichtlich
3	absolut		bedingt
5	aktual		potentiell
7	ursprünglich		abgeleitet
9	durch sich		durch anderes
11	akzidentell		substantiell
13	als Einfaches		als Zusammengesetztes
15	als Immaterielles		als Materielles
17	als Bestimmtes		als Unbestimmtes
19	als Unendliches		als Endliches
21	notwendig		kontingent
23	als Notwendiges		als Kontingentes
25	gereiht	oder	gehäuft
27	unterschieden		verwirrt
29	nacheinander		zugleich
31	geeint		verstreut
33	möglich		unmöglich
35	unmittelbar		mittelbar
37	natürlich		willentlich
39	geradewegs		gekrümmt
41	wahr		falsch
43	vollkommen		unvollkommen
45	unverbunden		geordnet
47	punktuell		ausgebreitet
49	trennbar		untrennbar
51	so		anders
53	leer		voll
55	unbeweglich		beweglich
2	absolut		zusammengezogen
4	absolut		modal
6	primär		sekundär

8	prinzipiell		akzidentell
10	durch sich		durch Hinzutretendes
12	substantivisch		adjektivisch
14	körperlich		unkörperlich
16	als ein Gutes		als ein Schlechtes
18	einfach		doppelt
20	als Geformtes		ungeformt
22	universell		partikulär
24	in Allem		in Gewissem
26	geordnet		ungeordnet
28	unterschieden		ununterschieden
30	nacheinander	oder	gleichzeitig
32	verbunden		angebunden
34	implizit		explizit
36	innerlich		äußerlich
38	objektiv		subjektiv
40	affirmativ		negativ
42	gänzlich		bis zu einem gewissen Maß
44	genau		ungefähr
46	vorbestimmt		unbestimmt
48	regelhaft		regellos
50	wirklich		zeichenhaft
52	so		wie
54	schwankend		sicher
56	verborgen		offensichtlich

III. Zweite Ordnung der Zweiheit

Die Analogia Entis[33] beruht auf zweierlei (auf Substanz und Akzidens, versteht sich). Die Potenz ist zweifach, aktiv und passiv. Der Akt ist zweifach: erster und zweiter. Zweifach ist die Vollkommenheit, einfach und in der Gattung. Zweifach ist der Verstand, aktiv und kontemplativ. Zweifach ist der Wille, natürlich und vernünftig. Zweifach ist die Relation, die der Gleichheit und die der Ungleichheit. Zweifach ist der Akt, immanent und transzendent. Zweifach ist die Passivität, vervollkommnend und vergänglich. Zweifach ist der Akt einfachen Aufnehmens, in Intention und Konzeption.

IV. Dritte Ordnung der Zweiheit

Es sind zwei Seelen in uns, zwei Dämonen, zwei Genien, zwei Gesetze, zwei gegensätzliche Triebe, die den zwei aufnehmenden Potenzen, nämlich Sinn und Vernunft, folgen. Der eine Trieb ist sinnlich und tierhaft, der andere verständig oder vernünftig.

V. Es gibt zwei Arten der Venus[34], eine himmlische und eine gewöhnliche. Erstere kommt vom Himmel und ist ohne Mutter. Die zweite stammt von Jupiter und Dio. Die Eroten sind Zwillinge, einer passiv, dessen Fortuna in Eros und Anteros[35] besteht, und der andere aktiv. Sein Glück steht über Eros und Anteros. Weiter, wie wir im »Sigillus Sigillorum« gelehrt haben, sind die Arten der Liebe verschieden,[36] wie die Akte des Glaubens und der Imagination verschieden sind. Es gibt zwei Arten der Erzeugung: die eine findet statt auf Grund offensichtlicher Vereinigung, die andere auf Grund einer verborgenen (nichts wird nämlich ohne Vereinigung erzeugt). Denn sowohl kraft der Imagination als auch kraft der vorliegenden Materie werden im Körper der Lebewesen einmal neue Gestalten, einmal neue Leidenschaften erzeugt, oder besser kontrahiert, auch Intelligenzen, bisweilen auch von guten Dämonen und göttlichen Wesen, bisweilen aber von Lemuren, Furien und Mischwesen, wie wir es in Hinblick auf die Praxis, in der die Verfahrensweisen genau zusammengestellt sind, für den Gegenstand der Ars Notoria[37] und anderer Künste durch das »Sigillus Sigillorum«[38] ausdrücklich dargestellt haben. |

VI. Ebenso gibt es zwei Arten der Liebe, gemäß der Differentia proxima[39], ebensoviele Arten des Guten wie auch des Seienden. Und deswegen ist jede Art und jedes Besondere nicht einfach, sondern auf Grund dieser und jener Hinsicht gut und böse. Für jedes Bestimmte gibt es daher ein rechtes und ein linkes Bestimmendes. Auf der einen Seite Liebe, auf der anderen Streit. Hier Vereinigung, dort Trennung; hier Dichte, dort Spärlichkeit; hier Ordnung, dort Unordnung; hier Licht, dort Finsternis; hier Wärme, dort Kälte. Hier vollzieht sich für gewisse Dinge ihr Zugrundegehen, für andere wiederum ihre Entstehung, und umgekehrt. Was vor der Entstehung ist, begleitet sie und geht in der Folge durch Entstehen und Vergehen; es wird gleichermaßen aus dem unter dem zweifachen Hauptprinzip liegenden Bereich geboren.

VII. Auch im Buch über die Bilder der Dinge werden wir erklären (so Gott will), daß jedes Ding zweierlei hat, rechts und links, zwei Genien, einen aktiven und einen passiven, den sehr vielen Unterschieden entsprechend, die in der ersten Teilung des Seins und in der Ordnung der Zweiheit liegen. So wie man bei den sich bewegenden Planeten und den Orientierung gebenden Fixsternen Rechts und Links, gute und schlechte Einflüsse, Freiheit und Knechtschaft, Erhöhung und Fall, Vorlauf und Rücklauf, Nacht und Tag beobachtet hat.

VIII. Im Buch »Della Principio, Causa et Uno« haben wir gezeigt, daß sich in allem Zusammengesetzten und in allem, was in irgendeiner Weise beschaffen ist, zwei miteinander höchst verbundene Gegensätzliche [Eigenschaften] befinden,[40] genau so, wie im höchsten Gift die höchste Medizin und in der besten Nahrung Schädlichkeit, im Tod das Leben selbst und die Geburt. Jedes Beliebige und jedes beliebige Eine wird zu Zwei in Absolutheit und Hinsichtlichkeit, Ausdehnung und Zusammenziehung, Gegenwart, Abwesenheit, Hinwendung, Abwendung, es wird zu Verschiedenem, Gegensätzlichem und Widersprüchlichem. |

KAPITEL IV

Die Dreiheit des Seienden

Die Analogie zwischen Dreiheit und Dreieck

Hier bietet sich den Sinnen eine klare Figur. Denn sie umfaßt wie der Ternar als ein Erstes alle Arten der Zahl, weil er das erste Gleiche und das erste Ungleiche und eine durch sich selbst existierende Monas ist, Gattung und Bewirkendes, welches die Zahlen nach verschiedenen Modi unterscheidet und ihre Arten erweitert. So stammt aus der Quelle des Dreiecks die ganze Gattung der Figur; es findet sich, daß aus ihm heraus sie zusammengesetzt, und in ihn hinein wieder aufgelöst wird.

Ebenso wird dort durch die Monas jede Art umfaßt. Sobald die Zweiheit hinzugefügt wird, bewahrt nichts mehr die selbe Form. Sondern es wird dieses Selbe zuerst größer, dann wächst es durch das Ungleiche kontinuierlich weiter und nähert sich dem Minimum der Dreiheit an von der Region des Mehr; wie es ja überall augenscheinlich wird. Drei Teile sind's, die, indem sie eine sich ganz ähnliche Figur bewahren, zu einem ersten Teil als ihm ähnliche hinzugefügt werden.

Ich übergehe es zu sagen, daß diese Figur sich selbst alle Verhältnisse nach Anfang, Mitte und Ende liefert, in der körperlichen Art in Bezug auf Maße und Figuren, zu denen noch etwas zu sagen bleibt, auch wenn wir zuvor schon etwas gesagt haben.

Wie die Dreiheit in ihrer allgemeinen Art alles vollendet, was das Licht erblickt, ist sie auch das Erstzeugende: Der *Geist*, der gezeugte *Intellekt* und der *Nexus* von beiden. | Das *Gute*, das vom Guten Erzeugte und das Leben der Welt. Der Geist als der erste Gebärer, der Intellekt als der Erstgeborene, und die Liebe, die man einen großen Dämon nennt.

Nichts anderes als ein Erstes, das alles aus sich herausgießt, ist die *Potenz*, und eine erste ist die *Weisheit*, die das Ganze im Ganzen lenkt; und die Liebe der Güte ergießt sich in das Ganze ohne Ende.

Bei den Gottheiten folgt jener eine gütige Dreiheit nach, sie bezieht sich auf: *Merkur*, Interpret des Göttlichen, die wahrgenommene Gelegenheit; Blitz des Ingenium, der über die Dinge Rat haltende *Apoll*; die Begierde, *Venus* ist die Erzeugerin der unseren.

Daher kommt die anschauliche Dreiheit des *Wahren*, *des Guten* und *des Schönen*. Wie die Grazien[41] in den reizenden Umarmungen der Paphies, so hängen sie aneinander, sie sind der Welt wohlwollend gesinnt und freundlich, von gütigem Antlitz. Sie hat mir der Seher beschrieben, dem Mantua seinen Namen verlieh.[42] Die erste von ihnen ist *Aglaia*, die die Fröhlichkeit vor sich her in ihrem zierlichen Gesicht trägt, und mit ihr ist *Thaleia*, das heilige Haupt mit einem grünen Kranz umwunden, und dann *Euphrosine*, blühend die Wangen, frisch der rosenfarbene Mund, heiter die ungebunden schweifenden Augen.

Gegen diese stehen, von strengem Aussehen, die Parzen,[43] die gemäß der Urteilssprüche eines strengen Gesetzes hart an den Schicksalsfäden ziehen. Ihr Losen um die Dinge gibt der *Lachesis* den Namen,[44] und der mittleren, Clotho, die Umwälzbarkeit der Welt,[45] und der furchtbaren *Atropos* das ein für alle Male unwiderrufliche Fatum.[46]

Zuerst ist die *Essenz*, einem jeden einfach zugeteilt, ihr folgt die Möglichkeit und geht mit ihr vielleicht denselben Weg, dann entsteht das *Werk*, in dem eine Form nach außen geschickt wird, oder sie erscheint nach innen hineingeschickt, wenn es sich um einen bloßen *Akt* des Geistes handelt.

Dieser ist dreifach, zuerst kommt ein einfaches *Aufnehmen*, | dann folgt als Zweites eine erste *Komplexion* des Einfachen, schließlich kommt der *Diskurs* und die Argumentation ist schon schlagfertig.

Unterschieden wird ein *Minimum*, das als einziges alles von unten her stützt. Nichts anderes ist das *Magnum*, welches unendlich alles angleicht. Das *Maximum* ist die eine Grenze der Dinge, die sie enthält. Das *Gleiche*, das *Mehr* und das *Weniger* sind ganz jeweils Bezogene. Die *Linie* ist eine Darstellung des Kontinuum, ebenso *Fläche* und *Körper*. *Gleiches*, *Eines* und *Ungleiches* sind für die Zahl die ganze Substanz. Im Unermeßlichen sind *Länge*, *Breite* und *Tiefe* dasselbe, und die Stufen der Natur sind: in der *Tiefe*, in der *Mitte*, in der *Höhe*. Die *unmittelbare Gegenwart* bringt die *Vergangenheit* und die *Zukunft* mit sich. Hier haben wir den reinen *Akt*, die reine *Potenz*, und das aus ihnen *Gemischte*. Es gibt *Ideen*, *Spuren* und *Schatten*, als die Formen von allem. Man findet sie *vor* allem, *in* allem und freilich auch *nach* allem. Hier haben den Vorsitz die gebärende *Natur*, das *gewaltsame Handeln* und das *Fatum*. Dieses muß *erwartet*, *gefürchtet* und *erstrebt* werden. Das Ganze bewirken der *Zufall*, die *Natur* und der *Wille*. Es gibt eine dreifache Welt: *Gott*, *Natur*, *Mathesis*. Daraus emanieren die drei Prinzipien: *Licht*, *Geist* und *Wasser*. Die Seele ist dreifach: in *Leben*, *Sinnlichkeit* und *Vernunft*. Ein *Woher*, ein *Wodurch* und ein *Wohin* kennt ein bewegliches Ganzes. Die Subjekte *nehmen auf*, *halten zurück* und *schicken* das Zurückgehaltene wieder *aus*. Wenn du die *Wirkung* betrachtest, den *Wunsch* und die *Erkenntnis*, so wird unbedingt ein *Subjekt*, ein *Objekt* und ein *Vermögen* gefordert: ein *Anfang*, eine *Mitte* und ein *Ende*; der *Sinn*, die *Vernunft*, der *Geist*.

Der Ring des Apoll[47]

PRINCIPIUM, MEDIUM, FINIS, SENSUS, RATIO, MENS.[48] Das ist der mittlere Kreis, der aus sechs Teilen besteht und | aus sechs Grenzpunkten. Wenn der SENSUS zuerst das PRINCIPIUM selbst umfloß, die RATIO das MEDIUM, und der höchste INTELLEKT die FINIS: dann entstehen drei außen liegende Winkel, deren erster das erste einfache Aufnehmen ist; die erste Komplexion des Einfachen kennzeichnet den zweiten, der Diskurs den noch übrigen Winkel. So nimmt der Kreis ein ihm von außen zugeschriebenes Dreieck an. Diesem wird dann ein weiterer Kreis eingeschrieben, wenn das PRINCIPIUM die FINIS umkreist hat, wenn man das MEDIUM um die FINIS herumlaufen sieht, und zugleich in Bezug auf das MEDIUM die FINIS schließlich das Zentrum ist. Jene Figur erscheint vor dir, die tiefsinnig zeigt, daß die vielfältige Dreiheit in dem einen NEXUS zusammenläuft.

Ich zeichne den Tisch der Grazien

Richte deinen Blick auf den Tisch der Grazien, wenn du die Absicht hast, in einer sicheren Folge Figuren zu bilden und nach einer sicheren Ordnung das dargebotene Feld zu unterteilen. Hierher richtet sich gespannt die Vernunft, sooft sie die Regel reflektiert, mit der sie die Teile in einem ebenen Dreieck auffinden kann. Richte deinen Blick auf den Tisch der Grazien, wenn du die Wege des Grundes erschließen willst, durch welche ein Priester das Heilige und ein jeder Magier die Huldigungen seiner Götter bedacht haben und ihre heiligen bzw. profanen Riten befolgen. Einst ersann die griechische Religion drei Gottheiten, gewachsen aus dem Samen des Saturn. Durch diese Gottheiten kam alle Gunst | aus dem Himmel und aus dem Meer hervor, aus der Tiefe, dem Reich Plutos und Neptuns, und aus dem Reich des hohen Jupiter.

Es sind drei Kreise, Charis dreht sich um Fortuna und um Apoll, Bacchus um Erigone,[49] und dann wachsen die Wege von Charis zu Bacchus und Diana, und von Bacchus zu Diana, die zu einer gegenseitigen Umfassung der Kreise gezogen werden, allmählich zu dieser nämlichen Figur zusammen.

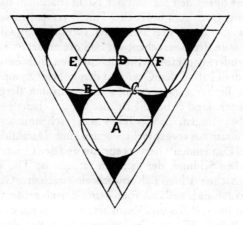

Hier sind drei Kreise, zu denen diese Gottheiten gehören. Dreimal wird eine Gerade mit dreimal einem Zentrum verbunden, von einem Grenzpunkt zum andern, so daß diese dann durch drei Grenzlinien verknüpft werden können. Die übrigen Grenzpunkte von hier aus zu verbinden ist sehr leicht in dieser einen immer konstanten Figur; verbinde das eine Zentrum mit dem andern, den einen Kreis mit dem anderen in Dreiecksform. |

So benutzen die Völker die verschiedenen Dreiheiten unter verschiedenem Namen. Die Dreizahl ist von großer Vorzüglichkeit: der geflügelte Merkur durchdringt drei Reiche, wie die Gattung des Betrachtens und des Handelns dreifach ist. Dreifach ist das Gebiet der Himmel, dreifach die Luft, dreifach sind die Unterschiede des Wassers, dreifach die Kräfte der Erde, und den drei Geschlechtern sind drei Patriarchen gegeben. Als die Mutter Erde die Lebewesen gebar, gebar sie zuerst Ennoc, darauf Leviathan[50] und dann den dritten, Adam. Wie der größte Teil des Geschlechts der Juden glaubte, für welches es nur eine heilige Erzeugung aus dem Einen gibt (das berichten alle), wurde die Generationenfolge wiederum erneuert durch den Stammvater Noah (nachdem das übrige Menschengeschlecht unter den Fluten versunken war), und zwar wieder durch drei Menschen, nämlich Sem, Cham und Japhet.[51] In drei Versuchen, am Fuß dreier Berge, schworen drei Brüder, den Himmel niederzureißen, sich eifrig bemühend, dem Pelion den Ossa und den hohen Olymp[52] aufzusetzen. Jupiter zerstreute diese aufgetürmten Berge durch drei Blitze. Und er hat die Brüder Caeum, Japet[53] und Typhon[54] bezwungen, die von Tellus in drei scheußlichen Geburten mühsam hervorgebracht worden sind. Daraufhin hat sie die drei Eumeniden[55] hervorgebracht und den Orkus mit dem dreifachen Schlund, der nicht zu sättigen ist. Die Wünsche der Menschen richten sich abwechselnd nach drei Gegenständen, so daß sie jeweils mehr zu dem einen als zu dem anderen neigen: Juno, Pallas und Venus setzen einem zu, es gebe entweder Würde, Wissen oder lockende Lust. Beziehungsweise Reichtum, Weisheit oder Herzensfreude. Es ist keinem gegeben, sich in allen dreien hervortun zu können; wem nämlich das Wissen gegeben ist, dem ist nicht gleichzeitig | das Schicksal oder die Sorge des Besitzens gegeben. Und denen Reichtum gegeben ist, denen wird dafür nicht gleich schon der Nutzen gegeben. Aber wie die Herzen der Menschen mehr vom Schönen und Angenehmen verlockt werden, das zeigt weise die Geschichte des Paris. Vor drei Richtern wird die Rechtssache der Toten erforscht: da steht die dreifältige Hekate[56], die ewige Königin der Schatten; den Eingang zur Unterwelt bewacht der dreiköpfige Cerberus.[57] Dreimal kommen die Geister der Toten, mit drei Händen, wenn sie gerufen werden, dreimal bringen sie die hohlen Täler zum Klingen (wenn sie kommen, um den Magiern zu Diensten zu sein); wenn sie die drei Fesseln binden. Dreimal zischen sie, drei Wünsche erfüllen sie. Dreimal umkreist das Opfertier die

Altäre, und dreimal beugt man die Knie auf die Erde. Die Weihrauchfässer sättigt man dreimal mit Feuer, dreifarbig erscheint das Gesicht. Dieser ungleichen Zahl erfreut sich Gott.[58] Ein dreifaches Seil wird schwerlich zerrissen,[59] so wie es auch drei Zeugen gibt, im Himmel, auf der Erde und in der Tiefe. In drei Regionen wird der Erdkreis geradewegs auseinander geschnitten, das große Gesicht der Erde, dreimal reinigt der Priester das Heilige, dreimal mit Flammen, dreimal mit Wasser, dreimal mit Sulfur, und dreimal wendet er sich um, mit drei Unterbrechungen öffnet er den Mund.

Die Stufen der Dreiheit

Erste Ordnung

I. Es gibt für die Platoniker und für die Pythagoräer drei voneinander ununterschiedene Prinzipien: EINHEIT, WAHRHEIT und GÜTE. Denn durch die Einfachheit der Einheit und der Güte erkannten sie die Wahrheit, in der einfachen Güte und Einheit die Wahrheit und mit | der einfachen Wahrheit und Einheit die Güte. Eines nämlich ist das Licht, welches wahr ist und gut, das heißt einfach. Und das Licht ist durch sich selbst gut, da es eines und wahr ist, das heißt ihm ist nichts beigemischt und hinzugefügt. Schließlich ist das Licht wahr, welches eines ist und gut, nämlich für sich und auf Grund seines Prinzips des Einen.

II. ÜBER der Einheit gibt es nichts, weil nichts mächtiger ist als sie, und es gibt nichts, was ohne die Teilhabe an der Einheit etwas vermöchte. Nicht sie ist es, die teilnimmt, sondern alles, was Eines ist, Geeintes und Vieles, hat Teil an ihr. ÜBER der Wahrheit gibt es nichts; denn jenes über der Wahrheit stehende, was könnte es schon sein, außer eben wieder das Wahre selbst? Wenn etwas wahr ist, ist es durch Teilhabe an der Wahrheit wahr (welche daher über jenem selbst sein muß). ÜBER der Güte gibt es nichts. Denn, wenn irgendetwas besser wäre als die einfache und absolute Güte, würde dasselbe auch höher als jene liegend erkannt werden. Höheres aber ist nur möglich durch größere Teilhabe an der Güte. Nun aber ist die Güte nicht etwas, dem noch irgend ein Anteil Güte hinzugefügt werden kann.

III. Diese DREI begründen sich gegenseitig in ihren Wirkungen. In den Dingen nämlich ist als erstes die Wahrheit aus der Einheit. Denn nichts ist wahrhaftig, wenn es nicht eines ist. Zweitens ist die Güte aus der Wahrheit. Denn etwas ist nicht gut, wenn es nicht wahrhaftig ist. Drittens ist die Einheit aus der Güte. Denn es gibt nicht dieses Eine, das heißt Einfache, wenn es nicht als Absolutes und Unvermischtes besteht. So ist wechselseitig erstens die Einheit aus der Wahrheit, zweitens die Wahrheit aus der Güte und drittens die Güte aus der Einheit.

DAS WAHRE – DAS GUTE   DAS WAHRE – DAS EINE
V
DAS GUTE – DAS EINE – DAS EINE – DAS GUTE
∧
DAS EINE – DAS WAHRE   DAS GUTE – DAS WAHRE

IV. DIESE DREIHEIT SETZT SICH FORT IN DEN AKT DER ZWEITEN DREIHEIT, WELCHE LAUTET: | ESSENZ, LEBEN und INTELLEKT. Die Essenz nämlich erzeugt das Leben, indem sie sich zu allem hinwendet, alles beachtet und sich allem mitteilt, so daß hierauf die hervorragendste Wirkung des Lebens oder auch die erste Gestalt des Lebens sich zeigt, nämlich die Intelligenz.

Die Essenz wird mit der Substanz der Sonne verglichen, das Leben mit dem Licht der Sonne, der Intellekt mit dem von der Sonne ausgesandten bzw. aus ihr hervorgehenden Leuchten. Die Sonne ist in dieser Dreiheit der Vater aller Erzeugung und Veränderung, mächtig und tätig in der Spur, im Spiegel und im Schatten; durch Luft, Wolke und Dunst. Im Regenbogen befinden sich die drei Hauptfarben des Mediums, die von einem Objekt durch das Medium zu einem Subjekt gelangen. Dreifach erscheint die Sonne bei den Parahelien[60], ausgehend von einer einzigen. Durchlaufe mit einer Analogie dieser Art die Stufen der Natur, weil dort die Sonne vielfältig ist, wie auch der handelnde Intellekt, der handelnde Sinn, die handelnde Vernunft und die Seele. Das Leben gleicht dem Licht in der Sonne, der Intellekt dem Licht, das von der Sonne ausgesandt wird bzw. aus ihr hervorgeht. |

Die Essenz in der Substanz der Sonne wird mit dem Lebensgeist gleichgesetzt, das Leben in dem Licht, das in der Sonne ist, mit dem Atem, der Intellekt in dem Leuchten aus der Sonne mit dem Wort.

Die atmende Essenz ist die Seele; der Lebensodem ist die Kraft der Seele, die in alles hineingegossen wird. Das mit Intelligenz erfüllte Wort ist der Akt jener Kraft, welche vom | Obersten bis zum Untersten reicht, das sie ihrem eigenen Umfang entsprechend ordnen, formen und vollenden muß.

Zweite Stufe
der Ordnung der Dreiheit

I. Weiter nehmen wir an, daß ein dreifaches Gutes in der Figur der Dreiheit, also im Dreieck, auf sinnlich wahrnehmbare Weise beschrieben ist. Im höchsten Winkel wird der ARCHETYP, in dem rechten das PHYSISCHE und im linken das VER-

STÄNDIGE oder ethische angenommen, einer sehr verbreiteten Bezeichnung nach. Ersterer ist absolut über, außerhalb und vor den Dingen. Das Zweite ist mit den Dingen verbunden, in ihnen und mit ihnen. Das Dritte ist nach den Dingen, unter den Dingen und von den Dingen abgelöst.

II. Gleichermaßen ist innerhalb dieser Bestimmungspunkte eine DREIFACHE Schönheit. Erstens im Verstehen des INTELLIGIBLEN. Zweitens in der Symmetrie des SICHTBAREN. DRITTENS IN DER HARMONIE DES HÖRBAREN. Der Schönheit folgt eine dreifache Liebe: die METAPHYSISCHE oder göttliche, die PHYSISCHE oder magische und die MATHEMATISCHE oder logische, nach einem sie im weiteren Sinne bezeichnenden Namen. Die Weisen der Hebräer führen auf drei Pfaden den ein, der in ihre Lehre eintreten will: nämlich auf dem KABBALISTISCHEN, dem PHILOSOPHISCHEN und dem TALMUDISCHEN. Der erste der drei Pfade wird dargestellt als der der hohen OFFENBARUNG, der klaren KONTEMPLATION und des ausgezierten KULTES. Der zweite durch die Wahrheit der LEHRE, die Güte der SITTEN und die Aufrichtigkeit der WERKE. Der dritte durch das Hören des GESETZES, das Aufzeichnen von BEISPIELEN und durch die Regel, die festlegt, welche AUSSAGEN dazu zu machen sind.

III. Im ersten Feld (zu welchem dieser dreifache Pfad hinführt) befindet sich die Seele gleichsam über ihrem Schicksal, im zweiten in ihrem Schicksal und im dritten unterliegt sie gewissermaßen ihrem Schicksal. Im ersten ist sie im Stand der Herrschaft, im zweiten gleichsam in der Freiheit und im dritten in Knechtschaft.[61]

IV. Auf dem untersten von drei Graden (sagen die Platoniker), auf dem sie weniger vom Schicksal niedergetreten wird, stellt die Seele durch eine allgemeine sichere Erkenntnis Gottes und | durch den göttlichen Glauben sich selbst in einer gewissen Ähnlichkeit [zu ihm] dar. Auf dem mittleren Grad, auf dem sie weniger mit dem Schicksal auseinander – und ihm entgegengeht, strebt sie mit ihrer ganzen Erkenntnisabsicht zu Gott. Auf dem höchsten Grad, auf dem sie sich über das Schicksal aufs Beste hinausgehoben hat, wird sie, von der Glut erhabener Begierde entzündet, dazu gebracht, Gott aufs Höchste zu lieben. So vollzieht es sich, nachdem Gott in ihrem untersten Stand in die Seele hineingeflossen ist. Im mittleren Stand wird sie vom göttlichen Hauch berührt und erfüllt. Im höchsten verbindet sie sich mit Gott in engsten und wirkungsvollsten Fesseln. Im niedrigsten Stand hört sie ihn, im mittleren sieht sie ihn und im höchsten besitzt sie ihn.

V. Bezüglich der drei vorigen aber nehmen die drei Grade der Übel eine maßgebliche Einschränkung vor: auf dem niedrigsten Grad die MATERIE, auf dem mittleren die körperliche FORM und auf dem höchsten Grad eine gewisse Möglichkeit, auf krummen Wegen zu gehen, die der Seele eingeboren ist. Diese bringt die Seele dazu, sich vom Höchsten abzuwenden und die Einwirkung der unteren Welt in sich aufzunehmen. Um diese herum halten sich die drei Kräfte der Seele auf: als niedrigste die BEGEHRENDE, als mittlere die leicht zu ERZÜRNENDE und als höchste die VERSTÄNDIGE.[62] Daraus leiten sich drei Wege her: der TIERISCHE als niedrigster, der MENSCHLICHE als mittlerer und der HEROISCHE als höchster; in ihm hebt sich die Vernunft auf die Spitze des Geistes.

VI. Man sagt, daß VENUS im Besonderen die niedrigste Kraft leite, JUNO die mittlere und PALLAS die höchste. Diese drei Gottheiten betreffen auch nacheinander alle drei Grade des Lebens (also immer eine Gottheit je einen Grad in vorzüglicher Weise). PALLAS[63] erleuchtet die drei Tätigkeiten des Intellekts, AUFNEHMEN, BEGREIFEN und DISKURS. Sie verleiht desgleichen einen dreifachen Intellekt: den Intellekt der POTENZ bzw. intellectus possibilis, den IM HABITUS und den IM AKT befindlichen. Auf den dreifachen Intellekt beziehen wir hinsichtlich jeder Kunst die durch INGENIUM, LEHRE und AUSÜBUNG in drei notwendige Bereiche geteilte, geschickte, tätige und fähige Menschen. Es wird daher folgerichtig der Affekt von einem dreifachen Guten erregt, zuerst von einem Guten IN UNS, dann von einem IN DER IDEE als mittleres und von einem ÜBER DER IDEE stehenden als höchstes.

VII. JUNO[64] regiert die drei Vermögen der sinnlich wahrnehmenden Potenz, das AUFNEHMENDE, welches sich vermittels der äußeren Sinne und des allgemeinen Sinns vollzieht, das ZUSAMMENTRAGENDE oder | vergleichende, welches sich vermittels der Phantasie und der Imagination vollzieht, und das ZURÜCKHALTENDE Vermögen, welches sich vermittels der Erinnerung vollzieht.

VENUS[65] regiert die drei Kräfte der vegetativen Potenz, die ERNÄHRENDE, die DAS WACHSTUM FÖRDERNDE und die ERZEUGENDE. Die erzeugende Kraft hat wiederum drei Kräfte, die spermatische oder SAMENBILDENDE, die verändernde oder ORDNENDE und die formende oder FIGURIERENDE Kraft. Ebenso hat die vegetative Kraft drei Kräfte, die ANZIEHENDE, die ZURÜCKHALTENDE und die VERDAUENDE; und die das Wachstum fördernde Kraft hat drei sich auf vorübergehende Teile beziehende Kräfte: EINFLUSS, UMFORMUNG und EINVERLEIBUNG.

VIII. Schließlich wird ein dreifacher Appetitus der Seele von diesen drei Gottheiten eingepflanzt. Von Venus der SINNLICHE, von Juno der VERSTÄNDIGE und von Pallas der INTELLEKTUELLE. Pallas gibt der abgesonderten Seele die KONTEMPLATION, Juno die TÄTIGKEIT und Venus die LUST.

IX. Desgleichen spenden diese drei Gottheiten die drei Führer des Lebens: PALLAS einen genau untersuchenden VERSTAND, JUNO die ERFAHRUNG, die durch den Umgang mit den Dingen bestätigt, und Venus diejenige, die nicht täusche und nicht getäuscht werde, die AUTORITÄT.

X. DREIFACH ist das Glück vom Himmel, dessen günstige Schickungen die Magier und Astrologen sorgfältig erkunden: JUPITER, SONNE und VENUS. Drei wunderschöne einander umfassende Mädchen stellen dieses Glück dar. Ihre Namen sind LEBENSKRAFT, LICHT und FREUDE.

XI. Alle zoroastrischen und persischen Philosophen nannten die drei überirdischen Fürsten OROMASIN, MITRIN und ARIMANIN. Von ihnen wird gesagt, sie erkennen GOTT, den GEIST und die SEELE bzw. die KRAFT Gottes, die ORDNUNG des Geistes und die BEWEGUNG der Seele. Gott nämlich lebt, der Geist ordnet und die Seele bewegt. |

*Dritte Stufe
der Ordnung der Dreiheit*

I. Laßt uns in Analogie zu den drei Arten der Seele ihren Aufstieg und Abstieg als einen Lauf, der vorwärts geht und zurück, und als einen Fluß, der auch wieder zurückfließt, betrachten. Die WELTSEELE nämlich fließt in die Seele der SPHÄREN, und diese fließt in die Seele der übrigen LEBEWESEN.[66] Und aus den drei überirdischen Ursachen, der causa EFFICIENS,[67] der causa EXEMPLARIS[68] und der causa FINALIS[69] (die genaugenommen auf ein und denselben logischen Rang zurückgeführt werden) leiten sich drei Grade der Form her. Der Grad der GOTTHEITEN in einem einfachen Körper, der Grad der DÄMONEN in einem zusammengesetzten, sinnlich nicht wahrnehmbaren Körper, der Grad des MENSCHEN in einem zusammengesetzten, sinnlich wahrnehmbaren Körper. Unter ihnen gibt es drei Gattungen von Geistern: UNVERSTÄNDIGE, VERSTÄNDIGE und VERNÜNFTIGE. Die vernünftigen Geister fließen in die verständigen, die verständigen in die unverständigen. Diese Unterscheidung entnehmen wir ihrem jeweils ausgeführten Akt und der ihm nächsten Potenz gemäß der Werkzeuge, die ihr zur Verfügung gestellt sind, nicht aus der Natur selbst und der einen Substanz, da diese sich allem gemäß verschiedener Zahlen mitteilt.

II. Im Bereich der Dinge stellt der Intellekt, der unterscheidet, einteilt und ordnet, das zu Betrachtende vor die drei Augen der vernünftigen Überlegung: die STRUKTUR der Substanz, die VIELHEIT der Eigentümlichkeiten und die GRÖSSE der Handlungen. Des weiteren DARSTELLUNGSFIGUR, ZAHL und MODUS, aus denen, wie die Platoniker erklären, drei Ingenien abgeleitet werden. Aus dem Begriff der Darstellungsfigur das PHILOSOPHISCHE Ingenium. Aus dem Begriff der Zahl das MUSIKALISCHE, und aus dem Begriff Modus das LIEBENDE.

III. In einem dreifachen Sitz (aus dem heraus ihr alles leicht zugänglich wird) übt die Seele drei Kräfte aus. Die erste Kraft, die VERSTÄNDIGE, erhielt ihren Sitz am höchsten Punkt des Körpers, gleichsam im Himmel, und erglänzt äußerst frei von den Anstößen der unstet fließenden Materie im Haupt, das an einer hervorragenden Stelle des Körpers liegt und die übrigen | Gliedmaßen beherrscht, die ihm untergeordnet sind. Die zweite, die SEELISCHE, liegt rings um Herz und Lunge, wo gleichsam die mittleren Regionen von Feuer und Luft miteinander vermischt werden. Die dritte, die NATÜRLICHE, ein von der Materie ganz und gar gefangenes Vermögen, ist rings um Niere und Leber angebracht, wo feuchte und erdige Substanz vorherrschen.

IV. Der Zahl, der Größe und der Bewegung untergeordnete Dreiheiten

Wir haben im Allgemeinen in der Gattung der Quantität, nachdem alle Hinsichten und Betrachtungsweisen angenommen wurden, folgende Dreiheiten:

Grenze	Teil	Ganzes
Nichts	Etwas	Alles
Erfassendes	Erfaßtes	Angeglichenes
Fehlendes	Ausreichendes	Überschüssiges
Ende	Endliches	Unendliches
Armut	Vermögen	Reichtum
Mangel	Fülle	Überfluß
Spärliches	Mäßiges	Verstreutes
Bescheidenes	Großartiges	Hochmütiges
wenigstens	völlig	darüber hinaus
Geiziges	Freigebiges	Verschwenderisches
Unfruchtbares	Fruchtbares	höchst Fruchtbares
Gewinn	Ausgabe	Verlust
Verminderung	Bestand	Vermehrung
Weggenommenes	Zugrundegelegtes	Beigelegtes
Abgezogenes	Unverändertes	Hinzugefügtes
Fehlendes	Genügendes	in Fülle Vorhandenes
Unterscheidung	Teilung	Vereinigung

Setzung	Vergleichung	Übertreibung
Unterlegenheit	Gleichheit	Überlegenheit
Fehlerhaftes	Mittelmäßigkeit	Unmäßiges
Kraftloses	Angemessenes	Ausgezeichnetes
Unvollständiges	Vollständiges	Übermäßiges

V. Der Zahl werden untergeordnet

Einheit	Zweiheit	Pluralität
Einzigartigkeit	Gleichheit	Ungleichheit
einzeln	zweifach	vielfach
eines nach dem andern	gruppenweise	alles auf einmal
ausgesucht	zusammengesucht	zerstreut
Wenigkeit	Mehrheit	Vielheit
Unteilbares	Teilbares	Unzählbares
Zählendes	Zahl	Gezähltes

VI. Der Größe werden untergeordnet

Minderheit	Gleichheit	Mehrheit
Länge	Breite	Tiefe
Linie	Fläche	Körper
Kürze	Angemessenheit	Weitläufigkeit
Zusammenziehung	Bestimmung	Trennung
ohne Dimension	Dimension	über aller Dimension
Unschneidbarkeit	Schneidbarkeit	Undurchdringlichkeit
Großes	Größeres	Maßloses
Kleinstes	Wenigeres	Größtes
Kleinheit	Größe	Übergröße
Winzigkeit	Erheblichkeit	Unermeßlichkeit
Anfang	Wachstum	Vollendung

Grenze als Ort	Raum als Ort	Zeit
Bewegung	Ruhe	Wahrnehmung	

VII. Die Anwendung der Dreiheiten

Schließlich ist in allem die Reihe von Anfang, MITTE und ENDE, nämlich des TÄTIGEN, der MATERIE und der FORMUNG.

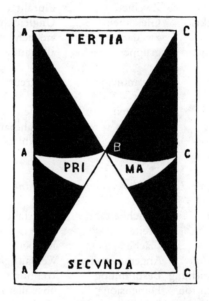

Zwischen zwei beliebigen Extremen (in jedweder Ordnung) gibt es eine Mitte.[70] Immer wenn man ein Drittes einem Etwas hinzufügt, wird nach der Mitte gesucht, welche beider Extreme teilhaftig sein soll. Denn es trifft sich, daß die Mitte dreifach ist. Weil sie erstens entweder dem einen [Extrem] unterworfen ist, dem anderen aber vorangeht. Oder zweitens, weil sie beiden Extremen vorangeht. Oder drittens, weil sie beiden unterworfen ist. Das Gesagte wird in dem zugrundegelegten Archetyp dargestellt, wo das eine Extrem A, die Mitte B und das andere Extrem C ist. Dort bezieht sich die Mitte B auf | das A zu seiner Rechten und dann auf das C zu seiner Linken. Und dies auf dreifache Weise. Erstens in den drei in der mittleren Ordnung quer und geradlinig aufgestellten Bestimmungspunkten. Zweitens in den drei nach oben hin aufgestellten. Drittens in den drei nach unten hin liegenden. Im Dreifachen vollenden drei Winkel die eine Figur, und drei Linien sind in diesem Raumabschnitt zu sehen. Nicht nur in der Gattung des Schlußfolgerns, sondern in der Ordnung jeder Wahrnehmung, der Anwendung und des Werkes,* im Fortschreiten und im Akt sollst du erkennen, daß diese dreigliedrige Figur Lehrerin, Helferin und Vollenderin ist. Immer enthält die Mitte entweder den einen der beiden Extreme und wird von dem anderen enthalten, oder sie wird von beiden enthalten, oder sie enthält beide. So fließt die höchste Welt durch die mittlere in die unterste, und die unterste steigt durch die mittlere zur höchsten hinauf. Berücksichtige dies der Reihe nach dort, wo das WORT zwischen dem REDENDEN und | dem HÖRENDEN vermittelt. Wo wir von den SINNEN durch den VERSTAND zum ERKENNBAREN selbst fortschreiten. Wo der GEIST als Vehikulum zwischen SEELE und KÖRPER vermittelt.

---

* An dieser Stelle wird in der Originalausgabe die Abb. von S. 54 wiederholt. Eine inhaltliche Notwendigkeit dazu besteht nicht. Deshalb wurde in dieser Ausgabe auf die doppelte Wiedergabe verzichtet.

KAPITEL V

Ich male die Figur der Vierheit, das Zeichen des Ozeans auf und beschreibe sie als Quadrat

Weiter ist die Figur der Vierheit klar und deutlich zu erklären, dreifach abgeleitet aus dem Tempel der keuschen Minerva. Für sechs Gottheiten werden im Heiligtum des Apoll heilige Bezirke abgeteilt, aus denen sich als erste die Figur des Ozeans[71] ergibt, der in sich selbst zurückfließt.[72] Diese, wie ich gesehen habe, bezeichnet so das Protheische. Es gibt einen Weg, der die Bezirke des taghellen Apoll und des nächtlichen Bacchus verbindet, und dieser will quadriert werden. Also muß vom Punkt der Grazien das Lot gefällt werden und die beiden Strecken [AB, AC] sollen gleich lang sein. Danach soll ein Kreisbogen jeweils die beiden äußersten Punkte der ersten Seiten umgeben, denn der gemeinsame Schnittpunkt jener beiden Kreisbogen wird zu einem Grenzpunkt in Bezug auf einen Kreis, in dem schließlich durch den Zusammenfluß jener beiden äußersten Punkte die Figur vollendet wird. |

Das Siegel des Ozeans

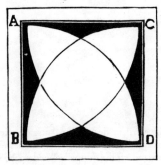

Hier lehrt das Siegel des Ozeans, daß es Vieles folgerichtig beweist. Daß man nämlich aus einem gesetzten Winkel oder aus einem Dreieck alle Arten des Parallelogramms ableiten kann, und daß jegliche zu umschreibende Figur nach der eingeschriebenen Figur sehr einfach und deutlich gezeichnet werden kann.

Gegeben sind Bacchus, Apoll und Charis, und zuerst soll ein rechter Winkel entstehen, wie uns der *Lehrsatz* des Winkelmaßes[73] als Erstes gelehrt hat: Daß, wenn der hohe Apoll den Bacchus umfließt und der untere Apoll die unsteten Grazien, die beiden Flüsse im Gebiet der schnellen Diana zusammenlaufen, an die Bacchus und die Grazien in gleicher Weise angebunden werden. Nach einem ähnlichen Verfahren wird ein Geometer potentiell, der jeweiligen Bedingung entsprechend, daß ein Winkel schon dargestellt ist, einen Rhombus und ein Parallelogramm erstellen können. |

Der Fluß, das Siegel der Nereiden,[74] *stellt das Quadrat dar*

Die fröhliche, unter den Meeresgrotten wohnende Nereide läuft bisweilen den Flußnymphen entgegen. Sie kennt unter ihrem eigenen Gesetz ein zweites, mit dessen Hilfe dem Kreis ein Quadrat einbeschrieben werden kann. Der Durchmesser richtet in seinem Mittelpunkt das Lot auf, (wie es der aufsteigende *Scheitelpunkt* gelehrt hat), sodaß der Durchmesser in zwei, der Kreis aber in vier gleiche Teile zerschnitten ist. Wenn jene Extreme [Punkte der Schnittlinien auf dem Kreis] zusammenlaufen werden, also Bacchus, Apoll und die Gebiete der verehrungswürdigen Diana, wird durch das einbeschriebene Quadrat das umschriebene gefunden. Wenn das Zentrum das Ende der Seiten des Bacchus und der Diana in einem zweifachen Kreis umfließt, zeigt der Sitz der Fortuna in dem nun offenkundigen Schnitt | der Kreise genau einen Punkt an. In ähnlicher Form wird der Punkt des Ganymed in Erfahrung gebracht, wenn die Grazien und Apoll das herumfließende Zentrum auf sich beziehen. Die übrigen Punkte sind durch einen geradlinigen Fluß für dich sehr leicht zu

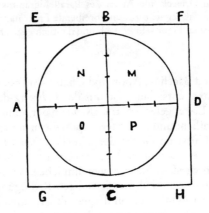

finden. So wird von Bacchus, Jupiter und Diana ein Dreieck begrenzt, und Bacchus, Diana und Fortuna bringen ein ebensolches zustande. Dies ist der Weg, auf dem du das Umschriebene und Verdoppelte bestimmen wirst. Bald umschreibst du ohne Mühe Quadrate, nämlich wenn die durch die Mittelpunkte der Seiten eines eingeschriebenen Quadrates geführten Linien verdoppelt werden, und nachdem die Radien selbst über den Kreis hinausgezogen worden sind: von Zeus zu Mars, zu Neptun, zu Okeanos und zum Gebiet des Pluto. Und diese verdoppelten Strecken berühren Fortuna und Erigone, so wie die untenliegenden Hermes und Ganymed.[75] Sie alle laufen durch einen vierfachen Weg, der den Kreis im rechten Winkel berührt, zusammen und schließen auf leichte Weise durch eine andauernde Ordnung die Figur ein, die kontinuierlich wächst. Wenn man immer auf gleiche Weise die Größe der angenommenen Radien verdoppelt, und wenn die eingeschriebene Parallele die umschriebene stützt, werden die Punkte der vier Radien ergriffen, diese ergreifen die vier Winkel des umschriebenen Vierecks und erstellen mit im rechten Winkel verbundenen Geraden eine ähnliche Figur.

Aether

Wenn ich das Siegel der Juno[76] zeichne, schreibe ich ein
Viereck aus gebogenen Linien einem Kreis ein und um.

Eine dritte heilige Figur wird für Juno geformt, mit vier
Hautpunkten, in denen zwei Durchmesser einen | Kreis bezeichnen sollen, so daß auf der einen Geraden Apoll den
Bacchus, auf der anderen die jungfräuliche Diana die reizenden Grazien berührt. Wenn der eine Grenzpunkt auf diesen
beiden Achsen den jeweils anderen umfließt, und zwar so,
daß jeder jeden umkreist, dann tauchen auf direktem Wege
vier Punkte auf, die auf noch unverbundene Weise gegeben
sind (dort, wo sie viermal einen Kreis schneidend zusammentraten): die vier Punkte heißen Fortuna, Erigone, blonder
Ganymed und Hermes. Wenn Apoll die Grazien umkreist,
bleibt er in Bacchus stehen, und die heilige Diana und die
Grazien berühren Bacchus, Bacchus aber berührt die heilige
Diana und läuft bis zum Ursprung des Apoll hin. Dann soll
Apoll durch das Herumfließen der Diana umfangen werden.
Wenn dies geschickt gemacht worden ist, wird nun die Figur
von einem Kreis umschlossen. Wenn Bacchus Fortuna umfließt auf dem schon gezogenen Bogen auf dem Kreis des
Apoll, und die mächtige Fortuna das Gebiet des Apoll kreisend durchzieht, welches im heiligen Bereich der Erigone
enthalten ist: dann soll der große Apoll, der im Tempel des
Bacchus steht, die Erigone umgeben, und Erigone Bacchus,
ohne über Fortuna hinauszulaufen. Weiter soll Ganymed die
Grazien so umgeben, daß er auf dem Gebiet des Hermes stehenbleibt. Die Grazien sollen um Hermes herumlaufen bis
zum Heiligtum der Diana, und diese läuft nun durch Hermes
bis hin zum schönen Ganymed, um den herum Diana bis zu
den Grazien vorgedrungen ist. | Der innere Bogen wird verdoppelt werden zu einer Form auf der Ebene, und jener
äußere vierfache Bogen wird geformt, der den Kreis berührt
und die Figur einschließt, mit vier dem Kreis nahen und vier
von ihm entfernten Spitzen.

So wurde die viereckige Fläche im Einzelnen beschrieben, die Thetis, Nemesis, Vulcanus und Isis[77] begrenzen (wenn die eine Gottheit an ihrer benachbarten nicht vorübergeht). Wenn Bacchus Nemesis, Diana Thetis, die Grazien Vulcanus und Apoll Isis im Kreis verfolgen, wird in den Kreis eine viereckige Figur mit ihren Bögen eingeschrieben.

Das Ausmaß der inneren Fläche des verdoppelten Bogens ist so groß wie der Abstand der süßen Charis, der Diana, des Bacchus und des Apoll von den vier Sternspitzen, die zum Zentrum werden für die Bögen, mit denen die äußeren Bögen wieder verdoppelt werden.

Analogie zwischen Vierheit und Viereck

Sehr viele sind die Geheimnisse der Vierheit, sie sind in den geheimen Siegeln der Zauberer und Priester enthalten. Pythagoras preist das Siegel der Zehnheit als Anfang und Quelle. Und was diese aktuell ist, scheint die Vierheit potentiell zu sein. Jeder Teil der Vierheit ist für sich betrachtet worden, durch die Einheit, die Zweiheit, die Dreiheit und die Vierheit, und so geht daraus schließlich die Zehnheit hervor.

Die Vierheit ist das Erste, was in der Natur der Raumkörper gefunden wird, wenn den körperlichen Dingen Zahlen als ihr a priori angepaßt werden müssen. Weil die Monas den Punkt gibt, und | die Zweiheit den Fluß des Punktes, und diese dann ausgestreckt wird in die Ebene der Dreiheit; so begründet schließlich die Vierheit die Körperlichkeit. Das Viereck ist als erstes gleichmäßig gleich, der Typus der Gerechtigkeit und die eigentümliche Figur der Häuser.

Und obwohl Gott selbst sich der ungleichen Zahl der Dreiheit erfreut, entfaltet er sich selbst dennoch tief durch die Vierheit in allen Dingen: so drängt er sich schließlich in das Körperliche um seiner Begreifbarkeit willen.

Desgleichen, wie vom Erdmittelpunkt die Flüsse herausfließen, so bilden sie auch aus dem einen Körper des Stammes Zweige, in denen der Saft des Lebens über den ganzen Wirkkreis hin ausgegossen wird. Umgekehrt gehen die Wurzeln zu den Quellen, und so erneuert die Mutter Natur alles wie in einem Kreislauf. Dieser alles wiederherstellende Kreislauf aber scheint verborgen.

Der Lauf des Jahres dreht sich auf vier gewaltigen Rädern, damit der Wagen der göttlichen Mutter alles trägt.

Sie befiehlt, daß ihr Altäre mit vier Ecken erbaut werden und die vier Winkel wohlriechenden Weihrauch verströmen sollen. Aber wenn sie fordern sollte, daß Heiliges einer anderen Gattung geopfert werde, muß man Fett verbrennen, von dem der Rauch aufsteigt und den Weg zu den Sternen zeigt. Von der Mitte aus gibt es vier Aufenthaltsorte der Sonne, und ebensoviele sind die Anfänge der Dinge in den Hauptrichtungen der Welt. Daher kommt die vierfache Potenz der Elemente, und die vierfache Kraft, die die Natur, Erzeugerin aller Dinge, ihnen eingedrückt hat. Der Lebenskreis hängt also deutlich von vier Ordnungen ab, | die die Tore der Morgenröte und die Schwelle der finsteren Nacht bestimmen, aus der die Sonne, die den Raum des mittleren Olymp durchwandert hat, ihren Kurs anläuft, mit geneigtem Wagen, in der Anstrengung nachlassend; und dann gehen die Hornfüßigen,[78] die das allmächtige Feuerlicht ziehen, den Keuchen verursachenden Aufstieg an. Denen, die die Vierheit dem Archetyp der Welt beilegen, wie es auch der Samier[79], jener Vater der Weisheit, vermutete, hatte er etwas in den erdgeborenen Augen der Menschen angemessener Weise deutlich machen können, indem er lehrte: In die Vierheit entfaltet sich die Monas auf allmächtige Weise zuerst. Und das vierfache Geschlecht der Dinge liege daher vermittels der Monas der wohltätigen Natur zugrunde. Sie sei das beste Bild der ersten Monas, in deren Angesicht sie lebendig eingedrückt ist. Durch die körperliche Welt selbst hindurch erscheine sie ausgedrückt, und es gebe dort das, was nach dem Beschluß des Fatum in der sicheren Ordnung des Beweglichen und Gleichbleibenden ist, von dem wir sagen, es sei wie Natur, wie Kraft, wie Fortuna, und wie der Wille.

Die Beweglichkeit des Ganzen ist vierfach, und sie liegt daher in den Teilen begründet, in der Mitte, von der Mitte her, zur Mitte und um die Mitte herum. In einem ständigen Fluß befindet sich das Rundherumgeführte, wenn ein je verschiedener Unterschied hinzugefügt wurde, in Bezug auf das Zentrum in einem Ausfluß und in einem Einfluß. Wie bei der Sonne, die in der Mitte der Leuchten der Welt steht, und um die herum das Angesicht der vielfältigen Sphäre wandert: eine helle durchsichtige Substanz ermöglicht, daß es sich der Sonne zuwendet in einer heiteren Begegnung; der Sonne, die das, was von ihrer eigenen Art ist, sehr lieben soll. Die Mengen kalter Massen, die die Erde und auch die Ozeane ausstoßen, werden in einem flammentragenden Gewölk aufgelöst, wie es scheint, und die Teile werden von dem einen zweifachen in den anderen zweifachen Kreis gebracht. Vater und Mutter, wenn sie an ihrer ewigen gegenseitigen Verbundenheit festhalten und einander die Wunden der Liebe zufügen, hängen, und dies scheint nach allen Seiten so, ganz und gar wie gefesselt in engster Verbindung aneinander, so daß | auf diese Weise der eine Körper sich ganz mit dem anderen verbinden kann. So daß, wenn er es könnte, der eine mit seinem ganzen Körper den anderen ganz verschlänge. Alle vier Jahreszeiten sind Zeiten für Nachkommenschaft. Daher ist die Ejakulation fortwährend möglich, und es werden ebenso immer Samen ausgeschickt, wie sie auch empfangen werden: Andauernd, wie auch die eine Lust der himmlischen Götter fortwährend sein soll. Daher erfreut sich der eine aus verschiedenen Teilen bestehende Körper einer wunderbaren Lust, wie sie ihm entspricht. Aber eine einzige Sonne macht aus dem Zentrum der Welt mehreres fruchtbar, und sie hat wie ein einziger Mann, Macht über die erzeugenden Erden. Freilich genügt einer Frau ein einziger Mann, aber die Kraft des Mannes ist nicht an eine einzige Frau gebunden, damit die Samen nicht vergeblich gegen das Gesetz der Natur ausgestoßen werden, wenn er seinen Samen nicht vergeuden und einer unfruchtbaren Gebärmutter anheim geben will. | Sie empfängt immer und gebärt immer, die selige Mutter Natur; zeige

dies von den vier Himmelsspitzen, wie du in verschiedene Teile die Jahreszeiten einteilst: Sommer, Winter, Herbst und Frühling, und man zählt die vier Solstitien[80], die dieser so große Kreislauf, wenn er in sich zurückgeht, beschreibt. Du erfaßt eine große, durch die Lüfte hindurch zusammengefügte Bahn, die durch die tägliche Bewegung so oft herumgewälzt wird, daß du, wenn sie auf ein bestimmtes Zeichen des großen Kreislaufs zurückgelangt ist, einander sehr ähnliche Jahre erhältst und so auf sinnliche Weise das Äußerste mit dem Zentrum verbindest.

Die ganze vierfache Erzeugung strebt zum Sein, das sie zuerst als nacktes und reines will, und auf einfache Weise. Sie erstrebt es als das Lebendige unter Ausübung ihrer belebenden Kraft, sie begehrt zuerst durch eine der Sinne teilhaftigen Fähigkeit geformt und schließlich mit dem Licht der Vernunft erfüllt zu werden.

Und vierfach nimmt der Verstand an, daß ein Unendliches sei: als ein Erstes in Bezug auf das Vermögen eines in höchster Tätigkeit befindlichen Geistes und Aktes. Dem folgt das Konzept einer fortwährenden Abfolge von Dingen. Dann das Konzept einer unzähligen Zahl und das des grenzenlosen Riesenbaus der Welt.

Die platonische Schule kannte ebenfalls vier Welten, als erste die göttliche. Die zweite nennt Platon die archetypische. Die dritte, die etwas formt, wird die seelische genannt, die vierte die körperliche. Gott gilt als die erste Substanz und die Monas per se. Dann kommt die Vernunft, nach dem Willen Gottes selbst erzeugte Monas, die durch die weite Zahl der Götter hindurch verstreut ist. Nach ihnen erscheint die Seele, die Formerin der Materie. Die Materie schließlich erfüllt mit ihrem unendlichen Körper einen unendlichen Raum, in ihren unzähligen Teilen bleibt sie die eine.

Und Zahl, Gewicht, Maß und Figur | geben den Dingen Folge und Bewegung, Größe und Art. Daher stammen die Ordnung, die Kräfte, die Hypostasis und die Vergesellschaftung der Dinge für die Gattung, die Form, das Zusammengesetzte und das Vervielfältigte. Damit auf dem Land, im Meer, in der geräumigen Luft und im Feuer solche, die kriechen, die schwimmen, die fliegen und die, die sich drehen, seien und kräftig leben, fortdauern und sich fortpflanzen.

Die kabbalistische Stadt

Der Prophet hat die Welt unter dem Gesetz der Vierheit beschrieben, für das ein Haus von vier Seiten steht und ein Tempel, der sich in vier Ecken erhebt.[81] Nach einer vierfachen Ordnung seien da Säulen nach vier Himmelsrichtungen, und ebensoviele Lebewesen, nämlich Mensch, Stier, Adler und rotgelber Löwe. Dann die bekannten vier Gesichter, Flügel, Hände und ebensoviele Mäuler, und für jedes einzelne vier Flächen in Gestalt von Rädern und ebensoviele Tische. Vierfach ist die große Bestie, und ebensoviele Handwerker zerbrechen die Hörner eines fremden Geschlechts.[82] Aus der Mitte zwischen zwei Bergen, die aus Erz gebildet sind, erheben sich die vier Winde, und vier Quadrigen und vier Hornfüßige, die mit vier Farben gefärbt sind: weiß, phönizischrot, schwarz und eine gemischte, die aus den vorigen entsteht. Die Flüsse, die aus dem Erdmittelpunkt entspringen, strömen über den ganzen Erdkreis, und sie besprengen mit ihrer gewundenen Masse seine gebogenene Oberfläche, machen sie reich und beglücken sie, wie sie sie auch mit trennenden Schranken durchziehen. Und wie aus den Adern eines Baumes überall der Saft vergossen wird, so stärken die Flüsse die Erdkugel mit ihrer verdichteten Kraft. |

Die Stufen der Vierheit

Erste Ordnung

Die Pythagoräer meinten, daß die Tetras die Fülle des Weltkörpers und der Weltseele bezeichne; sie nannten sie die vierfache Quelle der immerwährend fließenden Natur. Desgleichen erschien sie den Kabbalisten, den Magiern und den Chaldäern als eine der Gottheit angemessene Zahl, die der Natur der Dinge vorsteht: und davon ausgehend sagten sie, es gebe vier Welten. Eine erste, nämlich die einfachste Monas, die sie das GUTE nannten. Eine zweite, nämlich den INTELLEKT. Eine dritte, die LIEBE. Eine Vierte, die SCHÖNHEIT. Daher erfaßt nämlich der Intellekt das Gute, und es folgt der Akt der Liebe und die Reflexion auf die Schönheit. Die erste Welt nannten sie die URBILDHAFTE, die zweite die INTELLEKTUELLE, die dritte die SEELISCHE, die vierte die NATÜRLICHE. Die erste nannten sie GEIST. Die zweite INTELLIGENZ, bzw. Idee. Die dritte den GROSSEN DÄMON. Die vierte KOSMOS bzw. Welt. Und weiter: die erste nannten sie VATER, die zweite SOHN, die dritte SEELE bzw. Geist, die vierte BILD des Vaters, ÄHNLICHKEIT des Sohnes, TEMPEL des Geistes.

II. Die eine dieser Welten (sagen die Platoniker) fließt so aus der anderen wie auf dem Wasser ein Kreis von einem anderen abhängt. So entspringt aus dem LICHT das LEUCHTEN, aus dem Leuchten der GLANZ, aus dem Glanz die erzeugende WÄRME. Der Intellekt trennt sich zur Erschaffung der Seele nicht vom Vater, vielmehr gibt er die Potenz selbst und den Akt der Hervorbringung durch die Vereinigung, die er mit dem Vater hat, hinzu. Dann wird die intellektuelle Seele, die in enger Verbindung mit dem höchsten Intellekt steht, befruchtet zur Hervorbringung der lebendigen Seele. Diese schließlich ist das Leben des Körpers und sie wird erfüllt mit Samen und Formen (mit denen sie die Materie dieser Welt erfüllt), | insofern sie von jener Seele, deren Bild sie ist, abhängt. Aus jener ihr komplementären Größe der Materie kommt die vierte, diese wahrnehmbare Welt.

III. Dort in der ersten Welt kann man das Gute JENSEITS DER RUHE[83] betrachten. Die Ruhe entsteht auf Grund des Guten. In der zweiten Welt ist der Intellekt DIE RUHE selbst. In der dritten Welt ist die intellektuelle Seele das ERSTE RUHENDE. In der vierten Welt ist das Leben ein TEILWEISE RUHENDES Bild von jener vorigen, insofern sie offensichtlich aus ihr entsteht; TEILWEISE BEWEGLICH ist sie, insofern sie mit den Körpern verbunden ist, deren Eigentümlichkeit es ist, beweglich zu sein.

IV. Die erste Welt wird nie und ist immer, das heißt, sie ist absolut. Die zweite ist immer und schafft immer. Die dritte ist immer und wird immer. Die vierte ist nie, aber wird immer.

V. Die erste Welt ist die Quelle und die Form der Güte. Die zweite ist das Bild jener Güte. Die dritte ist Form und Quelle des Lebens. Die vierte ist Bild und Ausfluß des Lebens.

VI. Daher vielleicht nimmt man die Erfahrung, daß der Name Gottes bei den Völkern nach altem Brauch vier Buchstaben hatte. Besonders aber bei den Kabbalisten gab es den unaussprechlichen Namen Gottes aus dem zehnten, dem fünften, dem zehnten und dem sechsten Buchstaben des hebräischen Alphabets, an dessen Stelle allerdings ein Name aus dem ersten, vierten, vierzehnten und zehnten [Buchstaben des Alphabets] ausgesprochen wird.[84] Und so bezeichnen die, die wir als die Hauptsprachen kennen und die, die näher an den ursprünglichen und primitiven Sprachen liegen, Gott mit einem Namen aus vier Buchstaben[85] : für die Hebräer heißt er JAHWE und ADONAI, THOT für die Ägypter, ORSI für die Magier, SIRE für die Perser, TEOS für die Griechen, DEUS für die Lateiner, ALLA für die Araber, GOTT für die Germanen, DIEU für die Franzosen, DIOS für die Spanier, IDIO für die Italiener. Dies sind Völker, deren Sprachen heute sehr gebräuchlich sind und die als einzige wirklich zu sprechen scheinen. »SO IST'S, BEI DER VEREHRUNGSWÜRDIGEN VIERHEIT« bestätigten die Pythagoräer, wenn sie schwuren. Man berichtet, daß die, die alles mit Zahlen bezeichneten, deshalb so verfahren seien, weil die Zahl vier alle Unterschiede der Zahlen enthalte, indem sie die erste gerade und die erste ungerade Zahl umfaßt. Und weil sie durch ihre vier Bestimmungen im Fortgang der Zahlen die Zehnheit erfüllt. |

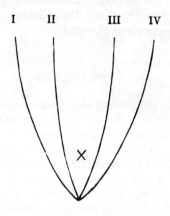

Durch dieselben vier Bestimmungen erfüllt die Zahl vier die Grenze und die Folge der Dimensionen. Unter dem Horizont des Quaternars erkennt man außerdem jede musikalische Konsonanz:[86] den DIAPASON[87], den DISDIAPASON[88], den DIAPENTE[89] den DIATESSERON[90]. Vierfach ist die Essenz: ABSOLUT, IDEAL, MIT DEN DINGEN GEEINT, VON DEN DINGEN ABGEZOGEN. Vierfach ist der Modus des Seins: METAPHYSISCH, PHYSISCH, MATHEMATISCH, RATIONAL. Vierfach ist die Kraft: GÖTTLICH, VERNÜNFTIG, SEELISCH, KÖRPERLICH, ferner einfach aktiv, einfach passiv, sehr aktiv, sehr passiv. Die Kraft ist erstens im reinen Akt. Zweitens in der reinen Potenz. Drittens in den einfachen zweiten Substanzen. Viertens in den zusammengesetzten und erzeugbaren Dingen. Vier sind in allem, was eine Supposition hat: Die ESSENZ, SEIN, KÖNNEN und TUN, d. h. das, WORAUS SIE SIND, WAS SIE SIND, WAS SIE KÖNNEN, WAS SIE TUN. Vierfach wird in ihnen die Tätigkeit unterschieden: eine GÖTTLICHE, eine NATÜRLICHE, eine ZUFÄLLIGE, eine KÜNSTLICHE. Aus der ersten folgt ein auf einfache Weise notwendiger Effekt. Aus der zweiten ein nach der Gattung notwendiger. Aus der dritten ein auf einfache Weise kontingenter. Aus der vierten ein nach Belieben zufälliger. Vier sind die Merkmale der Einteilung. Absolut über allem. Verschränkt in allem. Im Meisten unbestimmt. Bestimmt in Bezug auf das Meiste. |

Zweite Ordnung

Platon teilt in seinem Werk »Der Staat« (wo er die Meinung der Magier und des Timaios wiedergibt) die Linie, die die Ordnung der Dinge bezeichnet, in vier Teile.[91] Er sieht sie als die eine Linie, in der er durch gewisse Vereinigung in einem auf einfache Weise Einen und durch die Emanation aus einem einfachen Einen, das das wahre Prinzip ist, jene lieblichste Verbindung erkennt. Diese Linie wird in vier Teile geteilt. Zuerst in zwei Teile, die in die Gattungen des Sinnlichen und des nicht Sinnlichen unterschieden werden. Dann wird die nichtsinnliche Gattung in denkbare und erkennbare Dinge geteilt, d. h. in die Welt der göttlichen Formen und in die der mathematischen Formen, die er ebenfalls (anders als man dies gewöhnlich erkennt) in der Gattung der Substanz versteht. Die sinnliche Gattung wird in substantielle und vorstellbare Dinge geteilt, d. h. in die körperliche Welt und in die, die aus den Bildern und Schatten der Körper besteht. Hier soll dich nicht das komödiantische Gelächter des Aristophanes[92] abschrecken, der die Philosophen, die die Schatten und Wolken gleichsam für eine Gottheit halten, verfolgt, weil sie nicht, wie das gemeine Volk, den Schatten für eine bedeutungslose

Sache zu nehmen pflegen. Was ist schon die Finsternis anderes als Schatten?[93] Außerdem verstehen die Physiker und Astrologen, daß er die Ursache und Verhinderung vieler Dinge sei. Warum ist der Schatten des Wacholders, der Ulme, der Weide, des Lorbeerbaums und des Ölbaums gut, der des Taxus, der Zypresse und der des Nußbaums aber schlecht? Obwohl Hosea sich über widerwärtige Opferzeremonien beklagte, opferten sie auf den Gipfeln der Berge (wie er sagte), sie entzündeten Thymian auf den Hügeln, unter den Eichen, Pappeln und Therebinthen, weil deren Schatten gut war. Dachte Salomon vielleicht nichts, als er sagte: Unter dem Schatten desjenigen, den ich begehrt hatte, saß ich?[94] Ist das vielleicht nichts, was über Simon Petrus von den anderen Galiläern berichtet wurde? Wenn Petrus kam (berichtet Lukas), dann wurde allein durch seinen Schatten einer von denen, die an einem Übel litten, | sofort davon befreit, und zwar indem sein Schatten auf ihn fiel.[95] Was ist das, was die Magier uns lehren, daß nämlich der Schatten des Zauberers und Beschwörers auf den Bezauberten und Beschwörten eine Wirkung ausübe? Und daß wir uns vor dem Schatten böser Menschen in Acht nehmen müssen? Bei uns ist es üblich, einen unglücklichen Mann oder eine unglückliche, merkwürdige und unheimliche Frau einen bösen Schatten zu nennen. Es wird berichtet, daß eine Hyäne, die den Schatten eines Hundes betritt, diesen verschlingt, nachdem sie ihn von der Höhe heruntergeschleppt hat. Es wird ebenso berichtet, daß die Magier durch den Gebrauch einer Spur dessen, den sie binden oder lösen wollen, sich einen Zugang und Eingang in seinen Körper oder in seine Seele, die sie beeinflussen wollen, verschaffen. Es ist nicht unbedeutend, was in dem Buch Hiob[96] (in dem die tiefsten Geheimnisse der Chaldäer enthalten sind), über Behemot gesagt wird: er schläft in einem abgeschiedenen Winkel des Schilfs und im Sumpf beschützen die Schatten seinen Schatten. Was also noch? Der Schatten ist ein Prinzip, gegen das Licht hin abgegrenzt,[97] und er mildert das Licht in der Hervorbringung der zusammengesetzten Dinge ab. Die Erde ist nur kalt wegen des Schattens, so wie die Sonne nur heiß ist wegen des Lichts. Die Kälte kommt nämlich nicht aus dem Inneren der Erde auf ihre Oberfläche[98], oder wird von der Sonne in ihren innersten Kern zurückgedrängt. Es ist so, daß das Innere der Erde, wie auch das anderer Lebewesen, erwärmt wird durch einen angeborenen Lebensgeist und eingeborene Wärme.[99] Dort werden die Wasser nicht mehr durch Kälte verdickt und verdichtet, als das Blut im gesunden Körper der Tiere. Wie das Wasser an der Oberfläche, so verdichtet sich auch das Blut der Tiere außerhalb ihres Körpers. Denn wenn die Kälte aus dem Zentrum oder aus dem Inneren der Erde hervorkäme, oder auch nur aus irgendetwas anderem als aus der Wirkung des Schattens selbst, dann würde sie ja in den weiter innen liegenden Teilen wirksamer gefunden werden. Wenn das aktive Prinzip mit dem Licht und der Wärme der Sonne in Verbindung gebracht wird, ist es gleichsam der Vater; der Schatten mit der Kälte der Erde zusammen sozusagen die Mutter. Die Kälte also, die unter dem Titel des Prinzips in einem zugrundeliegenden Körper gerühmt wird, würde, weiser noch mit Moses, den Chaldäern und Magiern, gerühmt als der Schatten, der die Kälte erst aussendet. In der Wirkung von Brennspiegeln sehen wir die Fähigkeit, durch einen einfallenden Lichtstrahl in brennbare Dinge Feuer hineinzubringen. Ebenso | entsteht der Eindruck einer gegensätzlichen Kraft aus der aktiven Potenz eines vorhergehenden Schattens. Wir haben hier mehr als genügend gezeigt, auch für einen mittelmäßigen Geist, damit er die reale Unterscheidung einer im Schatten liegenden Welt von einer wahrnehmbaren Welt verstehe und auch, wie ein Einfluß von der Schattenwelt auf die physische Welt sehr wirksam ausgeübt wird. Wir erkennen nicht verkehrt, daß die Schatten eine aus zusammengesetzten Körpern ausfließende Kraft sind, auf Grund der Wirkung der in einer bestimmten Weise zusammenkommenden Prinzipien, wie auch andernfalls das Licht, wenn die selben Prinzipien zusammenkommen (was am Karfunkel und an den durchscheinenden Körpern zu sehen ist, welche bei uns entweder durch sich selbst leuchten, oder dadurch, daß sie weniger an der Dunkelheit teilhaben, leichter zu beleuchten sind) in der ebensolchen Weise von ihrem Körper ausgestreut wird. Es steht fest, daß die Einteilung der Welt so zu denken ist: ERKENNBARE, DENKBARE, WAHRNEHMBARE und IM SCHATTEN LIEGENDE Welt. Das Licht ist auch in den vier Welten vierfach: SICHTBARES, RATIONALES, INTELLIGIBLES und GÖTTLICHES Licht. Das Licht ist eine unkörperliche Form, die allem einwohnt. Es wird in die entferntesten, tiefsten und härtesten Körper hineingesenkt und sammelt sich um sie. Denn es dehnt und streut sich nicht mit der Reichweite des Urteils, welches aus unserem sinnlichen Wahrnehmungsvermögen kommt: es hörte dann ja sozusagen dort auf, wo es aufhört, von unserem sinnlichen Vermögen wahrgenommen zu werden. Wir sehen das Licht im Traum mit geschlossenen Augen mitten im Dunkeln, weil eine Spur und ein Bild der Welt und des äußeren Lichts in uns ist. Die Seele selbst ist ein gewisses Licht durch sich und für sich, und sie leuchtet durch sich selbst. Das aber erklären wir ausführlicher, wo wir vom Leben der vielfältigen Welt[100] geschrieben haben. Es werden vier Gattungen von Dingen bezeichnet: DURCH REINES LICHT, DURCH DUNKLES LICHT, DURCH HELLE DUNKELHEIT und DURCH REINE DUNKELHEIT.

Vier sind die Arten göttlicher Begeisterung in der rationalen Welt, die des BACCHUS, die des APOLL, des MERKUR und der VENUS; nämlich die PROPHETISCHE, die POETISCHE, die MUSISCHE und die EROTISCHE. Vier sind die Gaben der Seele, die von diesen Göttern und Arten der Begeisterung her kommen, erstens das BEGREIFEN oder Aufnehmen, zweitens die weise oder kluge PROPHEZEIUNG, ohne jene dumme Raserei, von der es heißt: »der Prophet ist von Bacchus besessen, als ob er aus seiner Brust den großen Gott herausgelassen haben könnte."[101] |

Drittens die beharrliche ERINNERUNG an die Wahrnehmungs- und Erkenntnisbilder, die der Bote unzähliger Worte, der Herold unendlicher Absichten, der willfährige Interpret des Geistes ist. Und viertens, der GEBRAUCH DER WORTE.

Dritte Ordnung

Was in der Mathematik PUNKT, LINIE, FLÄCHE und RÄUMLICHE TIEFE ist, das ist für den Naturphilosophen: SAMEN, VERWANDLUNG, FORMUNG, ZUSAMMENSETZUNG oder Verknüpfung. Zuerst kommt der unteilbare und kleinste Samen. Als zweites wird er in die Länge gedehnt. Drittens nimmt er die Form einer Fläche an. So wie die Linie sich in die Fläche ausbreitet, so entfaltet sich die Materie zu einer formaufnehmenden Größe. Viertens vollendet die räumliche Tiefe die Zusammensetzung, weil der dritten Dimension darüberhinaus keine vierte hinzugefügt wird.[102] Hier wird durch das Zusammenwirken der Prinzipien eine gewisse Komplexion gebildet, die einer räumlichen Kugel ähnlich ist.

Nachdem (sage ich) der Fortgang, von einem Prinzip aus, die Unterschiedenheit bewirkt hat (weil er sich ja aus der Monas oder dem Punkt in die Zweiheit oder Linie entfaltet) erzeugt die Abweichung Entgegengesetztes, und es folgt in derselben Gattung die größte Entfernung: Höhe, Tiefe, Rechts, Links, Innen und Außen, Größtes und Kleinstes. Diese Extreme und Gegensätze laufen ohne ein Medium[103] nicht zusammen (wie man in den Stufen der Dreiheit sehen kann), um irgendetwas hervorzubringen und um eine Reihe, Ordnung und Verknüpfung zu vollenden. Jenes Medium muß notwendigerweise in einer gewissen Ausdehnung bestehen; im Unteilbaren können keine gegensätzlichen und auch keine verschiedenen Körper einen Abstand voneinander haben, und sie können nicht mehr als einander nächste, benachbarte und zusammenhängende sein, und ein Eines im Zugrundeliegenden.[104] Ein Medium, welches sich nur auf das eine Extrem bezieht, bezieht sich nicht auf das andere. In einem doppelten Terminus also hat das Medium mit beiden Entgegengesetzten einen doppelten Zusammenhang und eine doppelte Gemeinschaft; weil es aber zwischen den beiden Extremen liegt, soll das Medium für sich aus einem doppelten Terminus die Unterschiedenheit und seine Eigentümlichkeit beziehen. Daher ist das Medium doppelt, und weil es in der ganzen Ausdehnung besteht, von den weitest entfernt liegenden Teilen der Extreme | gleich weit entfernt. Und so beschaffen ist der ganze Zwischenraum A B, von welchem die Punkte C und D gleich weit abgerückt sind. Und jene unteilbare und punkthafte Mitte liegt in E, welches einmal von den äußersten Extremen D und C, und dann von den nächststehenden Extremen A und B gleich weit entfernt ist.

CA	AE	EB	BD
C	A	E	B	D

Hier hat das Medium gemäß der Ausdehnung teil an den Extremen. Das punkthafte Medium ist von den Extremen eher ausgeschlossen und hat überhaupt keinen Anteil an ihnen. Es findet eine Anordnung des Mediums von Punkt E zu Punkt B und dann zu D statt: von Punkt E verläuft die Anordnung zu Punkt A und dann zu C. Es ist also notwendig, daß das Medium in zwei Teile geteilt wird; aber es ist desgleichen nicht Teilhaber an nur einer Anordnung oder an einer gewissen doppelten dritten, die aus den beiden vorherigen folgt: das Medium fordert vielmehr, sage ich, eine Anordnung, durch welche es mit jeweils zwei Punkten zusammenstimmt und übereinkommt. Und es fordert eine Anordnung, durch welche es irgendetwas anderes von diesen zweien erhalten kann, was sie den beiden anderen wiederum mitteilen kann. A nämlich ist durch das, was es von C hat, D selbst entgegengesetzt; und B ist durch das, was es von D hat, C selbst entgegengesetzt. Das Medium bezieht sich also auf die Extreme, einmal als abgetrenntes Indifferentes, sodann als verbindendes Gemeinsames, dann als etwas Einzelnes durch sich selbst, und ferner als durch seine Eigentümlichkeit von den beiden Extremen Unterschiedenes. Gemäß der Unterschiedenheit der zweiten Qualitäten muß das Medium doppelt sein, so daß deren eine Qualität mehr mit dem einen Extrem, die andere mehr mit dem anderen Extrem zur Deckung kommt; die eine, sage ich, ist dort schwächer, hier stärker, und jene, die dort stärker ist, wird hier abgeschwächt. Also ist es notwendig, daß die Bedingung der ersten Gegensätze und der am meisten voneinander entfernten Extreme die vierfache Zahl der naheliegendsten Prinzipien begründet. |

Die Natur der vier Elemente[105] am Himmel

Die Astrologen betrachten die Natur der Elemente in den Tierkreiszeichen und in den Planeten. Alle Theologen und die Kirchenväter (außer denen, die mit den törichten peripatetischen Naturphilosophen ihren Geist eingeschüchtert haben und alle Sinne, unter Beifall für seine Metaphern, den Absichten des Aristoteles anheim geben) erkennen die wahren Wasser am Himmel. Und dort beobachten sie die Erde der Lebenden. Die Platoniker behaupten, daß nicht nur kraft einer Ursache oder eines Prinzips, sondern ihrer äußerst wahren Natur entsprechend, sich die Elemente am Himmel befinden. Das wahrnehmbare Licht und die lebensspendende Wärme (sagen sie) zeigen am Himmel die ausgezeichnetste Natur des Feuers. Jene feste und kräftige Stabilität und Dichte, durch welche der Mond und die meisten anderen Sterne die Sonnenstrahlen zurückzuhalten scheinen, zeigen die Natur der Erde. Desgleichen unterscheidet sich die Substanz des Mondes, der nicht aus sich selbst leuchtet, sondern wegen der Sonne, offenkundig von eben dieser, und nicht überall bildet die Verdichtung eines läppischen Quantums seines Körpers gleich den Körper eines leuchtenden Sterns. Aber wir zeigen anderswo, daß die Wasser und die Erden quer durch die unendliche Ätherregion so beschaffen sind wie auch der Körper unserer Welt, und wir haben auch einsichtig gemacht, wie der Körper des Mondes (der eine zweite Erde ist) uns reichlich mit seinem Licht versieht mit Hilfe seiner Wasser. Und so leuchtet auch der Körper der Erde (welche ein zweiter Mond ist) mit ihren Wassern ihm, und so erscheint das, was Festland ist, verdunkelt, wie auch das, was Festland auf dem Mond ist, von hier aus verdunkelt erscheinen muß. Wir zeigen, daß Venus, Merkur und alle Planeten, die um die Sonne herumlaufen, wie auch unsere Welt, von derselben Art sind. Wir schauen freilich nicht auf den Unterschied in den Teilen, welcher uns entschwindet wegen der zu großen Distanz, und die allzu leichte Aufhebung der dunklen Zwischenräume würde die Kugel des Universums zu einer höchst leuchtenden Art eines kleinsten Körpers, der durch und durch leuchtet, verwandelt haben. Wir haben bewiesen, wie der Sonnenkörper und | der Körper anderer Sterne (die Fixsterne sind) sich durch die Art des Elements (nämlich Feuer oder Licht) in ihrem überreichlichen Vorkommen in der Zusammensetzung von der Art des Mondkörpers oder dem der Erde unterscheiden. Daraus wird deutlich, daß kein Körper ohne Wasser eine Vereinigung der Teile erlangt, und daß kein Feuer ohne Feuchtigkeit besteht oder leuchtet. Es gibt nirgends eine Flamme und auch keine Kohle, außer dort, wo auch noch die Feuchtigkeit mitbrennt. Und ein ganz trockener Körper besitzt weder Feuer noch kann er sich entzünden. So hat auch zu unseren Zeiten (freilich nicht ganz aus eigener Überlegung, sondern aus den induktiv gewonnenen Prinzipien seines eigenen Widersachers Aristoteles) Telesio aus Cosenza[106] gewagt zu behaupten, daß das Feuer von feuchter Natur sei, was er keineswegs auf unfruchtbare Weise weiterverfolgt hat. Aber nicht, wie es angemessen ist, zu Gunsten der Wahrheit einer Sache, sondern wie es ihm paßte, indem er mit dessen eigenen Prinzipien die Physik des Aristoteles widerlegen wollte. Aber genug davon. Was die Erkenntnis der Natur der Luft im Himmel betrifft, wer sieht nicht, daß derselbe zusammenhängende Raum sich gleichförmig erstreckt bis zu den Sternen von höchster Sichtbarkeit und bis zu den Sternen von kaum noch erscheinender Größe? Wer dies nicht sieht, der hat keinen Sinn und keinen geordneten Verstand, sondern nur jene dumme Phantasie von jener einen herumkreisenden gestirnten Kugel, wegen seiner Begriffsstutzigkeit gegenüber der täglichen Bewegung der Erde um ihr eigenes

Zentrum und gegenüber ihrer jährlichen um die Sonne nach der Art der anderen Planeten. Aus dieser Unwissenheit sind jene Myriaden höchst unbegründeter Überlegungen über die Bedingungen und über die Natur der verschiedenen Körper und ihrer Bewegungen entstanden. Wir haben aber darüber anderswo schon genügend gesprochen.

Die Natur der vier Elemente in der intellektualen Welt

In der intelligiblen Welt wird zuerst, wie durch Feuer, die DURCHSICHTIGKEIT der Denkgestalten im Licht betrachtet.[107] Zweitens, wie durch Luft, die DARSTELLUNG in einer mittleren Intention, die zwischen Objekt und Intellekt | vermittelt. Drittens folgt, wie durch Wasser betrachtet, das eine verbindende Kraft hat, die VEREINIGUNG des Erkenntnisobjekts mit der Auffassungsgabe. Viertens folgt schließlich, wie durch Erde, die stärkt, fixiert und befestigt, DAS BEISICHBEHALTEN.

Die Natur der vier Elemente in der geistigen Welt

Vierfach ist der Geist.[108] Der erste ist der ABSOLUTE, gleichsam im Ozean des Äthers. Der zweite ist im Körper der TIERE. Der dritte ist im Körper der PFLANZEN. Der vierte ist im Körper der MINERALIEN. Der mineralische (außer in den sehr reinen Arten des Metalls) besitzt eine Ähnlichkeit mit der Erde. Der der Pflanzen hat eine Ähnlichkeit mit dem Wasser. Der tierische eine Ähnlichkeit mit der Luft, die man atmet. Der absolute Geist hat eine Ähnlichkeit mit dem Äther. Der Geist ist aber (was ich hier nicht auslassen will) eine gewisse mittlere Substanz, durch die die Seele einmal beim Körper ist, und dann dem durch sie selbst organisierten Körper ihr eigenes Leben spendet. Alles lebt und wird durch diesen Geist erzeugt, der vierfach in allem vollkommen Zusammengesetzten gefunden wird, freilich nicht gleichermaßen gemäß allen Bedingungen in allem. Steine (sagen gewisse Leute) und Metalle scheinen nicht zu erzeugen, obwohl sie mittlere sind zwischen den Elementen und den Lebewesen, weil der Geist in ihnen durch eine rohere Materie in Schranken gehalten wird. Aber wir sagen von jenem Geist, daß seine Materie verborgen sei, und daher kann das Volk mit seinem groberen Sinn jene erzeugende Wirkung nicht erkennen. Aber es ist offensichtlich, daß jener Geist diese Fähigkeit keineswegs entbehrt: wenn nämlich gebührend unterschieden und beobachtet wird, wird er gleichsam als Samenkraft[109] ein ihm vollkommen Ähnliches erzeugen können. Er erzeugt gewiß ein ihm Ähnliches, wenn er sich nur in geeigneter Weise einer Materie seiner Gattung zuwendet. Und es ist nichts anderes zu glauben, als daß durch diesen Samenausstoß und die Samenaufnahme im Innern der Erde, wie in einer sehr geeigneten Gebärmutter, Steine erzeugt werden können. Die Seele der Metalle hat im Kupfer und im Eisen größtenteils einen vorherrschend erdigen Geist, einen mehr wäßrigen im Zinn und im Blei, einen luftigen in der Bronze und im Silber, | einen ätherischen einzig im Gold. Die Natur bringt aus einem einzigen Stamm gleichsam vier Zweige hervor, bald aus einem einzigen Körper die vier Körper der Gattungen, bald aus dem einen Geist die vier Geister dieser Körper. Die Kunst, Nachahmerin der Natur, schöpft diesen einen Geist, der für die eine Wurzel und den einfachen Stamm gehalten wird, auf wahre Weise aus den vier Körpern, während die arabischen Astrologen fälschlicherweise, in jener schändlichen Hoffnung auf Vermehrung, ihn nur aus Gold herauszuziehen versuchen, ohne aber die Beschaffenheit der Materie und die Ordnung der Erzeugung zu bedenken.

Für uns ist nun, im Gegenteil, das wahre Elixier ein diesen vier Substraten gemeinsamer Geist, und deshalb kann und muß er, wie er aus einem Stamm in vier Zweige entfaltet wird, eben genau so aus vier Zweigen wieder zu dem einen Stamm zurückgeführt werden. So ist der kunstvoll zurückgeführte Geist beschaffen: er ist keiner Substanz der vier Körper eigentümlich, sondern der Substanz aller vier Körper gemeinsam. Mit dem Gold vereinigt läßt er, durch die Hinzufügung einer passenden Materie, eine geringe Menge echten Goldes zur gleichen Art viel echten Goldes anwachsen, und ein wenig echtes Silber in viel ebenso echtes Silber. Du siehst, daß nicht aus dem Menschen, oder aus dem Fleisch des Menschen und seiner jeweiligen Gestalt der Mensch wird, sondern aus dem Geist, der sich im menschlichen Samen befindet, wenn er in der Gebärmutter durch die Bereitstellung einer eigenen Fruchtblase und Nahrung von den Umständen begünstigt wird. Die Materie dieses Geistes ist durchaus nicht einem Menschen eigen, auch keinem Hund, keinem Affen und keiner Katze, sondern sie stammt aus der einen gemeinsamen und selben Nahrung, die im Hund in den Samen des Hundes verwandelt wird, und aus diesem kleinen Samen wächst ein großer, außerordentlicher und vollkommener Hund heran. Im Affen wird die Nahrung in dessen Samen verwandelt, und dieser wächst in der Substanz seiner Art heran, um sie zu vermehren. Im Menschen erzeugt sie den Menschen. Wir suchen ferner den Geist in Bezug auf jene Erzeugung vergeblich, wenn wir jene gemeinsame Materie des Geistes nicht haben: wenn Erzeugung und Wachstum nur aus einem einzigen Geist kämen, geschähe es, daß sie dann als Grundsubstanz genügen würde, um Gold zu machen. Sie | wird vom Gold geschieden, indem sie zweifellos reiner und mehr aufgelöst ist, als das Chaos in dem, was dem Gold vorhergeht, sein könnte. Du aber, der du nicht den Geist in abgelöster Weise, sondern den erzeugenden Geist haben willst, mußt jene Substanz vierfach vertiefen, die im Mensch zum Menschen wird, im Hund zum Hund, im Adler zum Adler und im Löwen zum Löwen. Und dann bleibt das Löwenjunge nicht bei der Größe, in der es empfangen wird, stehen, sondern wächst zu seiner vollkommenen Gestalt heran gemäß der Bedingung seiner eigenen Art. So wirst du, wenn du ihren Spuren eifrig nachgehst, vom Pfad der operierenden Natur als ihr Kooperierender nicht abirren.

Bedenke, daß alles nicht nur aus einem Element, sondern aus vieren zusammengesetzt wird (wobei ein Element im anderen auf immer wieder andere Weise vorherrscht): und folglich wird alles nicht aus einem einfachen, sondern aus einem vierfachen Geist geformt, anders in diesem, anders in jenem, je nach der überwiegenden und überragenden Bedingung. Bedenke, daß die Sonne und der Mensch nicht aus Sonne und Mensch den Menschen hervorbringen. Bedenke, daß der Mensch weder die nächste noch die erste Materie ist, um den Menschen zu erzeugen, und weder Pflanze noch Metall sind dergleichen in Bezug auf ihre Art. Sondern die nächste Materie ist der Same des Menschen in Bezug auf den Menschen, der Same der Pflanze in Bezug auf die Pflanze (ich verstehe »Same« in einem weiteren Sinn wegen der Weiden und wegen derjenigen, die durch Propfen eine Nachkommenschaft empfangen durch eine nicht wahrnehmbare Samenkraft). Die erste Materie ist aber die, aus der jener Samen kommt, und sie ist allen Samen gemeinsam. Bedenke, daß in jeder neu zu begründenden Erzeugung zuvor eine erste Materie angenommen werden muß, weil sie als einzige substantielles Zugrundeliegendes für eine Form ist. Bedenke, daß die Formen der Arten eine bestimmte Größe gemäß dem Minimum und dem Maximum haben. Die Teile nämlich eines Lebewesens, einer Pflanze und eines Minerals wachsen nur aus der Grundlage ihrer Erzeugung heraus: eine erwachsene Hand wird nicht größer, auch wenn sie mit ihrer eigentümlichen Wurzel verbunden bleibt. Zwar nicht die Hand, aber der Zweig kann außerhalb seiner eigentümlichen Wurzel wachsen, | oder er wächst als ein mit ihr Verbundenes, das zu ihr ins Verhältnis gesetzt ist, bis zu einer vorbestimmten Größe seiner Masse heran. Bedenke, sage ich, wenn du etwas für eine erwachsene Art hältst, daß du keinesfalls die verschiedenartigen Teile einer erwachsenen Art dem Umfang nach vergrößern kannst mit einem Zusatz von Substanz. Sondern es soll in allen Arten der Erzeugung jenes substantielle Subjekt der Form gesucht werden, das heißt die Wurzel der vierfachen Substanz und des Samens, also der vierfach unbestimmte Geist, damit es durch die vierfache Form gleichmäßig nach und nach bestimmbar sein kann. Bedenke, daß wir diese erste Materie nicht einfach genau nach der aristotelischen Physik verstehen, die alle natürlichen Formen unter der gleichen Hinsicht betrachtet und dann allerdings auch von allen gleich weit entfernt ist. Aber wir, wenn wir uns mit den Chymikern unterhalten, verstehen die erste unbestimmte Materie deren Gattung gemäß. Nur die Vernunft und die Intelligenz verstehen als einzige die aristotelische Materie: diese unsere aber umgreift die Natur und den Gebrauch, wenn der Geist sich bis zur mineralischen Substanz herabsenkt. Sowie auch anderswo bis zur pflanzlichen Substanz, wieder anderswo zur tierischen Substanz, und wieder anderswo zu einer anderen hin der Geist verteilt wird oder verteilt. Die Betrachtung einer ähnlichen Unterscheidung ist in jedem Commune[110] einer jeden Gattung für die eigentümlichen Arten durch Materie und Geist zu erkunden und sorgfältig auszuarbeiten. In allen Dingen nämlich sind diese Vier [Unterscheidungsmerkmale] oder im Verhältnis zu ihnen Stehendes zu erfahren, wie es im dem Vorangeschickten und im Nachfolgenden zu sehen ist.

Die Natur der vier Elemente in der leitenden Welt

Ich will nicht auslassen, daß es der Natur der vier Elemente entsprechend vier Angelpunkte der Welt gibt; und in den Angelpunkten vier Winde. Sie werden jeweils zu zweit auf einer Linie von rechts und von links zu zwei Hauptachsen zusammengefaßt. Von OSTEN, SÜDEN, WESTEN und NORDEN. Und an den Teilen des Himmels gibt es einen RECHTEN, LINKEN, HOHEN und TIEFEN. Sie werden nach den Ptolemäern dem EURUS[111], dem ZEPHIR[112], BOREAS[113] und AUSTER[114] zugeordnet. | Sie sind Herrscher über LUFT, ERDE, FEUER und WASSER. Deren Regiment obliegt den Tetrarchen, die ihre Throne in den vier Polpunkten[115] des Tierkreises haben. Ihre Namen sind allgemein bekannt: ORIENS, AMAIMON, PAIMON und AEGIM, und man sagt, daß sie jeweils über fünfundzwanzig Legionen von Geistern verfügen. Aber diese Namen und Geister scheinen mir die Sache der Nekromanten zu sein, und es scheint mir höchst misanthropisch, wenn gesagt wird, daß diese Geister Opfer aus menschlichem Blut begehren, aus dem Fleisch eines toten Menschen oder Kindes, und erst nach einer bestimmten Beschwörung und wenn das Blut des Menschen in eine eherne Schale gefüllt ist, zu Diensten seien, und vieles andere dem ganz Ähnliche in Geschichten, über die ich nicht verkehrt urteilen werde. Gewisse italienische Nekromanten[116] zitieren aus Salomon – ich weiß nicht aus welchem – und aus Hipparch, der im Buch über die Ordnung der Intelligenzen sagt, daß die vier Dämonenfürsten die vier Teile unter dem Himmel besetzt halten, wo sie die Luft mitsamt den übrigen Elementen beherrschen. Denn sie haben die Äquinoktialpunkte[117] und die Solstitien[118], und zwar als sehr bedeutende Orte inne, da sie ja von einer höheren Hierarchie – wie diese Nekromanten sagen – irgendwann vertrieben worden sind. Und weil diese vier Himmelspunkte auf den zwei Koluren[119] unterschieden werden, wenn die Kreise sich auf beiden Seiten in rechten Winkeln schneiden, bleibt zu sagen übrig, daß eine viereckige Figur sich notwendig zwischen die solstitischen und die äquinoktialen Punkte einpaßt. Woraus geschlossen wird, daß dem Zeichen aus zwei sich rechtwinklig schneidenden Linien, in dem vier Winkel in einem Punkt zusammenlaufen, einem Zeichen, das, wie überliefert wird, die Ägypter einst der Stirn der Isis und der Brust des Serapis eingeprägt haben, eine gewisse magische Kraft innewohnen soll, und diejenigen, die Dämonen an Orten, wo drei Wege oder vier Wege zusammenkommen, beschwören, stehen zur Beschwörung meist gegen Norden gewendet. Man berichtet, daß zu Zeiten der großen Konjunktionen, von Saturn beispielsweise mit Jupiter und Mars im Krebs oder Steinbock kraft des ungewöhnlichen Geburtszeitpunktes die Incubi oder die Succubi[120] entstehen. Daraus gehen äußerst schändliche Menschen hervor, die, um viele | Wunder zu vollbringen, die Naturgesetze verändern und mit irgendwelchen wundersamen Methoden den Status der Menschen umkehren (wenn diese nicht durch eine bessere oder wohlwollendere göttliche Macht beschützt werden), oder sie zerstören ihn irgendwann ganz. Auf solche Vorgänge beziehen die Nekromanten den Ursprung von Romulus, Merlin, Thyaneus, Theut[121] und von anderen, die von ungewissen Eltern stammen. Die Namen der zwei minderen Fürsten, die die Koluren inne haben und die Äquinoktien unterscheiden, lauten bei ihnen MARMORES und HASMITUS, die Ähnlichkeit mit Frauen annehmen und den von Männern ausgestoßenen Samen sammeln. Und wegen dieser Tätigkeit werden sie Succubi [Untergelegte] genannt. Dann aber gibt es diejenigen, die Ähnlichkeit mit Männern annehmen und, da sie zu Recht den Namen von Incubi [Einwohnende] verdienen, stoßen sie den Samen in die Gebärmutter einer Frau hinein, nachdem sie die Zeit der Konjunktion vorherbestimmt haben, und sie hegen diese Zeugung bis zur Geburtsreife wie ihre eigene, und darüberhinaus stehen sie ihr durch das ganze Leben bis zum Tod als ihr Führer in Eifer bei, wie Eltern ihren Kindern. Aber über diese wenn auch noch so wahrscheinlichen Dinge kann ich nichts in Bezug auf die Wahrheit der Sache festlegen, außer daß aus der Notwendigkeit der Ordnung der Dinge hervorgeht, daß die Tetrarchie des Guten und des Bösen (von unserem Blickwinkel aus) ein Prinzip unterhalb der einen alles lenkenden Gottheit ist, welche alles aus Gegensätzen begründet und auf ein bestes Ziel hin ausrichtet, und daß diese Tetrarchie nach einer sicheren Ordnung und Folgerichtigkeit der Natur notwendig ist. Sie nimmt Einfluß auf die Lenkung der besonderen Dinge in ihrer doppelten und gegensätzlichen Weise. Aber von diesen Dingen werden wir vielleicht anderswo etwas Bestimmtes aussagen, nachdem uns ihr Licht reichlicher geleuchtet hat.

Stelle in jedem beliebigen und zu jedem beliebigen Grad einer jeden Stufe einer Ordnung jeweils die ersten zusammen, die jeweils zweiten, dritten und vierten. |

KAPITEL VI

Die Figur der Fünfheit zeichnet den Schild der Magier, ich schreibe das Fünfeck in einen Kreis ein

Die Fünfheit ist eine dem Feld des Kreises fremde Figur, was mit dem nicht gerade schwachen Licht des Minimum gezeigt wurde, weil der Kreis zuinnerst in seinen Wurzeln und durch sich selbst nur in Teile aufgeht, wenn diese Teile sich schon dort zeigen. Aber damit jedwedes Polygon in den Kreis eingepaßt wird, haben wir das nun dargestellte mit der Speerspitze des Arktur zu einer verständlichen Sache gemacht. Er geht nämlich vorbei an den tausend Theorien, mit denen die Sophisten irren und herumflicken, um das Falsche mit Falschem zu verbrämen. Sie versuchen, die Aufgabe unter hundert Hüllen zu entstellen, damit sich aus dem Konfusen der Schein des Wahren herleite und, nachdem der sichere Beweis unterdrückt worden ist, das Offenkundige des Falschen verborgen bleibe. Füge einem Sechstel den fünften Teil eines Sechstels hinzu, und du wirst mit dem Ingenium der Speerspitze einen um fünf gleiche Sehnen herumgezogenen Kreis demonstriert und gefunden haben. Die thessalische Ordnung, durch welche er diese Figur zustandebringt, soll um dieses Erzeugnis herum sehen Ingenium, Ars, Virtus, Tempus und Subactum.[122] Das Ingenium schließt sich an dieses Werk in der Mitte zwischen den beiden Obiectum und Morphe,[123] welche, je mehr sie an Ingenium in sich einläßt, als ein Lux dieses Leuchten selbst umfließt. Das von zwei Teilen her umflossene Subiectum schneidet nun ein weiterer Kreis, und die Ars siedelt sich in ihnen an. Denn wie die unterlegte Morphe dem Ingenium sich annähert, | um soviel wird durch einen Bogen das Subiectum vom Ingenium getrennt. Weil wenn die Morphe in einem vollkommen Kreis das Subiectum als Mitte umfließt, wirst du zwei Punkte sehen, in denen ein neuer Kreis von dem großen geschnitten wird, deren einer ist auf der einen Seite TEMPUS, auf der anderen die

verschiedenartige AETAS.[124] Wenn der eine dieser Punkte auf den anderen hingeflossen sein wird, siehe da ist die gesuchte Seite fertig und wird der Figur hinzugefügt. Aber hüte dich, daß der Punkt der MORPHE nicht außerhalb der Kreislinie liegt. Denn dann geschieht es, daß sie als Minimum, nicht aber als Terminus geeignet ist. Wenn du die Figur vervollständigt hast, da ja die ganze Grenzlinie aus fünf Bestandteilen zusammengefügt wird, folgt dem Kreis eine ihrem Hervorbringer willkommene Nachkommenschaft. Denn die LABOR[125] schneidet den Bogen zwischen AETAS und TEMPUS | auf einem hinzugefügten Kreis, damit in einer ähnlichen Form die fünffache, aus ebensovielen Ausbuchtungen bestehende vollkommene Figur entsteht. Dann ist die EXPERIENTIA[126] der AETAS so nah, wie sie es auch dem TEMPUS ist, und jene ist jenseits der BONITAS, und der TEMPUS hat einen Einfluß auf die HONOR.[127] Dann bringst du mit dem gleichen Verfahren GRADUS und MAIESTAS[128] zustande. Der Ozean liefert das Siegel, in dem LABOR und AETAS mit dem TEMPUS einen

Rhombus ergeben, welcher ihnen einen vierten Punkt liefert. Die EXPERIENTIA bestimmt für sich eine Fünfeckseite außerhalb des Winkels, damit um den Kreis herum die beschriebene Figur zustande kommt. Wenn du dies vollendet hast, nimmst du jeweils, einer einfachen praktischen Methode folgend, den Punkt, der die Gerade am äußersten Ende und in der Mitte schneidet, so daß fünf Geraden fünf alternierende Winkel vereinen, indem das FATUM zur TEMPUS hinfließt und der TEMPUS die VIRTUS aufweckt, und diese wird dann zum PHYSICUS[129] hingetragen. So nimmt die AETAS diejenige auf, die in das FATUM hineinfließt, und deshalb wird leicht ein Weg gefunden, der sich als ein erster zu unzähliger Nachkommenschaft fortpflanzt, und zwar, wenn nacheinander nach allen Seiten hin gerade Linien gezogen werden. Wenn eine Gerade durch das Zentrum so gezogen wird, daß sie von einem Winkel herausläuft, dann berührt sie den Punkt des Kreises, der, wenn er im Kreis herum gezogen wird, eine ihn umschreibende Kurve ergibt, die auch eine einbeschriebene mit sich bringt; und wenn das eine äußerste Ende der Seite das andere umkreist, wird eine ebene Figur aus gebogenen Seiten aufgemalt. Diese Figur nennen die dieser Kunst Kundigen den Schlüssel Zoroasters. |

Die Analogie zwischen Fünfeck und Fünfheit

In Bezug auf Gutes und Schlechtes ist die Fünfheit beiden gemeinsam und keines von beiden, sie ist der Nachkomme des Ungleichen und Gleichen, und weil sie der erste Nachkomme ihrer Eltern ist, ist sie das erste Gleiche und das erste Ungleiche, sie ist Frau und Mann. Sie ist mystisch, und deshalb stellt eine Sentenz gleichermaßen die törichten wie die weisen Jungfrauen in dieser Zahl dar.[130] Gemeinhin glaubt man, daß die fünf äußeren Sinne die Fenster der Seele seien: sie bringen sowohl Gutes wie Schlechtes in den Geist hinein, wie auch die Unterscheidung der Werke sich nach den fünf Fingern richtet, von denen jede rechte und unrechte Tat kommt. Nicht nur die Zahl der Finger, sondern auch die Handinnenfläche zeigt deutlich die Figur der Fünfheit, und so ist das Gesetz auf ihre Haut gezeichnet,[131] und das Los der Werke und Wege des Betreffenden. Moses hat das Gesetz in fünf Bücher unterteilt: er sagte, daß in seinen körperlichen Händen die Seele eines Propheten handele und (wie die Natur) das Verborgene zur Gestalt bringe. Die Hand ist also auch das Zeichen und die Dienerin des inneren Ingenium, sie berichtet von seinem Werk und von seiner Frucht, und sie bestätigt den Sinn und die Schicksalssprüche eines tiefen Geistes. Die fünffache Linie ist uns gegeben als Verkünderin unseres Lebens, in den Händen nämlich ist der Richterspruch geschrieben für dieses Exil auf Zeit (wenn die Ansichten der Babylonier und der Chaldäer und das, was von dem samischen Philosophen auf uns überkommen ist, Gültigkeit haben).

Fünf Linien I.AA. II.AB. III.CD. IV.EF. V.GH. entspringen auf den fünf Bergen, unterhalb der fünf Fingersäulen.

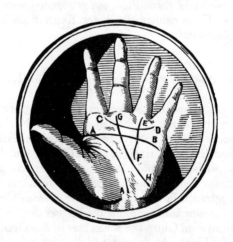

In den Händen befindet sich ein Buch, auch wenn nicht jeder, der im Laufe seines Lebens noch geschlagen werden soll, seine Bedeutung ganz ergründen soll. Ein Anhänger mit einem Pentagramm wird getragen wie ein Zeichen von der Gottheit, mit Hilfe dessen der Mensch weniger die verborgenen Feinde fürchte und nicht von ihnen auf unglückliche Weise überwältigt werde, sondern vielmehr ihnen befehle. Wenn durch Auflegung der Hände die Vollmacht aufgenommen worden ist, dann geschah dies auf verborgene Weise (behauptet man) kraft der Fünfheit. Es wird berichtet, daß der Theurg vor gewalttätigen Geistern in diesem Zeichen, das ein göttliches Geschenk ist, sicher sei. Und die Bildwerke schlägt nieder, die in fünf Wunden durchbohrt sind,[132] wer durch verdrehte Studien stark darin ist, das Gute in der hochgelehrten Magie in die schändlichen Techniken der Magier und zu bösen Verwendungszwecken zu verkehren. In fünf Grade hat Platon die Arten der Dinge geteilt. | Er sagte nämlich: der erste Grad des Seienden ist der beste Geist, nämlich das Gute, das Eine, das Göttliche, das alles überragt. Dann ist die Weltseele der Grad, der der zweite genannt wird. Der dritte Grad ist diese unsere Seele. Die vierte ist die Kraft eines jeden Körpers, die sich jenseits der Körperlichkeit nicht erhebt oder äußert. Der fünfte Grad ist die körperliche Masse, die Dimension selbst. Übrigens glaubte Timaios, es gebe fünf Welten:[133] die offensichtliche von ihnen ist diese materielle und niedrigste, und jene überragt dann bei weitem und um vieles die der Natur. Noch etwas höher als diese muß jene angenommen werden, die in einem Konzept der Fülle der Formen zu vermuten ist. Noch höher ist der reine Intellekt, der das, was aus allen Bildern der Dinge entnommen ist, gründlich bedenkt. Alle Welten überragt die, die noch über den Höfen des Geistes blitzt.

DIE STUFEN DER FÜNFHEIT

Erste Ordnung

Hier ist im obersten Winkel der Figur der Fünfheit GOTT, im rechten oberen die INTELLIGENZ, im linken die SEELE, im rechten unteren Winkel die körperliche FORM, im linken unteren der KÖRPER oder die Materie, oder die Quantität. Ihr Terminus ersten Grades bleibt absolut, als wäre er nicht in eine Ordnung mit den anderen gesetzt. Wie ja auch die Einheit, die das Prinzip und die Substanz der Zahl ist, keine Zahl ist.

Gott

Intelligenz   Seele

Form   Körper |

Über die fünf Grade der Dinge von dieser Art hat einer der führenden Platoniker, Ficino, fünf Lehrmeinungen vorgestellt. Er sagt nämlich, daß die Cyrenäiker[134] und Epikur,[135] die glaubten, es gäbe nichts außer Körpern, auf der untersten Stufe den Erkenntnisakt festgemacht haben. Die Stoiker oder Cyniker[136] auf der nächsten Stufe: sie konstituierten ihn in der Qualität und in der Eigenschaft der Materie, von der Quantität getrennt. Weiter seien Heraklit,[137] Varro und Marcus Manilius[138] bis zur unteilbaren Form durch eine unbewegliche Substanz, durch eine teilweise bewegliche, teilweise unbewegliche Kraft und durch eine Tätigkeit höchster Bewegung, also durch die Seele, vorgestoßen. Anaxagoras[139] aber und Empedokles[140] seien zur unteilbaren Form aufgestiegen durch die Begriffe Substanz, Kraft, Tätigkeit und unbewegte Vielheit. Auf dem Weg zur unteilbaren und unbeweglichen Einheit habe sein Platon, indem er sich auf bessere Flügel gestützt habe, die anderen überholt. Aber diese Verteilung der Standpunkte gilt nur wegen des Zieles und wegen des Nutzens der verschiedenen Erkenntnisse, und nicht wegen der Form verschiedener Aussagen: die nämlich, die alles auf die Gattung des Körpers beziehen, heben nicht die Formen, die Seelen, die Götter und Gott auf, sondern sie verleihen ihnen Realität aufgrund der Körperlichkeit ihrer Existenz und konstituieren in der körperlichen Materie fünf Grade. Diejenigen, die die Akzidentien von der Substanz unterschieden haben, damit nicht auch jene als Körper erkannt würden, stellen drei Gattungen in der einen und zwei in der anderen Ordnung auf. Desgleichen gibt es auch unter den anderen Philosophen niemand, der diese fünf Grade der Dinge nicht kennte, auch wenn sich in der Art, wie sie sie definieren, die größten Unterschiede gezeigt haben. Ich lasse die aus, von denen man meint, sie seien am wenigsten von allen Philosophen anzuhören, die Chaldäer und die hebräischen Weisen, die auch dem allmächtigen Gott einen Körper zuschreiben. Denn sie haben erkannt, daß er Feuer frißt, donnert und blitzt, und zwar nicht bloß metaphorisch. Sie sagen, es gebe unzählige Götter (die des Allmächtigen Gesandte, Diener und Engel genannt werden), Flammen von Feuer und luftige Geister, das heißt allersubtilste, höchst tätige und bewegliche Körper. Die Seele sei auch ein Spiritus, das heißt ein subtiler Körper, | mit der Substanz des Blutes verbunden, den sie bisweilen auch als Blut selbst auffaßten. Sie meinten, daß alle aktiven Qualitäten Körper seien: dem stand nicht entgegen, was Bilder der Körper genannt wird. Von den Körpern fließen fortwährend Bilder aus, wie die Häute von den Körpern der Schlangen sich abtrennen. Jener Art zu philosophieren folgen wir freilich nicht, es fehlt allerdings weit dazu, daß wir sie verachten, oder jemals als für einen Weisen tadelnswert befunden hätten. Im Buch von den Prinzipien der Dinge,[141] wo wir dreißig Lehrmeinungen ausführen und alle ihrer Ordnung nach beweisen, haben wir uns über diese Sache genauer ausgelassen. Jetzt reicht es uns lediglich zu erkennen, und denen, die weniger begreifen, zu glauben, auf welche Weise jede Gattung von Philosophierenden fünf vorzüglich voneinander unterschiedene Grade der Dinge erkennt. Von den aufgezählten Schulen hat nämlich keine die Götter aufgehoben: und auch nicht ihren einen Hauptgott, oder einen wenigstens über der Vielheit stehenden besonderen Rang, den jede der Schulen als die praeeminente Gottheit erkannte. Und daher seien in der selben und einen ersten Essenz die vielen Dinge ein Eines und auf ein Ziel hin gerichtet, auf ein höchstes Gutes, Bestes, jenseits von allem Liegendes, und deshalb seien sie schließlich gut und können sich in eine Ordnung fügen. Niemand hat darüberhinaus als das Prinzip des Lebens, des Sinnes und der Intelligenz jenes (was wir Seele nennen) nicht zugegeben. Keiner hat desgleichen Körper, natürlich Atome, oder die eine Gattung und die erste Form als Element, oder mehrere, nicht zugestanden.

Fünf Grade der Dinge also wiederum haben die Platoniker konstituiert, die ELEMENTE, die SPHÄREN, die SEELE, die INTELLIGENZEN oder Götter, und GOTT. Die Elemente bewegen sich auf bewegliche, die Gestirne auf festgelegte Art und Weise, die Seelen bewegen sich ebenso festgelegt, die Intelligenzen bleiben festgelegt, und Gott ist der Ruhezustand. Aber darüber wird gut gesprochen, wenn es durch eine angemessene Metapher vorgestellt wird: diese auszuschmücken aber liegt nicht in der Absicht unserer gegenwärtigen Ausführungen. Die fünf also werden auf ihrem jeweiligen Weg dargestellt, der Körper wird geteilt und bewegt sich durch sich, die körperliche Form wird geteilt und bewegt von einem anderen. Die Seele wird nicht geteilt | und bewegt sich durch sich selbst. Die Götter sind weder teilbar noch beweglich, aber sie werden noch von einem anderen her erfüllt. Gott ist die Einheit und die Fülle selbst.

Zweite Ordnung

Die ersten Körper der Welt hatten die Platoniker aus jenen fünf Figuren, die sie Oberflächenfiguren und die Prinzipien der körperlichen Dinge nannten, nach einer eigentümlichen Art des Philosophierens aufgestellt, nachdem sie die Monas und für alle Dinge einfach geltende Zahlen wie die Pythagoräer angenommen hatten. Der pyramidenförmige TETRAEDER steht für das Feuer, der OKTAEDER für die Luft, der IKOSAE-

DER (welcher zwanzig Oberflächen hat) für das Wasser, der KUBUS (von sechs Oberflächen) für die Erde, die KUGEL für die Welt oder den Himmel.[142] Aber wodurch und auf welche Weise sie seien, das überlasse ich jenen Platonikern zu entwikkeln und zu überlegen. Eines aber lasse ich nicht aus (was, unserer Sache entsprechend, um die Absichten, die wir in dieser gründlichen Abhandlung verhüllen, gelegen zu sein scheint); und zwar das, was freilich die Stereometrie und jede Erfahrung weiß, zeigt und bekräftigt, daß es nur fünf reguläre Figuren gibt, von denen, da sie den gleichen Raum ausfüllen, oder nach allgemeinem Kanon miteinander zusammenhängen, ein gewisser reiner Raum konstituiert wird. Was du in den Figuren siehst, fließt aus der Ursache, die in den Zahlen ist, und fließt in eine Wirkung hinein, die in allem Figuriertem besteht, das auf diese Weise nach den Elementen folgt: wer deren Anwendung völlig zu nutzen wissen will und mit einem sehr geschickten Ingenium in einem Diskurs sie sich erschließen, der wird natürlich die Qualität, die Disposition und die einmal aktive, dann wieder passive Potenz eines aus allen figurierten Dingen richtig Zusammengemischten in einer Figur selbst erkennen und zeigen können, so wie wir sicher wissen, daß in der kunstvollen Erzeugung von Dingen, die gemacht werden können, das fünffache Ersturprüngliche ist. Aber wir begreifen nicht so leicht die ersturprünglichen Figuren der natürlichen Dinge, die (wie wir kurz zuvor gesagt haben) die Platoniker unmethodisch verfochten. Außer den leukippischen Atomen vielleicht, mit denen die runde Figur (wie wir wir dort gesagt haben, wo wir vom Minimum sprachen) aus vielerlei Gründen kongruent ist, und auf deren Natur wir die Art des reinen Elementes der Erde zurückführen, scheint kein Element per se figuriert zu sein. Wer wird schon der Flamme, | die wir als eine pyramidenförmige sehen, gesunden Geistes die eigentümliche Figur des Feuers entnehmen?[143] Jene Figur nämlich ist nicht das Feuer, sondern der feurige Dunst, der sich umso viel von der Kraft des Feuers entfernt, als er im Verhältnis zur Aktivität des Feuers geschwächt wird. Ja, das Feuer selbst ist von der Wurzel auf wirksam und aus dem gleichen Verhalten heraus (von seiner Basis ausgehend) strebt es zu einem Unteilbaren [Punkt]: aber auch die Flamme selbst, da sie nicht von einem eigenen, sondern von einem fremden Terminus begrenzt wird, ahmt wie auch jeder andere natürliche Körper, der auf natürliche Weise konstituiert worden ist, nach Kräften die sphärische Figur nach. Aber der Dampf, der, (wie alles) das ihm Gegensätzliche fliehend, nach Kräften begehrt, sich in der gegenwärtigen Form zu erhalten, wird, je weiter er vom Feuer zurückweicht, umso weniger noch von ihm affiziert, und er erscheint um so geringfügiger verändert. Was die Luft und das Wasser betrifft, in Bezug auf das Modul der Figur derjenigen Dinge, die enthalten und enthalten werden, so ist die Konfiguration ihrer Zusammensetzung leicht zu durchschauen: wenn das leicht Durchschaubare in den sinnlich wahrnehmbaren Elementen selbst ist, was werden wir sagen in Bezug auf die aus ihnen in einer eigentümlichen Einfachheit bestehenden Dinge? Dem Wasser kommt es vollkommen zu, zu figurieren und zu formen (durch seine Wirkungsweise werden die Atome verbunden, oder die Teile der Erde erlangen durch das Dazwischentreten der feuchten Natur selbst die Vereinigung miteinander), folglich auch zu festigen und zusammenzuheften, durch seine erste Fähigkeit, die eine verklebende ist. Averroes schließt aus den zweiten Potenzen der Wärme und der Kälte, die eindicken und verdünnen können und von den fast substantiellen Formen der Elemente kommen, indem er nach der Art des subtilsten und gewichtigsten der Peripatetiker spricht, daß sie zwischen den akzidentellen und den substantiellen mittlere seien, und er schließt das aus den in ihrer Ordnung gesetzten Prinzipien. Aber wir haben uns dort, wo wir von dem Minimum handelten, höchst umfangreich über die elementare Bedeutung der Figuren geäußert. Dort ist gleichsam geometrisch bewiesen worden, daß die Teile einer jeden geradlinigen Figur dem Ganzen homogen sind; weil ein jedes Dreieck, welches ein Element jener geradlinigen Figuren ist, in gleiche Dreiecke geteilt wird: so ist in der Physik zu urteilen, daß die Figuren in ihren Teilen und in dem, was über sie hinaus geht, dem Ganzen auf nicht wahrnehmbare Weise ähnlich sind. Sonst würde nicht der gleiche Baum aus dem Setzling und aus dem Samen herauswachsen und herauskommen. Und wie im Samen des Menschen die Idee des Menschen ist, so ist auch in jedem beliebigen Teil der Mensch | (auch wenn es nur dem Auge der Vernunft so erscheint), wie auch in jedem beliebigen Teil der ganze Mensch empfindet und der ganze Mensch verletzt wird. Das bestätigt auch der gemeine unter den Philosophen, wegen der Seele (die prinzipiell und essentiell der Mensch ist), die überall ganz ist, und als Ganze sich auch außerhalb jenes wahrnehmbaren Körpers über den ganzen Kreis entfaltet: was im höchsten Grade von dem, was bei magischen Berührungen, von einer Spur, oder von einer beliebigen akzidentellen Art aufgenommen wird (etwas, das herumschweift), in tausendfachen Erfahrungen offenkundig ist. Und wir haben gesagt, daß wegen der Notwendigkeit der von ihnen auszuführenden Akte die natürlichen Körper vom Zustand der kugelförmigen Figur degenerieren, und daher, gemäß jenem zuvor Gesagtem, muß eine Definition jenes Argumentes angegangen werden.

Dritte Ordnung

Man definiert die Zusammensetzung der Seele durch die Fünfheit: man ist aus drei Gründen der Meinung, daß sie mit seiner Zusammensetzung und Teilung übereinstimmt. Erstens, weil, wie der Quinar aus einem ersten Gleichen und einem ersten Ungleichen, die Seele aus einer teilbaren und unteilbaren Natur besteht, wenn die gleiche Zahl teilbar ist, die ungleiche aber unteilbar, aus dem Grund, weil es für sie keinen möglichen Übergang in gleiche Teile gibt. Zweitens, weil im Stufenbau der Natur die Seele den mittleren von fünf Graden inne hält. Daher laufen in ihr selbst die Extreme wie in dem einen Horizont zusammen. Drittens, weil die fünfte die Zahl nach den ersten vier ist, und die fünfte vor ebensoviel folgenden, und die Extreme in jeder beliebigen Äquidistanz verbindet, und, indem sie sich selbst in sich selbst reflektiert, die Zehnheit konstituiert, die die Vollkommenheit aller Zahlen ist.

Daher also, weil die Figur des Menschen von fünf äußeren Punkten begrenzt wird, führt das äußerst ruchlose Geschlecht von bösen Zauberern die wirksamen Bannsprüche durch das Pentagramm aus. Wer begehrt, das Unwürdige zu wissen, der suche in den Büchern dieser Windbeutel, die gelesen zu haben man sich schämen muß, worin und aus welchem Grund und in welchem Ritus sie auch gegenüber ähnlichen Büchern den Vorzug haben mögen. Aber gar so gewöhnlich sind ihre Lösungen und ihre Medizin nicht, und ich gestehe, daß sie die einzig mögliche ist in den Fällen, die ihrer Gattung der Physik entsprechen. Von dem | Eremiten Theophrast[144]

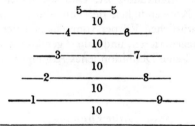

So mittelt jede Zahl die um sie herum in gleichem Abstand gesetzten Zahlen aus.

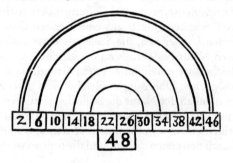

wird eine solche Medizin überliefert, die mit der Kraft des Namens arbeitet, mit einem uns widerstrebenden Ritus von Worten und anderen Möglichkeiten, und mit einer Materie, die dieselbe Form wie ein jedes Ding aufnimmt. Was sollen auch die machen, die anders, auf eine bessere und desgleichen zweckmäßigere Weise, einem von einer bösen Kraft angetriebenen Menschen nicht zu helfen wissen, wenn eine gefährliche und nicht geringe Fähigkeit eines bösen Zauberers, Schaden anzurichten, von einem bösen Genius nicht weicht? Alles wird von gewissen Medizinern, Doktoren der Ignoranz, formal auf die Verfassung eines in Aufruhr versetzten inneren Sinns zurückgeführt, materialiter auf die vier Säfte; und sie meinen, daß in Bezug auf ihre eigene Würde und ihr Amt mehr als genug getan sei, | wenn sie darauf noch ebensoviel elementare Qualitäten bezogen haben, wenn sie so gelehrt als nur irgend bewirken, daß der bemitleidenswerte Kranke mit ungeheuren Martern seine Tage dahinsiecht. Ihm hätte, nur geringfügig außerhalb der aristotelischen Methode, durch nur ein wenig Hinschauen auf das Licht der Natur, dadurch, da man einen Umweg und Abstecher macht, das Leben und die Unverletztheit erhalten werden können. Ersteren Medizinern kommen aus einer anderen großen Menge sehr viele zu Hilfe, auch peripatetische Weise (aber nicht vor allem), die in einem gewissen trazischem und syrischem Mysterium unterrichtet wurden, und nun sozusagen Göttliches sprechen. Sie nehmen gewisse Bünde oder Pakte von schlimmster Vorbedeutung vorweg, die die göttlichen und natürlichen Gesetze zerschneiden. Daher meint man, daß das Heilmittel in dieser Gattung etwas Unerlaubtes sei, wie es ein Zaubermittel ist, und es sei nicht erlaubt, den Theriak der Schlange und das Öl des Skorpions gegen den Biß derselben und ihre giftigen Angriffe anzuwenden.[145] Und so ist gleichsam zwischen dem Arzt und (den du nicht leben lassen willst) dem Zauberer, zwischen dem Giftmischer und dem ein Gegenmittel Herstellenden (weil sie in der Materie, in der Kunst und in einer gewissen ersten Form übereinstimmen können) ihrem Vergehen nach nicht zu unterscheiden. Aber was ihren Status anbetrifft, so bestimmt man die als Verabscheuungswürdige, die in ihrem Stand eher erhebend zu loben sind, als in irgendeiner Weise zu tadeln. Sie können nämlich Vollzüge, über deren vernünftigen Kern sie nicht verfügen, und auch etwas gegen die vorherrschende Norm begreifen (auch wenn sie nur sehr wenig begreifen). Ich sage das nach reiflicher Überlegung. Es ist nämlich besser, daß der Mensch einen natürlichen Tod, der mit Gewißheit eintritt, anstrebe, als in Unsicherheit, gegen die göttlichen, natürlichen und vaterländischen Gesetze anzugehen. Weiter, was jene Mediziner angeht, was (frage ich) o albernstes Menschengeschlecht, habt ihr nur mit dem Aristoteles als Arzt? Oder was durch Aristoteles mit Hippokrates, und was mit der Medizin, was mit der Natur? Wir werden es sehen. Aber was Hippokrates angeht, und darüber hinaus, Galen[146], so ist bekannt, daß sie sich oft den (wie sie es nannten) abergläubischen Heilmitteln | zugewendet haben, die sie so zu befolgen rieten, wie sie sie auch bestätigt haben. Ich füge dies hinzu, weil, wer die Natur des Geistes nicht verkennt, und desgleichen nicht die Kraft der Zahlen, nach denen alle Arten voneinander unterschieden werden, weshalb auch in den Dingen die äußeren Formen und Figuren verschiedene sind, wer die Kraft der Bilder, die von den Dingen wegen des Idealischen ausfließen und wiederum in alle Dinge hineinfließen, erkennt, der wird die Erfahrung der Kraft eines zusammenhängenden Geistes im Universum haben und auch die vielfältige Wirkung des Magneten (also der anziehenden und abstoßenden Potenz) gut kennen. Er wird das Universum in den natürlichen Prinzipien finden (sei's durch die Dämonen, sei's, was ich für noch wirksamer halte, durch erfahrene Menschen, geschieht ja die Zuordnung der aktiven zu den passiven Dingen, durch gewisse Zahlen, Zeiten, Orte und Zeichen) und einer sicheren Ordnung entsprechend vorwärtsschreiten. Und sobald etwas genau erfahren ist und offen daliegt, werden die Mediziner das Urteil sehr gelehrter Theologen nicht fürchten. Jener, der durchaus jeder Gattung von theologisch Spekulierenden Ehre und Licht ist, insbesondere für die peripatetisch Philosophierenden, Thomas von Aquin, hat erklärt, daß alle Erkenntnis, ob allgemein oder im Besonderen, aus der Gattung des Guten stamme; und die Gattungen der Erkennntnis folgen per se den Gattungen des Guten. Insofern streben der Intellekt und die Sinne nach der Reinheit, weil die Reinheit zum Streben und zum Willen gehört. Das Böse aber kommt aus den Akzidentien, die die Substanz eines Dinges begleiten und alles nach unten ziehen. Alles, was aufnahmefähig ist für Akzidentien, kann nicht böse sein in der Weise der Akzidentien. Die Substanz, falls sie der Seite des Bösen zugeschrieben wird, kann durch das, was zu ihr hinzutritt, schließlich nicht als per se gut erkannt werden: Der Giftmischer weiß aus Getreide ein Gift zuzubereiten; und der Mediziner aus den Gliedern der Vipern ein Gegengift. Zum Thema zurück. Die Magie der Alten[147] (die wegen der Abschaffung des alten Glaubens, für den sie gleichsam Ein und Alles ist, abgeschafft worden ist, ist freilich von keiner Wirksamkeit mehr, nachdem sie nur in den Teilen überliefert ist, die zunächst nur für die Praxis nützten) erkannte, daß in der Figur der Pentas die größte Wirkung (von der Ursache aus gesprochen) durch den Effekt der Fünfheit liegt. Und wir haben und werden alles Gesagte und noch zu Sagende nur auf diese Theorie (die Thomas auch betätigt hätte) | hin anpassen, und nun haben wir über die Zahl und diese menschliche Figur ein wenig ausführlicher weitergeredet: um die Ingenia auf angemessene Weise zur Betrachtung der Natur zu befördern (über den Erfolg der bereits anzuerkennenden Künste hinaus).

Das Götterbild des Veiovis[148]

In Rom hatte man zwei Götterbilder, nämlich das des Diovis[149] (der auch Diespiter genannt wird) und das des Veiovis. Das erstere wurde auf dem Kapitol verehrt, mit dem Szepter in der rechten und einer Kugel in der linken Hand. Das zweite stand zwischen dem Kapitol und dem Bogen, und er hielt in der einen Hand Pfeile, in der anderen ein Schwert. Dem erste-

ren opferte man, damit er helfe, und dem zweiten (ihm wurden in einem menschenwürdigen Ritus Ziegen geopfert), damit er nicht schade. Derselbe wurde mit den Namen von Rechts und Links, und mit denen des Apoll und des Mars bezeichnet. Und in dem, was über das Bild der Siebenheit gesagt werden soll, wird das Prinzip gewonnen sein, wie die sieben Rechten und Linken einzeln sind und benannt werden.[150] |

Das Götterbild von Veiovis als Bild des Unglücks war so bei den Ägyptern

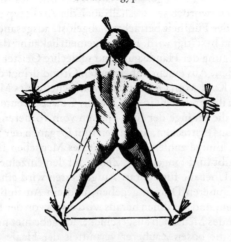

Virgilius Maro sagte: Im Geringen liegt Anstrengung und keine geringe Ehre, wenn die unheilbringenden Gottheiten von einem ablassen, und der angerufene Apoll dasein wird.

Aber das Bild des Glückes von Diovis war so

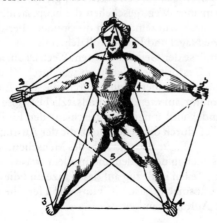

Es wird gesagt, daß die Fünfzahl von Prometheus, der den Menschen aus Lehm geformt hat, in das Bild des Menschen eingedrückt worden sei, weshalb auch der Archetyp des Menschen in der Fünfheit betrachtet, abgelöst, ausgesandt, privilegiert und bestätigt wird. Es ist allgemein bekannt, daß durch die Auflegung der Hände gute und schlechte Geister eingegeben werden. Aus einem unbekannten Grund dringt die Fünfheit vom Kopf, vom Gesicht oder vom Scheitel des Menschen tief ein in ihn und fließt in die Glieder. Gewisse Leute meinen, daß sich die Stränge der fünf Nerven vom vorderen Teil des Gehirns aus erstrecken, um in den fünf Organen der Sinne zu wurzeln. Einige zählen im Gesicht des Menschen fünf Fenster. Es gibt fünf Finger bzw. Zehen auf den einzelnen Extremitäten. Über die fünf derart Aufgesetzten wird ein Einfluß von den äußeren Dingen gegeben, und ein Ausfluß auf das Äußere hin, und aus ihnen heraus wird etwas von der Idee und der Figur des Menschen ausgeschickt. Ich gebe hier nicht wieder, was die bösen Zauberer vermittels der Haare und der Nägel zu tun beabsichtigen: weshalb es eine Vorschrift des Pythagoras ist, daß diese, wenn sie abgeschnitten werden, vernichtet oder verbrannt werden müssen.

Durch die Augen, den Mund, die Nase, die Ohren und durch die Poren des ganzen Fleisches, gleichsam wie durch einen allgemeinen Weg, geschehen die hauptsächlichen Einflüsse wie durch Wurzeln; durch die Spitzen aber der Extremitäten, wie Nägel und Haare, vollziehen sich die hauptsächlichen Ausflüsse der Geister, in ihrem Wechsel auch noch im Körper von Gestorbenen gleichsam wie durch Zweige. Und weiter: durch dieselben Teile, durch die der Einfluß geschieht, kommt auf weniger grundsätzliche Weise der Ausfluß zustande: und umgekehrt geschieht der Einfluß nicht hauptsächlich durch die Teile, durch die der Ausfluß bewirkt wird. Auf diese Figur also und Zahl des Menschen, sowohl im Ganzen als auch in den Teilen und in allem, was vom Ganzen her und den Teilen in Bezug auf das Ganze und die Teile eine Konsistenz ausmacht, also ein Hin- und Hergehen, richten wir unsere Aufmerksamkeit.

Je nach der Kraft der Fünfheit ist verschieden, an welchem Ort der Schlafende die Hand hält, wie er Wahrheit und Falschheit, Erinnerung oder Vergessen des ein oder anderen Wahrnehmungs- und Erkenntnisbildes, von etwas oder von nichts im Wachen hat.

Die Talmudisten würden sagen, daß die Zahl der Finger der Hand, die das Instrument für ein Werk ist, die ausgedrückte Zahl des Gesetzes sei. Die Kabbalisten werden hierbei bestätigen, daß das Gesetz des ganzen Lebens in dieser Zahl selbst bestehe; was aus den Worten des Chaldäers Hiob noch deutlicher bezeugt worden ist: MEINE SEELE TRAGE | ICH IN MEINEN HÄNDEN, was den klaren Sinne hat, daß er begreift durch das Tun selbst der Hand.

Da nun einmal jede Bewegung und Handlung, sei's innerlich oder äußerlich, sei's wahrnehmbar oder nicht, durch die Hand und also durch eine äußere oder innere Fünfheit, sichtbar oder unsichtbar, vollzogen wird, muß man die Fünf in jeder Bewegung bemerken, und auf die fünf Punkte soll man seine Aufmerksamkeit ausrichten. Erstens auf den TERMINUS a quo. Zweitens auf den Terminus per quem ad medium Drittens auf das Medium. Viertens per quem ad Medium. Fünftens auf den Terminus ad quem.

Bedenke in dem Aufeinanderzulaufen der Dinge untereinander zuerst die ZUWENDUNG oder Relation, zweitens die NEIGUNG oder Hingezogenheit, drittens die ANNÄHERUNG oder der Antrieb, viertens das ANHAFTEN oder die höhere Annäherun, fünftens die EINVERLEIBUNG oder Vereinigung. Bedenke dies im vegetativen Akt, wo innen gleich außen ist; dann im Geist, durch die Objekte von erkennenden Arten; dann im Körper, durch die Nahrung, die in seine eigene Substanz umgekehrt werden kann. Als erste die ANZIEHUNG, zweitens die ZURÜCKHALTUNG, drittens die VERDAUUNG oder Aufschließung, viertens die VERTEILUNG oder Anwendung, fünftens die ENTLEERUNG.

Stelle jeden mit jedem Grad einer jeden Stufe der Ordnung zusammen, den ersten Grad mit dem ersten, den zweiten mit dem zweiten, den dritten mit dem dritten, den vierten mit dem vierten, den fünften mit dem fünften, GOTT, das AUGE, die PYRAMIDE, die ENTGEGNUNG, und die ANZIEHUNG ist deren erste Zusammenstellung.

KAPITEL VII

DIE ARBEIT. WENN ICH DAS HAUS DER EHE
UND DES WERKES ZEICHNE,
SCHREIBE ICH EIN SECHSECK[151] EINEM KREIS EIN UND UM

Das Haus der Sechsheit ist erhaben, und du sollst Kenntnis nehmen von den Ordnungen, auf denen es befestigt wurde, und in welchem Sinn ihr Bild eindrücklich im Gedächtnis behalten werden soll. Hier sieht man in einem Kreis um den Mittelpunkt herum stehen die MATERIES, SPECIES, TEMPUS, LOCUS, EFFICIENS[152] | und das NECESSUM[153], und sie halten sich von ihm in gleichen Abständen entfernt. Weil ja ein und derselbe Radius alles unterscheidet,[154] wie auch der beste Geist in erhabener Weise den Kreis differenzierte durch die Gesetze des Radius. Wenn du wünschst, eine ähnliche Form um den Kreis herumzulegen, bringst du das Ganze mit einer leichten Kunst zum Ende, wenn du um so viel, wie die MATERIES von der mittleren FINIS[155] entfernt ist, sich der ARCHETYPUS[156] auf demselben Weg vom Punkt der MATERIES entfernt. Auf einer gleichförmig weiterlaufenden Spur werden die Radien, die vom Zentrum ausgeschickt werden, um so viel über den schon gezogenen Kreis hinausgeführt, wie sie auch schon von diesem Kreis eingeschlossen sind. Mach es dann also so, daß die RATIO[157] die SPECIES aufnimmt, das TEMPUS auf das Feld der ORDO[158] getragen wird, die LOCA die CIRCUMSTANTIA[159] berühren, das EFFICIENS das INSTRUMENTUM,[160] und das VOTUM[161] das NECESSUM. Wenn nun in abwechselnder Reihenfolge ein äußerster Punkt auf einen anderen hingeflossen ist – wenn also die ORDO den ARCHETYPUS und das INSTRUMENTUM ergreift, welches seinerseits auf den ARCHETYPUS hingetragen wird, und wenn das VOTUM mit der RATIO verbunden ist dann berühren die CIRCUMSTANTIA jene beiden und beschließen damit die große Figur.

Die Analogie zwischen Sechseck und Sechsheit

Zu dieser Zahl wächst diese klare, mit einem Zacken mehr versehene Figur heran; es begrenzt sie der eine Fluß des Punktes, indem zu einem ersten Teil ähnliche Teile hinzugefügt werden: d. h. sie ergreifen mit Recht die ersten Grundbestandteile der Dreiheit. Ebensoviele weitere Teile wachsen konstant in ihrer aus Geraden bestehenden Grenzlinie, | durch das Hinzutreten des Ungleichen, und der Kreis erscheint, weil dann schon die ähnliche Figur aufleuchtet, zunehmend in dieser einen Gestalt der Sechsheit, und zwar genaugenommen durch die ihr beigegebene Kraft der Zweiheit. So wird dort, wo die Natur alles, was die Erde innen und außen erblickt, von ähnlichem Angesicht gebildet hat, gesagt, daß sie auf die Grundgestalt einer eigentümlichen Idee geachtet habe.

Wie das Zentrum ein ihnen anvertrauter Teil der Dinge ist und ihr Prinzip, das sich in ihre Größe hineinbegibt, in der es eine Kugel errichtet, in der es sich wieder als ein Ganzes hervorgetan hat, so ist es auch die eine selbe Grenze, Ziel und

Mitte. Daher siehst du, daß aus der differenzierten Entstehung der sechs Tage die Gattungen der Zeitalter stammen. Es erscheint daher das ganze gesegnete Werk unter verschiedenem Namen für ein verschiedenes Volk, welches unter einer verschiedenen Gottheit eines verschiedenen Lichtes ruht. | Also ist sie die Zahl für das Werk, und ihre Figur wird dieser Zahl angeglichen.[162] Man sagt, daß Pythagoras diese Zahl für eine der Schöpfung angemessene gehalten hat, die sie in den Kreis bzw. die Werkstatt des Frühlings und des Winters vierfach differenziert. Denn (sagt man) die Dreiheit bestehe aus eigentümlichen Teilen, deren einer die Monas ist als das erste Gleiche, dann kommt die Zweiheit als das erste Ungleiche und Abgetrennte, und nun nimmt die verdoppelte Dreiheit diese [vorliegende] Zahl an. Wenn sie erzeugt ist, bestimmt sie ebensoviele Zeichen der Tage, die die Erde erblickt. Man unterscheidet ebensoviele der Dunkelheit überlassene ungleiche Zeiten: aus dieser Wurzel ensteht der Monat, das Jahr, und entstehen die Stunden. In diesen Zeitabschnitten tauchen sie zuerst auf, sobald sie in ihnen dreierlei unterschieden hat, nämlich Anfang, Mitte und Ende: und diese wiederum erstehen [selbst] aus Anfang, Mitte und Ende. Und sie laufen zu einer Zahl auf, so groß wie sie die verdoppelte Dreiheit setzt, die verdreifachte Vierheit, die vervierfachte Dreiheit und die Zweiheit. Wenn du diese Zahl immer wieder zählst, als regelhafte und zusammenhängende, wirst du von ihrer Macht ergriffen und du wirst auf Grund ihrer vernünftigen Beschaffenheit selig. Gott wird dich den sechs Mühsalen entreißen (sagte Elyphaz), und eine siebte berührt dich nicht, weil du dann in Sicherheit bist.[163] Sechs Tage wartete Moses, der Führer, bedeckt von der Dunkelheit, bis er zu jenem siebten Tag kam, in dem er glücklich zu einem Zwiegespräch mit Gott zugelassen wurde.[164] Der jüdische Knecht dient seinem hebräischen Herrn während sechs Jahren, im siebten wird er frei entlassen.[165] Und die Erde bleibt nicht fruchtbar, wenn sie nicht vom sechsten Jahr an ruht,[166] es folgt das siebte Jahr, welches gleichsam durch den Tag der Ruhe geheiligt ist.

Wende hierher deine Augen: dies ist das Haus der Arbeit, | dies ist das Haus des Werkes, dies ist die einzigartige Figur der Sechsheit. Wie es dasteht, umgeben von sechs gleichen Türmen, die von ebensovielen gleichen Abständen voneinander getrennt sind. Eine erhabene Hand hat es nach ihren Zahlen erbaut, daß unter ihrem Dach man lebe eingedenk der Stunde der verfließenden Ewigkeit, damit das Leben der Menschen nicht in planloser Trägheit entschwinde. Das Schicksal und die Natur befehlen, wachsam zu sein, indem sie einem hart zusetzen. Wem mehr an Kraft gegeben ist (damit er erkenne, daß er jene nicht zufällig bekommen hat), für den ist daran auch ein größerer Einsatz an Arbeit und Mühe gebunden; es ist ihm weniger erlaubt, durch viel Schlaf träge zu werden. Zum Beispiel lehrten die Gesetze des Lykurg,[167] daß die Knaben schon im zarten Alter Kälte, Hitze und harte Arbeiten ertragen und sich an solche Dinge gewöhnen sollen. Die Gepflogenheiten der Parther und Brahmanen ließen nicht zu, den lieben Kindern eine Mahlzeit zu reichen, wenn nicht an ihnen herunterfließender Schweiß bezeugte, daß ihre Kräfte erschöpft sind. Auf diese Weise wird die Mahlzeit als Belohnung vor Augen gehalten. Es besänftigt großer Ruhm die wiederaufkochenden Sorgen, das Eisen, welches oft benutzt wird, glänzt. Und welches müßiggeht, wird nicht weniger verbraucht durch den rauhen Rost, und schließlich, wenn es verdorben ist, unterliegt es der Last seines verächtlichen Schicksals. Es ist süß, sich zu erinnern, an alles, was beschwerlich war. Müßigang schmeckt nicht, außer als Würze für Arbeit und Mühe. Außer wenn du scheinst, ganz und gar die Seele eines Schweines erhalten zu haben, auf Grund deren du für lobenswert, vornehm, süß und würdig hältst, was für dich die väterliche Arbeit hervorgebracht hat. Soll der den Schlaf für süß halten, dem die Stunden eines trägen Tages wie entronnen vorkommen? Oder gibt es etwa ein willkommenes Greisenalter | für ein Ingenium, wie betäubt es nun auch sei, dessen Leben, wie er dies führte, falsch war, und dessen Jugend verrann ohne ihr entsprechenden Verdienst? Du läufst dem Tod entgegen wie einer, der nicht gelebt hat: damit er vielleicht an dir vorüber gehe, in einer Verlängerung der Lebensfrist. Du wirst als Dummkopf beschimpft werden, der überhaupt nichts wert ist, verachtet als Inbild eines Elenden und Schändlichen. Was hältst du denn für nützlich, Erbärmlicher, wenn du die Leistungen der Vorväter und die ansehnlichen Früchte ihrer Arbeit hervorziehst, bedeckt von ihrem Schutzhelm, der mit einem Federbusch versehen ist und mit ihrem Wappenzeichen bemalt? Du bist Nachfolger und Erbe ihres Titels, aber nicht ihrer Tugend. Vielleicht hat dich auch ein noch Verbrecherischerer als du es bist zum Erbe seines Verbrechens eingesetzt. Dieser mied vielleicht nur den Müßiggang in der Absicht, seinen Geschäften so viel Schlechtes durch eine gewisse Erstarrung zu verleihen, indem er so hochmütig, lügnerisch, hart, roh, grausam und geizig war. Dieses Angesicht der Dinge soll dich aber nicht völlig erschrecken wie ein unüberwindliches Hindernis, da ja nun jedes beliebige Amt für denjenigen bereit liegt, der es nur will. Wie nichts leicht ist, wenn es mit unwilligen Armen ausgeführt wird, weil es dann eben nicht mehr ganz dasselbe Leichte ist, sondern übermäßig schwer erscheint. Forschen, anregen, etwas hartnäckig betreiben, das wird leicht scheinen dem, der es tut; als er es noch nicht versucht hatte, schien es ihm viel mühevoller. Aber es ist nicht einem jeden gegeben, das Ziel zu erreichen, wodurch er der Siegespalme würdig ist, weil diese ja schließlich nur dem einen Sieger gehört. So sollst du dennoch einer sein, der, auch wenn er nicht siegt, würdig ist, zu siegen | oder dem Sieger zunächst zu sitzen, und wenn dir schon das hohe Schicksal versagt ist, sollst du wenigstens Schicksalsgenosse des Ruhmes sein. Es ist nicht schändlich, besiegt zu werden, wenn du nur dich mit Anstand über die Maßen angestrengt zu haben scheinst. »So hülle ich mich nicht auf unrühmliche Weise eilends in Dunkelheit, da ich nun mit meinem Leben am Ende bin« sagte ein Hahn, dem es geschah, daß er schon in seinem ersten Kampfe unterlag. »Dies ist mir genug. Es stand frei, im Kampf zu unterliegen. Ich habe das aus hinfälliger Kraftlosigkeit schlaffe Greisenalter und die Hühner gegeneinander abgewogen: Es hat mich nicht zu einem feigen Tod getrieben. Ich habe gekämpft, das ist viel. Ich habe geglaubt, siegen zu können. (Wenn jene Kraft zwar in meinem Geist war, so war sie's nicht in meinen Armen); das Schicksal und die Natur haben mein Sinnen und Trachten mit Schranken versehen. Es ist immerhin etwas, so weit schon vorgetreten zu sein. Obwohl ich sehe, daß zu siegen oder nicht zu siegen in den Händen des Schicksals liegt, war dennoch etwas in mir, was etwas vermochte, und dieses werden mir auch keine zukünftigen Zeiten absprechen, es gehört mir und vermochte das Seine was auch der Sieger hatte, nämlich das Sterben nicht gefürchtet zu haben, einem Gegner von keineswegs gleicher und übereinstimmender Gestalt nicht gewichen zu sein, einen beherzten Tod einem unkriegerischen Leben vorgezogen zu haben. Die Tapferkeit kam dem möglichen Ruhm gleich. Ich wollte nämlich als Hahn mit einem Hahn in den Kampf eintreten, kaum wird es der Rabe wagen, sich mit den Schwänen zu messen, der Frosch mit dem Ochsen, das Rebhuhn mit dem Adler, der Kuckuck mit der Nachtigall, in Gesang, Flugvermögen, Größe und Färbung.« |

Die Stufen der Sechsheit

Erste Ordnung

Die Sechszahl ist die der Tätigkeit, des Werkes, der Bewegung, und die Pythagoräer nannten sie die Verlobungszahl. Die sechseckige Figur ist ihr wahrnehmbares Bild. In ihm verbindet sich der Mann mit der Frau, wenn die gleiche Zahl Zwei und die ungleiche Zahl Drei zusammengehen, sodaß aus zweimal drei sechs erzeugt werden. So wird aus dem Kreis und der Geraden, die der Radius des Kreises ist, das Maß der Weite und der Höhe im Kreis, und das der Länge, Breite und Tiefe in der Kugel gewonnen. Daher folgt die zweite Zahl der sich Verlobenden, die Zwölfzahl, in der drei und vier zusammengehen. Die dritte Zahl folgt, wo vier und fünf zusammengehen.

| Die Frau | dem Mann | Der Mann | der Frau |
vereinigt sich mit		vereinigt sich mit	
II	III	III	IV
IV	V	V	VI
VI	VII	VII	VIII
VIII	IX	IX	X

Aus dem Guten, dem Quell der Schönheit, geht das Licht hervor; aus diesem Licht selbst und der Schönheit die Liebe. Aus dieser Dreiheit kommt ein Fluß durch alle Dinge, gleichsam wie Strahlen von der Sonne. So nehmen auch die Stimmen und Worte ihren Ausgang bei einem Klingenden und Redenden. Die Einflüsse bestehen so durch die sechs Grade, vom höchsten bis zum niedrigsten, in einem Abstieg. Sie bestehen erstens in der Idee selbst eines göttlichen Geistes. Zweitens in dem Geist selbst einer Weltseele durch die universale Vorsehung. Drittens in jedem beliebigen partikulären Geist, welcher über einzelne Erkenntnisbilder verfügt. Viertens in den einzelnen Sternen oder Welten, wie in der Erde, im Mond und in der Sonne. Fünftens in der Lebenskraft, die universale Natur genannt wird. Sechstens | in den partikulären Dingen, von denen allen aus etwas wiederum in andere partikuläre Dinge hinausfließt, und in die alle von den anderen partikulären Dingen etwas hineinfließt.

Unter dem Archetyp, und zwar unter dem Archtyp der Werke des Universums, stand der Thron des Salomon mit sechs Stufen:[168] der Aufstieg, gleichsam als das Werk und die Bewegung, in der man weitergebracht wird zu Stillstand und Ruhe, wird in jener Sechszahl dargestellt, und nicht ohne präzise Begründung (nicht nur des Ornamentes wegen) begrenzten die einzelnen Stufen daher je zwei kleine Löwen.

Am Himmel sind sechs von den Chaldäern unterschiedene Durchmesser, deren Grenzpunkte die zwölf Spitzen der Tierkreiszeichen bilden; weil die Sechsheit aus geraden Linien bestehend zwölf Grenzpunkte einschließt.

So wurde über die sechs Durchmesser, also des Himmels, von den Mekubalen die Meinung vertreten, zwölf seien die für Jerusalem erbauten Tore gewesen,[169] drei östliche, drei westliche, drei südliche und drei nördliche, so wie es auch zwölf Kardinalpunkte der Erde auf ihren sechs Durchmessern gibt.

Moses stellte dies urbildhaft in dem Sechstagewerk dar, das in seiner bestimmten Ordnung die sechs Werke der Geschöpfe hervorbrachte: das LICHT, das FIRMAMENT, die ERDE, die sich aus den Wassern heraushebt, die PFLANZEN, die STERNE, die LEBEWESEN.

Zweite Ordnung

Moses sagte, daß es die Ähnlichkeit sei, nach der Gott Himmel und Erde und alles, was in ihnen erscheint, geschaffen habe. Es ist eine Vorschrift von ihm, daß für ein Werk nur sechs Tage bestimmt wurden; man säte sechs Jahre lang und erkannte, daß diese Zahl ganz und gar die Zahl sei eines jeden Werkes und jeder Verwaltung. Sechs gleiche Paare von Menschen hat Christus für sein Werk der Ernte oder des Fischzugs bestimmt. Er erwählte aus den zweiundsiebzig Schülern zwölf (die er dann in Zweiergruppen aussenden würde).[170] Und da ihn einer aus ihrer Zahl verlassen hatte, wurde gleichsam aus Notwendigkeit ein anderer bestimmt und nachgewählt, und die sechs Zeichen, die in den zwölf Stunden des Tages sind, werden so als von dieser selben Idee des Werkes aus bestimmte erklärt. Es ist auch zu bemerken, daß von Christus auch die Kraft der Sechszahl und der Zwölfzahl in der Zahl zweiundsiebzig beachtet worden ist: | Jene Zahl nämlich besteht aus einer Erweiterung der Zwölf und aus der Wurzel sechs. Zwölf mal sechs sind zweiundsiebzig. Daher hat er die erweiterte Zahl zweiundsiebzig in die Zwölf zusammengezogen, und die Zwölf hat er in die Sechszahl zusammengezogen, indem er die Zwei wegließ.

Desgleichen hielt Gott sich an diese Lehre, indem er von Moses aus den Geist auf die zweiundsiebzig Ältesten ausgoß. Siebzig nämlich standen um den Tabernakel, und zwei, deren einer ELDAD hieß und der andere MEDAD, waren im Lager;[171] sie alle nahmen wichtige Stellen in der Verwaltung und Regierung ein. Man sagt vom Gott Israels, daß er sich aus den zwölf Stämmen Israels eine Zahl von vierundvierzigtausend ge-

1 1 2	2 3 4	3 5 6	4 7 8	5 9 10	6 11 12
6 12	18 24	30 36	42 48	54 60	66 72
78 84	90 96 (1)	102 108	114 120	126 132	138 144

zeichnet und abgesondert habe.[172] Diese Zahl leitet sich ebenfalls von der Wurzel der Sechszahl her. Vor dem Thron Gottes und über dem Bogen erschienen Jesajas zwei Cherubim, die sechs Flügel hatten, daher wird die Sechszahl verdoppelt und durch den ersten Grad ihrer Progression und nach der Vereinigung der Zahlen sind es also zwölf Flügel.[173] Aus den Polspitzen der sechs Erddurchmesser kommen zwölf Winde, und so gibt es sechs diametrale Gegensätze der Winde. Es gibt nämlich sechs selbe Wege, und diese liegen jeweils dem Hin- und Hergehen der Winde zugrunde. |

Dritte Ordnung

Die Erzeugung der Dinge wird der Sechs zugeschrieben, sie wird durch den sechsfachen Zusammenhang der Elemente bewirkt. Es ist nämlich durch Höhe und Tiefe ein AUFSTIEG und ein ABSTIEG, durch die Breite ein VORANGEHEN und ein ZURÜCKGEHEN, durch die Raumtiefe ein HINEIN – und HERAUSLAUFEN. Die erste Bewegung ist die vom tiefsten Punkt aus zum höchsten. Die zweite ist die von der Höhe in die Tiefe. Die dritte die von rechts nach links. Die vierte von links nach rechts. Die fünfte von innen nach außen. Die sechste von außen nach innen.

Gemeinhin werden sechs Arten von Bewegungen genannt. WERDEN und VERGEHEN gemäß der Substanz. ZUNEHMEN und ABNEHMEN gemäß der Quantität. VERÄNDERUNG gemäß der Qualität, und ORTSBEWEGUNG eben hinsichtlich des Ortes.

Es gibt aber sechs Arten der Ortsbewegung. Die ANSPORNUNG, durch die etwas von innen heraus seinen Körper, indem es ihn von innen heraus anspornt, antreibt. Das FAHREN, durch das etwas getragen wird. Das WEGSTOSSEN, durch das etwas entfernt wird. Das ANZIEHEN, durch das sich etwas naht. Die KREISBEWEGUNG, durch die sich etwas geregelt bewegt und in derselben Annäherung und Entfernung verbleibt. Die ERSCHÜTTERUNG, in der etwas durch unregelmäßige Unruhe getrieben wird.

Aber zum Akt oder zur Vollendung der Erzeugung laufen zusammen: LIEBE, VEREINIGUNG, BEFRUCHTUNG, EMPFÄNGNIS, FORMUNG und GEBURT, von deren Wirksamkeit die Kabbalisten sagten, sie seien von sechs diesen vorgeordneten Begriffen abgeleitet, die in unserer Sprache heißen: DER LIEBENDE, DER VEREINIGENDE, DER SCHÖPFER, DER UMFASSENDE, DER FORMENDE, DER AUFGEHENDE. Ihre Figuren sind jeweils: DAS FEUER, DAS WASSER, DAS ÖL, DER WIND, DIE WOLKEN und DER STEIN, in den sechs Winkel des Sechsecks angeordnet.

Es sind sechs Akte in der Erzeugung von pflanzlichem Leben, und von allem, was ist. Es ist erlaubt, daß dies nur in seinen analogischen Bezügen, wenn schon nicht in offener Ähnlichkeit, betrachtet wird. Erstens nämlich beruht die HOCHZEIT auf der Fortpflanzungskraft | der Erde, und in der Fruchtbarkeit (damit ich ein Beispiel gebrauche) des Getreides. Die VEREINIGUNG findet statt, wenn der Same der Erde übergeben wird. Die EMPFÄNGNIS, wenn er sich verfaulend in die Erde gräbt. Die FORMUNG, wenn die Gestalt einer neuen Nachkommenschaft ihrem Mutterstamm nachfolgt. Die GEBURT, wenn sie zum Licht hervorgeholt wird.

Es sei erlaubt, noch sechs Teile in Bezug auf das Hervorbringen und das Hervorgebrachte anzumerken: den Teil, der von unten STÜTZEN soll, den, der AUFRICHTEN soll, ferner weitere Teile, die WEITERTRAGEN, BESCHÜTZEN, SCHMÜCKEN und FORTPFLANZEN sollen. Es sind diese: WURZEL, STAMM, AST, LAUB, BLÜTE, FRUCHT. Daher stammen das aus dem Samen Hervorgehen und zum Samen wieder Zurückgehen aus einem durch die Sechs bestimmten Maß. Wenn der Radius durch den Kreis gezogen wird, vollendet sich die Zirkumferenz des universalen Kreises aus der wirkenden Sechs. *Wer den ganzen Kreis bestimmt hat, tat dies mit den Gesetzen des Radius.* Desgleichen kommen sechserlei in der Erzeugung von Wissen zusammen. Die ENTGEGENSETZUNG, durch welche der Erkenntnisgegenstand für eine Erkenntnispotenz dargestellt wird. Die AUSRICHTUNG, durch welche die Potenz sich dem Gegenstand zuwendet. Die AUFNAHME, durch welche ein Bild dieses Erkenntnisgegenstandes empfangen wird. Die ERZEUGUNG EINER VORSTELLUNG, durch welche man einen wahrnehmbaren Erkenntnisgegenstand mit einem anderen zusammenstellt oder ihn von diesem trennt. Die ABSTRAKTION, durch welche man, vermittels der Kraft der Denkfähigkeit, etwas seiner individuellen Bedingungen entkleidet. Die KOMPLEXION, durch welche man ein einfaches Konzept mit einem anderen, oder ein zusammengesetztes mit einem anderen solchen beim Aussprechen oder Argumentieren zusammenbringt.

Sechs Dinge kommen in jedem KUNSTWERK zusammen: das HANDELNDE, die IDEE, das INSTRUMENT, die MATERIE, das TUN und das ZIEL, bzw. das Ganze oder die Vollendung.

Sechs Dinge kommen in jedem Werk zusammen: der PLAN, der WILLE, die KUNST oder die Ordnung, der GEBRAUCH oder die Ausübung, die KRAFT oder die Wirksamkeit, die VERRICHTUNG. |

Subjekte der Tätigkeit sind

I Gesetz   II Religion
III Staat   IV Handel
V Unterricht   VI Ferien, Üben, Spiel

Die Gattungen der Tätigkeiten befinden sich um die Bereiche

I Nahrung   II Medizin im Allgemeinen
III Kleidung   IV Wohnung im Allgemeinen
V Schmuck   VI Kriegsdienst im Allgemeinen

Die Modi der Tätigkeit gemäß der ersten Gattung sind

I   gut, schlecht   II geeignet, ungeeignet
III wahr, erfunden   IV einfach, verwirrt
V   vollkommen,   VI passend, unpassend
    unvollkommen

Die Modi der zweiten Gattung sind

I   architektonisch,   II theoretisch, praktisch
    mechanisch
III ökonomisch,   IV grundsätzlich, mittelbar
    politisch, ethisch
V   per se, durch ein   VI wegen einem selbst, wegen
    anderes   eines anderen

Die Modi der dritten Gattung sind

I   sehr aktiv,   II wirkungsvoll, wirkungslos
    schwach, untätig
III hart scharf, weich   IV männlich gespannt,
    schlaff   verweiblicht
                              schlaff
V   leicht beweglich,   VI leicht, schwierig |
    schwerfällig

Die Modi der vierten Gattung sind

I wagemutig, klein-   II stark bewegt, träge
   mütig
III angestrengt, nach- IV unerschrocken, ängstlich
   lässig
V ungehindert,   VI auf unbeständige Weise
   gehindert   frei, knechtisch gezwungen

Die Modi der Umstände bezüglich eines Bewirkenden lauten in der ersten Ordnung

I hinwendend, ab-   II lenkend, ablenkend
   wendend
III billigend, unter- IV diktierend, rezensierend
   sagend
V ermutigend,   VI antreibend, verpflichtend,
   abschreckend   zurückweisend, im Zaum hal-
                           tend

In der zweiten Ordnung lauten sie

I beipflichtend,   II erlaubend,
   verwehrend   abhaltend
III ermunternd,   IV führend, entführend
   abratend
V helfend, behin-   VI leitend, entgegen
   dernd   arbeitend

Stelle von jeder und zu jeder Ordnung einer jeden Stufe zusammen[174] den ersten Grad mit dem jeweils ersten, den zweiten mit dem zweiten, den dritten mit dem dritten, den vierten mit dem vierten, den fünften mit dem fünften und den sechsten mit dem sechsten: und du wirst sehen und zustande bringen: 1. LIEBE, 2. LICHT, 3. FEUER, 4. AUFSTIEG, 5. WURZEL, 6. EHE, 7. ANSPORN, 8. ERZEUGUNG, was deren erste Zusammenstellung ist. |

KAPITEL VIII

Das Haus der Ruhe,
welches das Bild der Siebenheit aufmalt,
schreibe ich als Siebeneck einem Kreis ein und um

Damit die Welt mit einer siebenfachen Spitze den Himmel berühre, setzt die Materies,[175] welche jedes Ingenium zu einem Opus antreibt, sich vollkommen als Mitte zwischen die beiden, so daß sie zweckmäßig für beide geduldiges Substrat werde, wenn nun das Opus[176], das dem Ingenium gegenübergesetzt ist, um dieses herumfließt, bis es den Kreis berührt; daß dann also die Virtus[177] und die Cura[178] sich zeigen, miteinander verbunden durch den kürzesten Weg, und auf der gerade gezogenen Kammlinie gleichermaßen mit der Materies liegen. Und wie die Materies von diesen beiden Extrempunkten gleichen Abstand hat: so wird mit diesem Abstand, wie du siehst, in einem siebenfachen Wechsel der Kreis aufgespannt. | Daher erhebt sich der Himmel auf

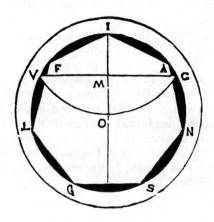

einer leichten siebenfachen Spitze. Und wie die siebenfache Linie anwächst: sie wird um so viel durch den Mittelpunkt einer Seite nach oben gezogen, außerhalb des siebten Himmels, wie sie auch unterhalb des Bogens enthalten ist. Auf der Seite ist sie nicht weniger enthalten, auf der die AETAS[179] wohnt, als auf der sie das TEMPUS[180] erfaßt. So also ergeben sich nacheinander die Punkte ACTIO, FORMA, LABOR, GENIUS, SUBIECTA[181] und NECESSUM[182]. Schon die von fünf Seiten begrenzte Figur lehrte, wie sie innen und außen ganz aus Ungleichem vereinigt ist. Einem Kreis einbeschrieben erscheint sie, wenn der Scheitelpunkt des Kreises den Winkel, dem er gegenüberliegt, und das äußerste Ende der Seite umfließt.

Die Analogie zwischen Siebeneck und Siebenheit

Mit den sieben Zacken der Siebenheit wird der Himmel eingefaßt, und in dem reißenden Strudel des unsicheren Fatum erscheint, was auch immer an Verschiedenartigem von dem unbewegten Geist herkommt. In den sieben Speerspitzen stelle ich hier die sieben Gottheiten dar:[183] den Alten mit der Sense in der Hand, der das Glied seines Erzeugers abschnitt,[184] den elysischen Lenker des Erdkreises, Jupiter, den rothaarigen Mars, der mit seinem glühenden Spieß die Regierungen umstürzt, der von goldenem Glanz ist und die Höfe der Welt mit lodernder Kraft erfüllt. Die holde Venus ist eine durch andersartige Flammen starke Göttin. Verehrungswürdig ist der federtragende Hermes mit dem Stab, und Diana erblickt man am Himmel, in den Wäldern und im Orkus.[185] Sie alle verteilen nach gleichem Gewicht die Zeiten, die | periodisch alles wiederholen und es einer bestimmten Reihenfolge gemäß darstellen. Vulkanus hat diese sieben Gottheiten kunstvoll auf das Schild des thessalischen Führers ziseliert,[186] um die Zeiten ihrem jeweiligen Herrn anzupassen, als Perioden der großen Zeit. Es steigt herab, sich im Kreise drehend, vom Himmelsstrich Apolls, Bacchus, der den Vorrang erja-

gen will, von der Sonne bis hin zum geflügelten Merkur, der dich weiter zum Aufgang des Mondes hinüberführt, zur Betrachtung des zweiten Lichts. Jupiter drängt dich zu Mars, und zu Hermes drängt dich Venus, zu Jupiter Saturn, zu Venus die Sonne, Diana zum sensentragenden Alten; aber jener befiehlt, zur Sonne zurückzukehren, die von den Gefilden des Bacchus zurückkommt. Und so regieren die sieben Gottheiten in einer ewigen Folge die Kinder der Zeiten.[187] Während die Periode in zwei mal zwölf Teilen das Tagwerk begründet, leben die Körper gleichsam in der Bewegung der zwölf Zeichen[188] auf jeweils verschiedene Weise. So werden die Geister des Lebens und der Fortuna aus dem Akt der Siebenheit gewonnen. Und in den Wechselfällen der Zukunft verlassen die vorübergehenden Zeiten die dann abgestorbene Materie, zu einem gewissen Zeitpunkt. Die Dreiheit, die durch die Vierheit abgeleitet wurde, hat die Zwölf hervorgebracht, wie die Dreiheit, zur Vierheit hinzugefügt, den Begriff der Sieben ergibt. Woher es kommt, daß die Elenden dreimal und viermal herumgetrieben werden, und andere wiederum sind dreimal und viermal Selige, und so sind alle, oder einige, rechts, und einige vielleicht auch links.[189] |
Die sieben Gottheiten teilen den Dingen nach einer eigentümlichen Ordnung die Stunden, die Tage, die Monate und die Zeiten des Jahres zu. Jedes siebte Jahr bringt daher Veränderungen für das Glück oder das Leben eines Menschen, indem er nämlich einen neuen Anfang sieht und der sich weiterzeugende Lebenslauf neu Entstehendes angeht. Daher nannte man jenes Jahr ein gefahrvolles und kritisches vor den übrigen, welches sieben Siebenheiten beschließt. Für den, der ihm entronnen war, feierten die Alten ein Fest.[190] So sind alle Dinge auf sieben erste Gestalten bezogen, und in den sieben Arten von Glück und Unglück kommen und gehen sie. So vollendete jener höchste Vater in sieben Tagen die Welt.

Nachdem die Masse der Erde der Breite und der Tiefe nach deutlich sichtbar war, gesellte sich der Geist hinzu.[192] Von den sieben Teilen erhielt er den einen wäßrigen, und sieben

Die Rechte der Fortuna		Die Linke der Fortuna[191]
Die sieben Seligkeiten		*Die sieben Nöte*
Zunehmen	— ☽ —	Abnehmen
Wissen	— ☿ —	Unwissen
Schönheit	— ♀ —	Häßlichkeit
Reichtum	— ☉ —	Armut
Stärke	— ♂ —	Schwäche
Vortrefflichkeit	— ♃ —	Gemeinheit
Langlebigkeit	— ♄ —	Kurzlebigkeit

Lichter beleuchten alles. Den sieben Fürsten und anderen ihnen untergeordneten teilen die Lehrsätze der Magier die Regentschaften über die Welt zu. | Auf diese Weise unterscheiden sie in den Jahren die Tage und in den Tagen die Stunden. Durch diese Zahl Sieben entdeckt man, daß sich der Mond im Wechsel verändert, und daß sieben Nymphen um die Sonne herumlaufen durch den weiten Kreis des Lebens, indem sie unsere Augen beeindrucken mit immerwährendem Licht und im Reigen in die Hände klatschen. Und darüber ist ein Haus errichtet mit Säulen, es heißt das Haus der Göttlichen Weisheit.[193] Mit sieben Siegeln ist das Geheimnis der Natur verschlossen.[194] Die siebte Flamme bestätigt das Gold,[195] und in dieser Zahl reinigt das Gesetz die Sündigen.[196] In den Gewässern des Jordan befand sich der Syrer Naaman, als ihn die siebte Welle wusch, und der Last der lähmenden Lepra enthoben war er voller Freude.[197] Ebenfalls sieben Mal fällt und erhebt sich wieder, wer sich dem zweiten Leben des Geistes widmet, und den Gesetzen und dem Gewicht des Schicksals niedergedrückt unterliegt.[198] Siebenmal im Wechsel steht der keltische, der syrische, der chaldäische, der jüdische, und auch nach ihnen der griechische und der römische Priester auf, um zur bestimmten Zeit durch die Tage hindurch Hymnen abzusingen. Der römische Priester schreibt vor, die sieben Altäre des Palladin im Wechsel durch sieben Tage hindurch mit Weihwasser zu besprengen. Die Priester pflegen die Hände den sieben Tagen zu weihen und sieben Kälber den verzehrenden Flammen zu übergeben. Es schickte sich, daß die Opferpriester, mit einem heiligen Gewand bekleidet, sich sieben Tage lang zeigten, bevor sie als Altardiener ihre erste Gabe feierlich darbrachten.[199] Auf die sieben Hügel hatte Bileam Altäre gebaut, um das Volk Israel in Ewigkeit zu verfluchen und ihm schreckliche Zeiten des Saturn zu bereiten.[200] Es wird gesagt, daß für den Schuldigen, der sein Verbrechen nicht zu seinen Lebzeiten sühnt, | es bis in sieben Jahre seines Gestorbenseins weiterwirke,[201] und es bleibt ihm auferlegt, dem Bruder, der ihm etwas schuldet, sieben Mal zu verzeihen, und nochmals ihn siebzig Mal zu verschonen, nachdem ihm sieben Mal vergeben worden ist, nach den Worten des Propheten.[202] Sieben Tage lang halten diejenigen die Fasten, die dabei ihr Herz von Strafen und Sünden befreien;[203] und es ist gestattet, die aus dem Leben Geschiedenen eine solche Anzahl von Tagen lang zu betrauern.[204] Ebensolange ist die Frau unrein, die das Menstruationsblut vergießt; auf Grund jenes abscheulichen Geschäfts ist auch derjenige sehr widerwärtig, der sich nicht der Berührung mit ihr enthielt, und er wird vom Altardienst ausgeschlossen.[205] Moses war sieben Tage in einer grauen Finsternis verborgen, nachdem er mit Freude erfüllt worden war, da er den Gott der Juden gesehen hatte.[206] Und der König Nabucdonosor verbrachte sieben Jahre, nur vom Tau des Himmels sich nährend. Er bewohnte die Höhlen der wilden Tiere in den Wäldern als ein Wilder und litt kaum den Umgang mit Menschen.[207] Sieben Jahre wütete Gog, und es wurde befohlen, daß er in sieben Monaten begraben werde, damit die Erde von dem Unheiligen rein werde.[208] Dann, damit der Geist nicht wie ein verbannter ist, wenn er die verlassenen Gefilde wiedersieht, kommt er mit den sieben Gefährten seiner Verbrechen zurück.[209] Der Unglückliche hauchte aus seiner elenden Brust sieben Dämonen aus,[210] wie sich ja auch seine Verbrechen auf diese Zahl beziehen. Wie die eigenartige Hydra aus sieben Hälsen besteht, von denen aus sie sich in unzählige Verzweigungen ausbreitet. Balthasar, den sieben Löwen ausgesetzt, zeigt passend, wie sieben Gemahlinnen um einen einzigen Mann geschart sein können,[211] nach dem Ausspruch eines anderen Propheten: | sie sind so sicher, daß sie die Gefahren des schrecklichen Todes nicht sehen; und hat nicht die sieben Hüter im Lande Assurs und Nimrods er mit Schwert und Feuer bewaffnet erblickt.[212] Es wird berichtet, daß der Verwüster Samson wegen der seinerzeit noch nicht abgeschnittenen sieben Haare mutig und von bewundernswürdigen Kräften gewesen sei.[213] Der Prophet von Pathmos rühmt diese Zahl sehr oft, so daß durch die Ohren aus jenem vollen Geist eindringen: die sieben Augen, die sieben Kerzen, die sieben Leuchter, die sieben Gemeinden, die sieben Sterne von rotgolden schimmerndem Körper, die sieben Hörner, die sieben Häupter des Drachen, die Diademe, Könige, Gesichter, Posaunen, die sieben Plagen, Schalen, Zornesstrafen, Blitze und Berge.[214]

Die Stufen der Siebenheit

Erste Ordnung

Die Sieben ist die Zahl der Ruhe, der Leitung, der Zeit, der Freude und des Triumphes, wie der Thron und der fürstliche Sitz Salomons nach der Ersteigung von sechs Stufen folgt: es folgt die Ruhe nach der Bewegung, die Rast nach der Arbeit, nach der Tätigkeit die Vollendung, der Stillstand nach der Veränderung. Das Ruhen auf dem siebten Punkt stammt nicht nur von einer göttlichen Einrichtung her: sondern es steht fest, daß es auch auf Grund einer gewissen offenkundigen Notwendigkeit und nach der Ordnung der Natur höchst wohl bedacht ist.

Die Besiegelung des Bundes geschah durch die Opferung von sieben Lämmern, als Abimelech Abraham glaubte.[215] Nachdem die Priester die sieben Posaunen angesetzt hatten, gingen sie siebenmal unter der Führung von Josua um Jericho herum, so daß dessen Mauern von Grund auf zusammenfielen.[216]

Die Sieben ist die Zahl der Prüfung: die Worte Gottes sind wie vom Feuer untersuchtes Silber siebenfach geprüft. Siebenmal fällt der Gerechte am Tag nieder und erhebt sich wieder.[217] |

Dann ist sie die Zahl des Lobes: siebenmal am Tag habe ich dir Lob gesagt, o Gott.[218]

Sie ist die Zahl des Beistandes gemäß dem, was bei Tobias steht: ich bin der Engel Raphael, der eine von den sieben, die wir vor dem Herrn stehen.[219] Und der Apokalyptiker schreibt: es sind sieben Geister, sagte er, die im Anblick des Thrones sich befinden,[220] und es stehen auch die sieben Hauptdämonen bei dem bösen Fürsten. Und von sieben schlechten Geistern wird die Seele gefesselt, in allen ihren Vermögen, und der Körper verunstaltet. In Anspielung darauf wusch sich Naaman siebenmal, siebenmal wird der Altar gesalbt, an sieben Tagen, und es gibt noch vieles andere auf diese Zahl bezogene.

Sie ist die Zahl, in der die Seele konstituiert wird, und zwar, durch die Gaben des Intellekts, im höchsten Grad der Glückseligkeit. Gemäß des Spruchs des Salomon meißelt die Weisheit sich sieben Säulen, wenn sie sich ein Haus erbaut.

Zweite Ordnung

Weiter zähle ich auf: die sieben Gärten, die sieben Mineralien, die sieben Herden, die sieben Felder, die sieben mal zwölf Legionen, die sieben Wälder, sieben Häuser, sieben Farben, sieben Gesten, sieben Figuren, sieben Charaktere, sieben Siegel, sieben Namen, sieben Lieder, sieben Steine, sieben Gemmen, sieben Tugenden, sieben Laster, sieben Arten von Nutzen und sieben Arten von Schaden. Sie sind den sieben Planeten zugeordnet, und wir werden unter dem Verhalten der Natur erklären und untersuchen, was bezüglich des Lebens mit der Regel himmlischer Konstellationen zusammenzustellen ist, wie es die Mediziner, Astrologen und andere sagen, die eine eigentümliche und mehr den jeweiligen Unterschieden angepaßte Behandlung fordern.

Es gibt sieben Gaben, die Affekte gut zu beherrschen: von Jupiter stammt die Fähigkeit, zu regieren. Von Mars die Tapferkeit und die Schärfe. Von Venus die geschmückte und huldreiche Liebe. Von Merkur die Kunstfertigkeit und interpretierende Beredsamkeit. Vom Mond die Fruchtbarkeit. Die, die einen solchen, ähnlichen und im rechten Verhältnis stehenden Septenar erlangen,[221] werden selig genannt, dreifach und vierfach. |

Dritte Ordnung

Die Platoniker zählen sieben Gattungen der Befreiung:[222] 1. DIE RECHTE MISCHUNG DER KOMPLEXION. 2. DIE LICHTVOLLE UND SUBTILE MELANCHOLIE. 3. DIE EINSAMKEIT. 4. DAS STAUNEN. 5. DIE EKSTASE. 6. DIE REINHEIT. 7. DIE HÖCHSTE VOLLKOMMENHEIT.

Im Zeitraum von sieben Monaten wird der Fötus der menschlichen Art im Uterus geformt. Im siebten Monat zahnt der Mensch. Im siebten Jahr seines Lebens wechselt er die Zähne. Im vierzehnten (nämlich im zweiten Septenar) kommt er in die Pubertät. Im einundzwanzigsten Jahr (nämlich im dritten Septenar) ist er hinsichtlich seiner Länge ausgewachsen. Im achtundzwanzigsten Jahr (also im vierten Septenar) ist er der Breite nach ausgewachsen. Im fünfunddreißigsten Jahr (im fünften Septenar) ist er erwachsen von der Kraft des Körpers her. Im zweiundvierzigsten Jahr (im sechsten Septenar) ist er bezüglich seines Urteils erwachsen. Im neunundvierzigsten Jahr (also im siebten Septenar) ist er erwachsen für all das, mit dem er von Fortuna bedacht werden könnte. Vom siebten Septenar an (von diesem Zeitpunkt an, sage ich) vollzieht sich der Abstieg (ich rede im Allgemeinen und gemäß der Art, nicht aber den Bedingungen der einzelnen Dinge entsprechend, die aus den unruhigen Bewegungen der Materie entstehen), so daß alles gleichzeitig, allmählich, langsam nach und nach in dem gerade so gut gemischten Subjekt zerfließt, die Zähne und die Haare, die Länge, die Breite, die Kraft, das Urteil und der Sinn. Dem Menschen geschehen alle sieben Tage Veränderungen der Genien, der Fähigkeiten und der Schicksalsfälle. Den sieben an Ähren fetten Jahren folgen die sieben mageren. Den sieben fetten Kühen folgen die mageren und umgekehrt,[223] gemäß dem Lauf der gewöhnlichen Dinge. Aber die Klugheit im Fatum der Dinge ist bisweilen noch größer: und es gibt eine sichere Methode für diejenigen, die von der Natur, der Willkür und dem Zufall getrieben werden. Aber wir haben erfahren, daß die letzten von ihnen die eher sicheren sind: und in den schwierigsten Dingen zeigten sie sich möglichst klug und mutig, oder indem sie den Wagemut überstürzt dem bißchen Klugheit beimischten, wie Julius Cäsar, weil MIT GESCHICKLICHKEIT DAS WIDRIGE FATUM ABGEWENDET WIRD.

Es gibt sieben Unterschiede der DAUER: der erste ist der zwischen EWIG und ZEITLICH. Diesem wird untergeordnet: fortwährend, immer, wann immer, niemals, bisweilen, irgendwann, so und so oft. |

Der zweite Unterschied ist EINSTIG und FRÜHER, dem untergeordnet wird: einst, vor kurzem, schon, nun, viel oder wenig zuvor, viel oder wenig danach, aus der Mode gekommen, veraltet, antiquiert, modern, bevorstehend, gegenwärtig, in der Ferne, davor, danach, während. Alter, Jugend und Kindheit.

Der dritte Unterschied ist VERGANGENHEIT, GEGENWART und ZUKUNFT, zu denen gehört: vorher, jetzt, danach, gestern, heute, morgen. In dem vergangenen Jahrhundert und dem verflossenen Jahr, bzw. in dem gegenwärtigen, in dem zukünftigen. Ebenso: in dem und dem Alter, in der Olympiade, Steuerperiode, in dem Monat, Tag, in der Mondphase, im Sommer, im Frühling, und entsprechend gibt es tausend andere Begriffe zu diesen drei Termini. Das Vorwegnehmende, das Vorweggenommene, zugleich, später, schließlich, zuletzt.

Der vierte Unterschied: ANFANG, MITTE, ENDE, zu denen gehört: vorher, während, danach, schließlich, bis jetzt, eben erst, auch in Zukunft.

Der fünfte Unterschied: FORTWÄHREND, OFT, SELTEN, dem untergeordnet sind: ununterbrochen, oft, häufig, gewöhnlich, ohne Unterbrechung, wechselnd, wann immer, so oft, wie oft, inzwischen, nach der Gewohnheit, außer der Gewohnheit, wider die Gepflogenheit, einmal, zweimal, dreimal, öfters usw.

Der sechste Unterschied: SCHNELL, LANGSAM, dem untergeordnet wird: die Länge, der Zeitraum, der Zeitraum eines Tages, die lange Zeit, die Reife, die Unreife, die Stürmischkeit, die mangelnde Stürmischkeit, zu spät, langsam, träge, schnell, in Kürze, auf die Schnelle, rasch, zusammengefaßt, augenblicklich, plötzlich, aus dem Stegreif, bedächtig, erwartet, unerwartet, abrupt.

Der siebte Unterschied: TAG, NACHT, zu denen gehören: Morgen, Abend, Aufgang, Untergang, Morgendämmerung, Abenddämmerung, Mittag, Mitternacht und das übrige. |

KAPITEL IX

DAS HAUS.
ICH ZEICHNE DAS BILD DER ACHTHEIT UND SCHREIBE
DAS ACHTECK DEM KREIS EIN

Dies hier ist die Figur des Achtecks und der Zahl der Fülle. Nach dem samischen Weisen[224] ist sie die wahre Figur und der Archetyp der Gerechtigkeit. Das heißt, sie wird von dieser Zahl als ein Gleiches auf gleiche Weise konstituiert, und sie erzeugt und pflanzt fort ein demjenigen Ähnliches, aus dem sie erzeugt ist. Sie ist das erste Prinzip und Element für das gleichermaßen Gleiche. Daher pflegte man in dieser Zahl ein höchst feierliches Fest zu feiern, wie zum Beispiel die heiligen Feste der rechtmäßigen Ablösung vom Vater im Gehorsam zu Gott, was geschah, indem man sich acht Tage lang zurückzog. Und so trägt auch jene von ebensovielen Teilen geschmückte Figur diesen Namen, um die herum die goldglänzenden Numina mit hellen Flammen leuchten, die die sterblichen Herzen mit dem Himmel verbinden und durch die der Horizont des menschlichen Geistes erleuchtet wird: Die Religion, die Pflichterfüllung, die Frömmigkeit, die Stetigkeit, das Wahre, die Redlichkeit, die Rechtschaffenheit, die Rettung und die liebliche Anmut. Du erblickst sie also als ein von acht Spitzen umgürtetes Haus. Wie die Vernunft die vermittelnde ist, der acht um sie herum angeordnete Kräfte dienen: so ist die erste feurige Kraft das Sehen, dann kommt das aufmerksame Hören mit gespannten Ohren, weiter setzt sich die Phantasie die aufgenommenen Wahrnehmungsgestalten zusammen, und die, welche über den ersten Sinn hinaussteigt, ist die Περινοια,[225] und die, die jeden Sinn unter dem Schleier des Ingenium verbirgt, | die Mnemosyne. Nach dieser kommt die intellektuelle Fähigkeit; zu ihr, die ein Erstes ist, tritt die einfache Spekulation hinzu, und zuletzt kommt der Diskurs, der aus dem Bekannten Unbekanntes aufnimmt.

Nimm an, daß ein auf seinen Mittelpunkt bezogener Kreis vor dir auftaucht: eine beliebig große Distanz liefert einen ersten Kreis. Dann wächst dessen Radius um das Doppelte und erstellt einen dem vorigen gleichen Kreis, an den er angeschlossen werden soll. Ein neuer Radius wird begrenzt durch das Zentrum in diesem Kreis, so daß daraus ein großer Kreis entsteht (wenn ein solcher dir damit nicht gegeben sein sollte, entstehen die beiden Kreise auch aus dem geschnittenen Radius). Der Berührungspunkt, in dem der kleine Kreis den anderen berührt, soll für dich das Zentrum werden, und jener Punkt, in dem der kleine Kreis den großen schneidet, sei der Grenzpunkt des Radius dieses Kreises. Auf ihm liegt der kleinere Abschnitt zwischen dem einen und dem anderen Kreis, weil er, indem er die beiden kleinen Kreise mit einem Bogen verbindet, denjenigen Bogen bestimmt, der das Maß einer großen Seite ist: diese erstellt nun achtmal abgetragen dasjenige [Gebilde], in dem Titan das Auge[226] mit seiner geradlinigen Speerspitze anstrahlt. Nur um so viel, wie der Punkt unterhalb der Kreislinie auf der geschnittenen Seite enthalten ist, kommt der Winkel der zu umschreibenden achtseitigen Form nach außen. Denn der Teil des Pfeiles ist so weit unterhalb des Bogens enthalten, wie der mittlere Teil der Sehne sich behauptet, und nach außen hat er ebensoviel an Länge und wird auch um soviel aufgenommen. Wenn nun die äußeren Punkte zusammengehen, ist das Ganze vollendet, wie auch die eine Spitze mit der anderen verbunden ist. Der Durchmesser, der aus einem Winkel auf den gegenüberliegenden zielt, umschreibt die rundherum ähnliche Form mit einem Kreis, | wenn das eine Extrem das andere gleichmäßig umfließt. Eine jede Figur besteht aus den gleichen Zahlen, die um den Kreis herum beschriebene [die nachher entstand] und die in ihn einbeschriebene.

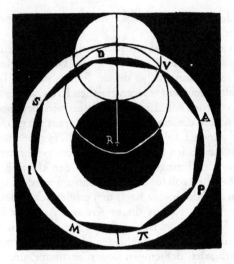

Die Stufen der Achtheit

Erste Ordnung

Die Achtzahl ist die Zahl der Wiederholung, des Neubeginns, des Ortes,[227] des Anfangs, der Regeneration und der Erneuerung, und sie ist unvollkommen, da sie von der Siebenzahl abkommt. Im achten Jahr sät, wer im siebten geruht hat; am achten Tag beginnt zu arbeiten, wer am siebten geruht hat. Die vollkommene Zahl der sieben Tage vollendet den Zustand der Schöpfung. Der erste Tag nach dem siebten ist von den Juden durch die Beschneidung,[228] von den Christen durch die Taufe für die Regeneration[229] bestimmt. Daher ist der Foetus, der sich der Zahl acht annähert, und gleichsam zu den ersten Anfängen seiner Existenz im Mutterschoß zurückgekehrt ist, unfähig zu leben wie einer, der reif ist, die Wiege außerhalb des Mutterschoßes zu erhalten, | die am Anfang des achten Monats oder um das Ende des siebten Monats oft glücklich errungen wird. Und man sagt, daß, wenn der Vater gegen Ende des achten Monats Beischlaf übt, er einen Sohn mit verfärbter Haut, durch die unreine Umarmung beschmutzt, bewirke. Aber hier geht die Wirkung nicht so sehr von der Zahl aus als von anderen Umständen. So auch, was Coelius[230] von einem Kind erzählt, das im achten Monat seiner Empfängnis, als Saturn in der ersten Dekade im Aszendent Schütze stand, nur noch halbtot sozusagen hervorkam, aber dennoch durch Heilmittel ebenso wie durch lindernde Umschläge unterstützt, gute Lebensfähigkeit bis ans Ende seines Lebens erlangt hat. Dies und freilich Größeres kann nur mit Hilfe einer Kunst gegen den gewöhnlichen Lauf der Natur geschehen. Ich erkenne nichts Partikuläres in der Natur, dem ich eine absolute und einfache Notwendigkeit beilegte. Bei den Pythagoräern bezeichnet diese Zahl die Gerechtigkeit, weil sie sagen, sie stehe für den ersten der Raumkörper und sei die erste von allen unter den gleichermaßen gleichen Zahlen; sie wird nämlich vereinzelt zweifach die Vierzahl, die dann zweimal in je zwei geteilt wird. Zweimal nämlich zwei Zweifache ergeben die Acht. Und als Orpheus die göttliche Gerechtigkeit beschwören wollte, schwor er bei acht Gottheiten, deren Namen und Zuständigkeiten sind:

I.	Vulcanus	– –	Feuer	– – Wärme
II.	Oceanus	– –	Wasser	– – Feuchtigkeit
III.	Ceres	– –	Erde	– – Kälte
IV.	Coelius	– –	Himmel	– – Durchsichtigkeit
		(freilich)[231]		
V.	Apoll	– –	Sonne	– – Licht
VI.	Diana	– –	Mond	– – Schimmer
VII.	Phanes	– –	Unterwelt	– – Schatten
VIII.	Chaos	– –	Nacht	– – Finsternis

Man macht die Erfahrung, daß auch in der Musik die Acht ein gewisses Fundament erstellt.²³²

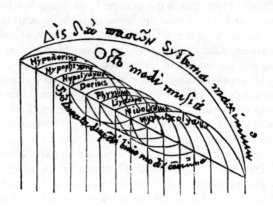

Zweite Ordnung

Die Zahl Acht ist in der Gattung der körperlichen und wahrnehmbaren Dinge, da sie vollkommen gleich und quadratisch ist, wie in unseren Gebäuden die vier Seiten begrenzt werden zuerst durch acht Linien und Punkte, und dann von Zahlen, die aus der Wurzel Acht hervorgehen, wie es die sechzehn, die zweiunddreißig und die vierundsechzig sind. Dann folgen andere gleiche gleichermaßen in derselben Ordnung. Aber was den Ort betrifft, ist eine andere Zahl vonnöten für die anderen Arten der an einem Ort Befindlichen. Denn die Bienen errichten sich sechseckige Häuser. Gewisse Spinnen bauen sich aufgrund der Zahl ihrer Beine sechseckige, andere viereckige Netze. Die Gattung der Schlangen, der Vögel und die meisten der wilden Tiere haben ein rundes Nest. Einst wurden die dreiseitigen Orte und dreiseitigen Figuren für die Schuldigen vorgesehen, die sozusagen unwürdig waren eines Orts, der Erde und eines Begräbnisses; | diese Orte wurden mit dem Kennzeichen einer sehr großen Strafe versehen (auch wenn es Verstorbenen galt) von denen, die wußten, daß sie dies nicht grundlos taten. Acht sind die aufeinander bezogenen Unterschiede des Ortes: INNEN, AUSSEN, ÜBER, UNTER, VOR, RÜCKWÄRTS, NACH RECHTS und NACH LINKS. Bei einer zweiten Aufzählung werden die Stationen der Bewegung von den acht Polpunkten aus bestimmt, zwischen die ersten vier gesetzt. So sind im Himmel: 1. OSTEN 2. SÜDEN 3. WESTEN

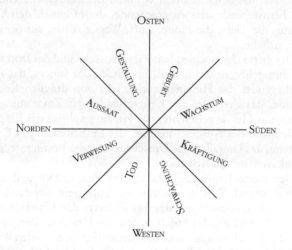

4. NORDEN 5. Der Punkt ZWISCHEN OSTEN UND SÜDEN 6. ZWISCHEN SÜDEN UND WESTEN 7. ZWISCHEN WESTEN UND NORDEN 8. ZWISCHEN NORDEN UND DEM AUFGANG. So sind acht Begriffe zur Unterscheidung des Wechsels der Dinge gefunden. |

Dritte Ordnung

Acht sind in der zweiten Ordnung die Unterschiede des Ortes.[233] Der erste lautet HÄUSLICH und UMHERSCHWEIFEND. Zu ihm gehören: das Fremde, der Begleiter, der Ankömmling, der Hausgenosse, der Einheimische, die Verbannung, das Vaterland, das Reisen, und die Laren.²³⁴

Der zweite Unterschied lautet : ENTFERNT und NAHEBEI. Zu ihm gehören: das abseits Stehende, das Gegenwärtige, das Dabeistehende, das dicht dabei Stehende, das Herantretende, das Zurücktretende, das Herbeigetriebene, das Weggetriebene, das Berührende, das sich Niederlassende, das sich Entfernende, das Benachbarte, das Entfernte, das Naheliegende, das Fernstehende, das Angrenzende, der Himmel, der Abgrund, die Tiefe, die Höhe, Luft, Wasser, Erde, auf Seiten von, nahebei.

Der dritte Unterschied lautet das ÄUSSERE und das INNERE. Zu ihm gehören: um herum, innerhalb, das Innere, das Innenliegende, das Hineingebrachte, das von draußen Kommende, das Zentrale, das Umkreisende, das Zusammengefaßte, das Hervorgebrachte, das Herausgeführte, das Eingeschlossene, das Ausgeschlossene, das Enthaltende, das Enthaltene, das Umfaßte, das Umschriebene, das Bestimmte, im Konkaven und im Konvexen.

Der vierte Unterschied lautet das VERLASSENE und das OFTBESUCHTE. Zu ihm gehören: das Entlegene, das Zugängliche, das Unbewohnte, das Verwilderte, das Überlaufene, die Verlassenheit, das Höchste und das Unterste, Berg und Tal, das Verschlossene und das Offenstehende, die tiefen Wasser und der Wald, Charybdis, die Grube, der Orkus, der Staat, das Haus, der Tempel, das Speisegemach und das noch übrige.

Der fünfte Unterschied lautet ZUGLEICH und GETRENNT. Zu ihm gehören: der Abstand, die Mitte, der Raum, das Verbundene, das Getrennte, das Befestigte, das Lose, das Zusammenhängende, das Unterschiedene, das Aneinanderhängende, das Entlegene, das Vereinte, das Unterschiedene, das Dazwischenliegende, das Folgende, das Zusammengefügte, das Verbundene, das Zerstreute und das Auseinandergerissene.

Der sechste Unterschied lautet DIESSEITS, EBENDA, JENSEITS. Zu ihm gehören: davor, danach, von hinten, von vorn, rücklings, im Körper, bei der ersten, mittleren und bei der letzten Begegnung, zum Kopf hin, zum Rücken hin, zu den Füßen, zum Schwanz.

Der siebte Unterschied lautet: ENTGEGENGESETZTES und ZUSAMMENGEHÖRENDES. Zu ihm gehören: aus der [gleichen] Richtung, aus der entgegengesetzten Richtung, das durch einen Durchmesser Verbundene, das in Hinblick auf ein Dreieck, Viereck und Sechseck aufeinander Bezogene. Das in einem so und so großen Raum, in so vielen Zeichen oder Stadien Unterschiedene. Das in dieser oder jener Lage und Figuration Koordinierte.

Der achte Unterschied lautet das ZUSAMMENGESETZTE und das NICHT ZUSAMMENGESETZTE. Zu ihm gehören: das Angemessene, | das Unangemessene, das Geräumige, das Enge, das Geformte, das Ungeformte, das an einen Ort Gesetzte freilich zusammen mit dem Ort, das Hinzugefügte mit seinem Zugrundegelegten, das Hinzugefügte mit einem anderen Hinzugefügten, das Zugrundegelegte mit einem ihm Entgegengestellten, der Teil mit dem Teil, der Teil mit dem Ganzen, das Ganze mit dem Ganzen.

KAPITEL X

Die Muse. Ich gebe eine Beschreibung des Bildes der Neunheit

Alsdann wird das geheiligte Haus der Neunheit erklärt, und wenn du es zu erkennen begehrst, so wie es einst der gütige Vater der Musen erbaut hat, sollst du also das Licht deines Geistes hierauf richten. Nachdem die Grenzpunkte in gleichmäßigen Abständen voneinander abgesetzt sind und der Kreis, dessen Zentrum die MENS ist, nun in sechs Teile geteilt ist: läuft der Weg des CAELUM, d. h. die Achse des APOLL, durch die MENS hindurch bis zur Gegend der archetypischen DIANA. Durch diese Achse wird der Kreis leicht in gleiche Teile zerteilt, wie der Radius den rechten und den linken Teil des Kreises wiederum in drei Teile trennt, und also APOLL so nahe der BONITAS[235] ist, wie es ihr auch die CHARIS ist, und dieser folgt dann DIANA. Auf gleiche Weise erhebt sich der andere Teil des Himmels, wenn um so vieles entfernt von ihr APOLL FORTUNA erblickt, wie auch FORTUNA von ERIGONE entfernt ist, und schließlich DIANA von ERIGONE. Wenn man daher einen Strich durch ERIGONE und FORTUNA hindurch zieht, und noch einen durch die BONITAS und die CHARIS, welcher darüberhinaus auf beiden Seiten weiterläuft bis zu den zwei Linien, die jeweils in den Punkten des APOLL und der DIANA den Himmel berühren, woher vier rechte | Winkel kommen: dann behauptet PLUTO den einen, JUPITER den anderen, und die übrigen halten SATURN und OKEANOS besetzt. Wenn nun mitten durch den Himmel SATURN auf das Gebiet des OKEANOS kommt, berührt PLUTO die Höhe des JUPITER. In vier Punkten wird nun der Himmel auf beiden Seiten geschnitten, die, indem sie von den beiden Polen der Achse Abstand halten, das gesuchte Maß des Bogens und der Seite angeben. |

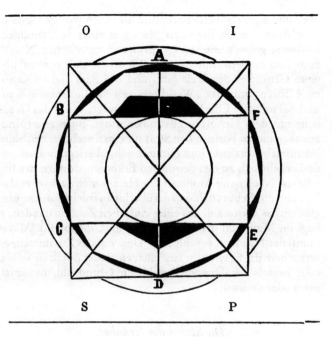

Die Analogie zwischen Neuneck und Neunheit

Wenn sich die fruchtbare Dreiheit mit den eigentümlichen Teilen ihrer Zahl auf sich selbst bezieht, geht daraus die Neunheit als ihre Erstgeburt hervor. Die Kraft der dreifachen Hierarchie nämlich, indem sie auf drei Stufen die Dreiheit wiedergibt, steigt empor als neunfache Ordnung. Lasse auch hören, wie die Dreiheit durch sich selbst hergeleitet ist, und durch die vollständige Monas: was auch immer sich aus dem Quell der Monas erhebt, sie macht einer wunderbaren Ordnung entsprechend die unzähligen Erzeugungen der Dinge kenntlich, und befördert so die Augen des Geistes zu einer hohen Betrachtung der Arten. Damit sich alle Dinge und Wesen ihrer Art gemäß fortpflanzen, belehrt sie sie gründlich über ihre eigentümliche Form und die ihnen fremde Gestalt. Und dann werden die neun Musen in einer vollständigen Ordnung gezählt, sie tanzen springend nach hohen Noten zum Takt des lenkenden Apoll. Wir sehen, daß es ebenfalls neun Gemächer der Seele gibt, und daß zum Geist ebenso viele Türen hinführen. Wie dieses gewisse Lebewesen sieht und das mit dem Ohr Vernommene abwägt, wie es das Gesehene mit dem Gehörten zusammenbringt, phantasiert und aus eben diesen Formen den Stoff für einen verborgenen Sinn herauszieht; es denkt und erinnert sich, überlegt im Diskurs und erhebt sich zu den deutlichen Erkenntnisformen des Intellekts. Nach neun Monaten des Heranreifens gebärt es daher, und die Geburt hält sich darüberhinaus nicht zurück. Ein glückliches Gastmahl, aus einer einfachen Zahl entstanden, | liegt im Minimum der Dreiheit und im Gipfelpunkt [Maximum] der Neunheit beschlossen. Und was das Zusammengesetzte betrifft: Es entsteht aus jener, entweder durch sie selbst oder mittels der Dreiheit gebildeten Grundzahl, neunmal neun oder dreimal.

Die Stufen der Neunheit

Erste Ordnung

Die Neunheit ist die Zahl der Erkenntnis des Intelligiblen und der Weisheit. Die Platoniker preisen die eine dreifache Trinität: eine HERVORBRINGENDE, eine AUSRICHTENDE und eine VERVOLLKOMMNENDE. Deren erste ist die Trinität des Guten, des Intellekts und der Seele. Die zweite: Merkur, der durch die Vernunft zu den hohen Dingen zurückruft; Venus, die durch das Sehen zum Höheren lockt; Phöbus, der durch das Gehör den Geist erhebt. Merkur bezieht sich auf das Gute, welches das Objekt des Willens ist. Venus auf das Schöne, welches das Objekt des Intellekts ist. Phöbus auf die Seele, welche gewissermaßen eine harmonische Zahl ist. Die dritte Trinität ist die vervollkommnende; die einzelnen Dinge, die sie in einer zweiten Ordnung wiederholt, paßt sie einer höheren und früheren Ordnung an. Durch das Leben führt sie zur Seele, durch das Denken zum Intellekt, durch den Willen zum Guten.

Zweite Ordnung

Die Magier, die Kabbalisten und die christlichen Platoniker erkennen drei Hierarchien der Engel und ebensoviele der bösen Dämonen. Diese werden in je drei Ordnungen eingeteilt. Die niedrigsten nennt Areopagita[236] die der reinigenden, die mittleren die der erleuchtenden, und die drei höchsten die der vervollkommnenden. Ihre hebräischen, lateinischen und persischen Namen sind allgemein bekannt:
Ihre Symbole sind neun Edelsteine:

Sardius	Topas	Jaspis
Chrysolith	Onyx	Bernstein
Saphir	Karfunkel	Smaragd

Die neun Pflanzen

Palme	Ölbaum	Weinstock
Feige	Mandelbaum	Nußbaum
Pinie	Lorbeer	Myrte

Die neun Lebewesen

Adler	Mensch	Löwe
Taube	Schaf	Widder
Turteltaube	Hirsch	Stier

Neun Lebewesen einer anderen Ordnung

Habicht	Behemot	Drache
Leviathan	Wolf	Bär
Eber	Maultier	Pferd

Sie haben neun glückliche Auswirkungen

Liebe	Versprechen	Hoffnung
Glück	Trost	Gute Aussicht
Besitz	Ehre	Ruhm

Und neun unglückliche Auswirkungen

Haß	Zorn	Verzweiflung
Neid	Entrüstung	Wut
Trauer	Verachtung	Höllenschmerz

Dritte Ordnung

Am Anfang waren die drei Musen; von dem Makedonier Pierius[237] sagt man, er habe sie in die Neunzahl entfaltet. Weil in neun Monaten die menschliche Frucht vollendet ist. | Denn im neunten Mond, vom ersten der Empfängnis an gerechnet, wird sie entbunden. Und nicht bloß zufällig zeigt ein Dichter sein Werk an mit den Worten: »Es soll gedruckt werden im neunten Jahr«, so sagte jener.[238] Er suchte nämlich in den sehr tiefsinnigen Zahlen der Musen nach den absoluten Zahlen. Jetzt stelle du Erwägungen, so gut du kannst, über die einzelnen der drei ursprünglichen Musen und ihre dreifache Nachkommenschaft.

Neun sind die erkennenden Vermögen im Menschen: SEHEN, HÖREN, SCHMECKEN, BERÜHREN, RIECHEN, PHANTASIE, DENKEN, ERINNERN, VERNUNFT. Neun sind die anzeigenden Stellen am Menschen: die STIRN, das AUGE, der MUND, die ZUNGE, der ARM, die HAND, der PENIS, die KNIE, die FÜSSE.

Das Bild der Neunheit

Calliope Clio MNENE Urania	Terpsichore Melpomene AVEDEN Euterpe

MNEMO- SINE

Polyhimnia Erato MELETEM Thalia |

Hierher gehören viele Neunheiten der Wahrheit und des Intellekts, deren Eigentümlichkeit ich andernorts beschreibe, wie auch die Statue der Pallas, und zwar im Buch der dreißig Statuen,[239] welches nicht herausgegeben ist, aber schon geschrieben.

Neun Begriffe stehen unter denen des LICHTES, des AUGES, und des SEHENS. Unter dem ersten die drei: OFFENBARUNG, INSPIRATION, LEHRE. Unter dem zweiten die drei: GLAUBE, UNTERWEISUNG, UNGEWISSHEIT. Unter dem dritten die drei: ERFAHRUNG, ANWENDUNG, BETRACHTUNG.

Neun Begriffe stehen unter denen der VERBLENDUNG, der HINTERLIST und der UNWISSENHEIT. Die erste ist die des Lernenden, die zweite die des Lehrenden, die dritte die der Lehre oder der Schrift. Unter der Verblendung die drei: UNBILDUNG, GEWOHNHEIT, LEICHTGLÄUBIGKEIT. Unter der Hinterlist die drei: HINZUFÜGUNG, WEGLASSEN, VERÄNDERUNG. Unter der Unwissenheit die drei: ZWEIDEUTIGKEIT, WIDERSPRÜCHLICHKEIT, AUSGESTALTUNG, entsprechend der ersten Ordnung. In der zweiten Ordnung: SCHLUSSFOLGERUNG,

Deutung, Deutlichkeit der Darstellung. In der dritten Ordnung: Entgegenstellung, Erwiderung, Verdeutlichung.

Neun Begriffe gibt es für das göttliche Wort,[240] mit dem (als mit dem unendlich Bezeichnenden, welches nicht, wie die von uns angestimmten Reden, von einer bestimmten Absicht ist) alle Sinne zur Deckung kommen, und zwar, einem sehr guten Gesetz entsprechend, in allem Möglichen, was mit Worten noch ausdrücklicher offengelegt werden kann durch den Sinn, den die Scholastiker den Schriftsinn nennen. Der erste ist der Historische, den die Juden den Talmudischen nennen. Er legt die Taten Gottes, der Gottheiten und der Menschen offen. II. Der zweite ist der Naturphilosophische, der in der Natur und in die Ordnung der wahrnehmbaren Dinge eindringt. III. Der dritte ist der Metaphysische, der die göttlichen Dinge bestimmt oder etwas über sie zeigt. IV. Der vierte ist der Ethische, der das, was zu den Sitten und Beispielen gehört, durch die wir uns in uns selbst und in unserem Verhältnis zu anderen bessern sollen, verkündet. V. Der fünfte ist der Gesetzliche, der die Affekte, die Werke, den Kult und die Zeremonien einrichtet und anordnet, den anderen ihren Verdiensten gemäß zuzuteilen und zurückzugeben. VI. Der sechste ist der Anagogische, der die bezeichnenden Stellen einer Schrift, eines Teils oder eines Bandes mit denen einer anderen Schrift, eines Teils oder eines Bandes zusammenfaßt. Ebenso entnimmt er aus dem Sinn der sichtbaren Dinge das, was aus ihrer Ordnung, Gemeinschaft, Verkettung und aus ihren gegenseitigen analogischen Bezügen zu begreifen ist. VII. Der siebte ist der Prophetische, der vermittels desjenigen, was man über das Vergangene weiß, den Stand der gegenwärtigen Dinge erklärt oder auch erkennt; er spricht und urteilt auch über Abwesendes | und Zukünftiges vermittels desjenigen, was er vor sich hat bzw. durch das Gegenwärtige. Oder ohne Mittel, nur durch die Erhebung der Stimme und durch das Hinschreiben von Buchstaben drückt sich der Begeisterte aus. VIII. Der achte ist der Mystische Sinn, der unter einem Rätsel liegt und in für alle die aufgezählten Sinne unzugänglichen Wendungen. Er verschließt dasjenige, was nur wenigen oder keinem gegenwärtig enthüllt wird. Diesen Sinn nennen die Juden den kabbalistischen. IX. Der neunte ist der TROPOLOGISCHE.[241] Nicht nur die neun Sinne in jeder göttlichen Rede (welcherart die des Moses, Hiob, David, Salomon und derjenigen Hebräer ist, die den genannten ähnlich sind: und auch die des Hesiod, des Orpheus, des Homer und der Sybillen, die durch eine jähe Ergriffenheit entrückt wurden, um das Gefäß göttlicher Beredsamkeit zu sein), sondern neun mal neun wirst du beachten müssen, da ja diese Sinne nicht nur in Bezug auf den Ausdruck des Buchstabens (also der grammatischen Struktur) aufgeteilt sind. Sondern sie sind sicherlich in allem eingewurzelt, mit allem verflochten, verbunden, und vereint. So nämlich sind alle Sinne in dem einen Sinn des göttlichen Wortes, wie er als der eine Sinn in allen ist. Wenn der Sinn sich auch anderswo anders zu unserem besseren Verständnis entfaltet: so ist doch auf diese Weise der Geist dessen, der spricht, alles in allem. Der göttliche Sinn nämlich ist im Buchstaben wie die Seele im Körper. Wie der Körper mit seinem einen Teil in dem einen Raum oder Ort ist, mit seinem anderen aber in einem anderen Raum oder Ort, so ist hingegen die Seele (wie auch die Stimme und der Laut) so als Ganze in dem Ganzen wie in jedem beliebigen Teil. Wie auch die Seele vom Körper nicht umfaßt wird, sondern vielmehr ohne einen [bestimmten] Modus ihrerseits den Körper umfaßt (was ein jeder Beliebige mit Würde zu vernehmen imstande sei). So wird auch der göttliche Sinn nicht begrenzt, sondern verbleibt in seiner Unendlichkeit und Absolutheit und erstreckt sich über diesen hinaus und jenseits von ihm. Indessen setzt sich keiner einen Ausdeuter der Sinne voraus ohne das zu ihm gehörige deutliche Licht: sondern er wird das Übereinstimmende und Zusammenpassende in allen Dingen dank der Schatzkiste seines Ingenium zusammenführen können. Und nicht mit jener unglücklichen und schädlichen Grammatik und nicht mit unkundigem Neid soll der unermeßliche und erhabenste Sinn des Buchstabens in Fesseln gelegt werden. Dieser ist ja dann so sehr nur stammelnder Buchstabe, daß | er sich als nicht hinreichend zeigt, die menschlichen Sinne zu erklären, wenn

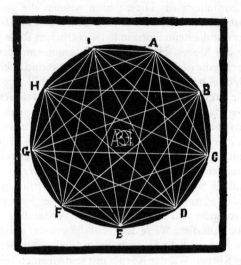

er in Form einer gewissen und begrenzten Anzahl von Worten unzähligen Konzepten und unendlichen Intentionen zu Diensten sein muß.

Wir dringen ein in unser Thema mit Hilfe des zugrundegelegten Archetyps: er lehrt, daß die einzelnen der übrigen Sinne sich durch sich selbst (sobald nämlich eine Geschichte eine andere Geschichte bezeichnet, ein Gesetz ein anderes und ein jedes Beliebige ein anderes derselben Gattung) und durch die anderen herleiten. So wird das Zeichen A durch A und die übrigen acht Elemente abgeleitet. Es bezeichnet A die Geschichte, B die Naturphilosophie, C die Metaphysik, D die Ethik, E das Gesetz, F die Allegorie, G die Analogie, H die Prophetie, I das Geheimnis. |

KAPITEL XI

DIE WELT. DAS ERSTE PRINZIP UND DER ARCHETYP
DER ZEHNHEIT, DESSEN BILD ALS ZEHNECK
AUF EINEM SCHILD AUFGEMALT IST

Das erste Prinzip und die erste Substanz ist die *Monas*, sie ist ein Wahres, Ganzes und Existierendes, auf Grund dessen alles wahr ist und Eines. Weiter die *Zweiheit*, die zuerst den Dingen die Unterschiede zuteilt; durch sie bestehen sie als möglichst verschiedene und als das, was gegensätzlich ist. In der *Dreiheit* können Feindliches und Gegensätzliches in ein Zusammengesetztes laufen, durch welches alle Zusammenschlüsse entstehen. Durch die *Vierheit* ist die feste räumliche Beschaffenheit gegeben, agens und patiens, Ort und Zeit[242] werden gut verteilt. Durch die Leistung der *Fünfheit* verbinden die Darstellungsmittel, die Organe, die Sinne und die Künste nach einer genauen Entsprechung das jeweils Tätige mit dem nächsten passiven Substrat. Die Verbindung und die Erzeugung der Dinge geschieht durch die *Sechsheit;* die schnell zu einem Ende kommende Praxis und die Bewegung fallen unter sie. Zur *Siebenheit* gehört die Ruhe, in der sich jedes Arbeitende erholt und das Verbrauchte auf sich selbst besinnt. Der Archetyp der Gerechtigkeit wird durch die *Achtheit* begriffen, in ihr werden die Dinge erhalten und in ihr erhält man, teilt zu und vergilt Begünstigungen. Das Ähnliche wird von einem Ähnlichen abgeleitet mit Hilfe der *Neunheit*. So hält sie neunmal die Gewässer der Unterwelt, die durcheinandergeflossen sind, in Schranken.[243] Die *Zehnheit* beschließt die einfachen Zahlen und schließt sie wieder auf. Was immer aus diesen Quellen stammt, kommt zu einem Einen zusammen, welches die ganze Gattung der Zahl enthält, und diese ganze Gattung bezieht sich wiederum auf sie [die Zehnheit] zurück. Jede logische Operation und Proportion im Gebrauch der Menschen berücksichtigt sie; sie ist das die Anfänge der Monas wiederholende Ziel. | Diese besondere Form stellt alle gleichen und ungleichen Zahlen der unermeßlichen Zahl dar und bringt alle ihre Unterschiede mit sich. Nimm sie nun so an, wie dieses Haus geformt ist, das ewig besteht, entsprechend einer Forderung des ersten Geistes, einem Maß zu entkommen, welches nur zum praktischen Gebrauch in Erfahrung gebracht werden soll. Um das OPUS[244] fließt ein großes INGENIUM zu einem Kreis zusammen, der aus zehn gespannten Seiten bestehen soll. Also steht die LUX[245] in einem Verhältnis zur MORPHE[246], damit es in der Breite um es selbst herumgeführt das SUBIECTUM[247] ergreife; der Punkt auf dem Kreis ist dort jenem einen Kreis Beschreibenden leicht zugänglich. Die MORPHE wird mit diesem Lichtstrahl verbunden und dreht sich herum. Und durch diesen Fluß erscheinen TEMPUS[248] und AETAS[249] als Abschnitte auf der Grenzlinie des größeren Kreises. Dann, wenn TEMPUS und AETAS sich mit dem Subiectum verbinden, hast du schon zwei der zehn Rippen auf der Zirkumferenz gezeichnet.

Geometrische Erstellung der Figur |

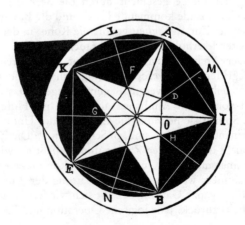

AB wird auf ihrem äußeren und inneren Abschnitt geteilt, wenn eine gleiche Strecke AC zu ihr selbst in einem rechten Winkel liegend angenommen wird: daraufhin wird AB in Punkt O zweigeteilt, der um so viel auf dem Abschnitt CO den Abschnitt OA überragt, wie die Länge einer Strecke AD beträgt, die innerhalb des Dreiecks AGO angenommen wird. Nun hast du schon ein erstes Vorhaben gelöst.

Dann wirst du ein gleichschenkliges Dreieck haben, dessen Basiswinkel doppelt so groß ist wie der übrige, wenn B um A herum fließt. An der Peripherie der Strecke BD soll eine ihr gleiche Strecke BE angefügt werden, so daß E nach A fließt. So hast du schon deine zweite Aufgabe fertig.

Schließlich machst du das Fünfeck, nachdem du die der Strecke AD gleichen Strecken AF, EG und BH gezeichnet hast. Wiederum gleiche Strecken wie AB, durch das durch den Punkt G fließende B und durch den Punkt H fließende E, führen zu den Strecken BK und EI, und du hast schon die dritte Aufgabe.

Du wirst einen Kreis umschreiben und die Punkte des Zehnecks finden, wenn die äußeren Winkel des Fünfecks ins Unendliche fließen. 1. E durch D, 2. B durch F, 3. J durch G, 4. K durch H, und 5., damit später um das Zentrum, in dem sich diese Linien schneiden, A herumfließt und die Bögen des Zehnecks wie AM als die Abkömmlinge des Fünfecks bestimmt werden.

Wenn aber die Einschreibung des Fünf- oder Zehnecks in den gegebenen Kreis gesucht wird, machst du um die Gerade AN im Winkel EAB eine gleich große: und durch das Werk des Solimo[250] wirst du an die Pforte der Venus geführt.

Wenn du das Fünf- oder Zehneck mit einem Kreis umschreiben möchtest, konsultiere das Siegel des Ozeans. [251]

Die Stufen der Zehnheit

Erste Ordnung

Durch die Zehnheit werden die Gattungen der Dinge eingeteilt. Man erkennt nämlich, daß die Fülle des Seins ausgefaltet wird, weil es auch zehn Vernunftweisen gibt, in denen sich das erste Prinzip, das Gute und die Ursache den Dingen mitteilt, sich in sie ergießt und an sie heranbringt. Es erzeugt 1. aus seinem Sein die Substanz der Dinge, | 2. durch seine Größe die Quantität, 3. durch seine Schönheit die Qualität, 4. durch Vaterschaft und Herrschaft die Relation, 5. durch Allmacht das Handeln, 6. durch All- Tätigkeit Leiden, 7. durch Allgegenwart das Wo, 8. durch Ewigkeit das Wann, 9. durch Vorsehung Disposition und Lage, 10. durch Fülle das Haben.[252]

Hieraus werden dem ersten Prinzip jene zehn Hüllen (die die Mecubalen Sefirot[253] nennen) zugewiesen. Sie werden mit dem Namen von Hüllen gepriesen, weil sie den in der absoluten Substanz unnennbaren und unbegreifbaren Gott nicht bezeichnen, sondern durch gewisse äußere Hinsichten charakterisieren, sozusagen durch Schleier vor dem unzugänglichen Licht. Sie sind EHIEH, HOCMA, BINAH, KETHER, NEZAH, HOD, TYPHERETH, GEBURAH, MALCUTH, HESED. Daher wird auch jede Untersuchung, Findung und Beurteilung von Dingen und Intentionen durch der Zahl nach zehn Fragen bestimmt.[254] 1. OB, darunter fallen drei Unterschiede: zuerst zwischen dem Bejahten und Verneinten, der zweite zwischen dem Geglaubten und Bezweifelten, der dritte zwischen dem Sicheren, Gültigen und dem Erfundenen oder der Erscheinung. 2. WAS, worunter fällt: zuerst was für ein Name, zweitens was für eine Gattung, drittens welche eigentümliche Wesenheit oder welche Differenz. 3. WIE GROSS, worunter fällt: zuerst die Bewegung, zweitens die Zahl, drittens die Größe. 4. WIE BESCHAFFEN, worunter fällt: erstens die natürlichen Vermögen, zweitens Habitus und Anlagen, drittens innere Akte wie Betrachtungen und Leidenschaften und äußere Akte wie Figuren. 5. WESHALB, zuerst bezogen auf die Ursache, zweitens bezogen auf die Wirkung, drittens bezogen auf das Ziel. 6. INWIEFERN, worunter fällt: erstens etwas Ist, zweitens etwas KANN , drittens etwas Ist TÄTIG. 7. WANN, worunter fällt: erstens Dauer oder Leben der Sache, zweitens Bestirnung oder Zusammensetzung des Himmels, drittens Ordnung oder Struktur des Wechsels. 8. WO, hierunter fällt: erstens wie im Prinzip und Erhaltenden, zweitens wie in der Gattung, im Ort und Land, drittens wie in den Teilen und im Zugrundeliegenden oder Ganzen. 9. WIE, worunter fällt: erstens unter einem anderen, zweitens in sich, drittens zu einem anderen. 10. WODURCH, worunter fällt: erstens was einen begleitet, zweitens was man besitzt, drittens das Mittel, der Weg und das Instrument.[255] Diese zehn formen wechselseitig durch sich selbst und ihre eigenen | und die ihnen untergeordneten Arten alles Einzelne und werden (wie es in den Ausstrahlungen der Figur der Neunheit offensichtlich geworden ist) von allem geformt.

Aus fünf Unterschieden ergeben sich zehn Arten des Wahren.

	ist gewesen	*immer*	1.
		irgendwann	2.
	ist gewesen, und ist	*immer*	3.
		irgendwann	4.
in bezug auf das Gegenwärtige *nämlich: etwas*	ist gewesen, ist, wird sein	*immer*	5.
		irgendwann	6.
	ist, und wird sein	*immer*	7.
		irgendwann	8.
	wird sein	*immer*	9.
		irgendwann	10.

An erster Stelle steht das WAHRE. An zweiter der Aufgang der Sonne und ihre Verfinsterung. An dritter, daß meine Zählung ist oder sein wird. An vierter, daß ich zähle. An fünfter, daß ich zählen werde, weil ich zähle nun zähle. An sechster, daß ich (da ich gezählt habe) zähle. An siebter, daß ich zähle oder gezählt habe. An achter, daß ich zu gleicher Zeit gezählt habe oder (da ich zähle) zähle. An neunter, daß ich das Wahre gezählt habe. An zehnter, daß ich an diesen Zahlen vergangen bin.[256]

Wir haben zehn Darstellungen des Seienden (Akzidenzien nämlich des Seienden und um das Seiende werden weder von Moses noch von einem anderen Weisen in der Reihe der Geschöpfe aufgezählt): 1. ABGRUND oder Schatten, und Raum. 2. Das zuerst geschaffene LICHT bei Moses. 3. GEIST, Luft, Äther, Seele. 4. WASSER bei Moses, oder die feuchte Natur nach Trismegistos. 5. ATOM nach Demokrit, das Trockene bei Moses, die Erde bei Empedokles: fünf erstrangige Einfache, aus denen ebensoviele Zusammengesetzte folgen. 6. Die GÖTTER, aus der einfachen Substanz des Lichtes mit dem Geist oder der Seele; sie werden durch Gelübde und Gerechtigkeit erfreut. 7. Die DÄMONEN aus Wasser und Geist, | von denen mehrere sich an Blut ergötzen; die weniger unreinen von ihnen werden mit den Düften von Pflanzen und aromatischen Zubereitungen gelockt. 8. Als nächste LEBEWESEN, wie die Körper der Gestirne und derer, die auf ihnen leben, wie auf der Erde, dem Mond und der Sonne, mit Empfindung begabt. 9. PFLANZEN, Bäume und Gräser. 10. MINERALIEN, Steine, Metalle. Unter diesen sind die, welche keine eine eigene Art konstituierenden Elemente besitzen wie Tau, Schnee, Reif, Flammen und Wolken. Sie liegen zwischen dem Einfachen und dem vollkommen (zu seiner Vollkommenheit strebenden) Zusammengesetzten. Vom Himmel fallende Steine und Blitze gehören zu der Gattung der Mineralien, auch wenn sie nicht im Mutterschoß der Erde zu entstehen scheinen. Zoophyten sind solche, da sie zwischen Tieren und Pflanzen liegen, die man auf jede der beiden Gattungen zurückführen kann; wenn sie nur in der Reihe der einen den höchsten, in der der anderen aber den untersten Grad innehaben können. Desgleichen gibt es zwischen je zwei beliebigen ähnlichen Gattungen eine mittlere, die du dann auf die gleiche Weise begreifst, wenn der Stufenbau der Natur mit einer gewissen Lückenlosigkeit und Verkettung vom Höchsten bis zum Tiefsten hinabführt. Indessen wird keine andere als die Zehnzahl für die Einteilung der Dinge geeigneter erscheinen.

Zweite Ordnung

Die Zehnheit ist die vollständige und vollkommene Zahl aus dem Zählakt des Menschen heraus: aufgrund einer Vorgabe, die nämlich von seinen Fingern kommt.[257] Auf anschauliche Weise hat Moses in natürlicher Anpassung an die Formgleichheit mit den Fingern einer Hand die fünf Bände des Gesetzes geschrieben, den Pentateuch. Christus hat sein Gesetz auf die zwei Gebote der Liebe, gleichsam wie auf zwei Hände, und auf die zwei mosaischen Tafeln bezogen. Beide Gesetze werden in der Darstellung eines Dekalogs durch die Finger beider Hände, die die Unterscheidung der Werke angeben, benannt, deren Ordnung entspricht: 1. der EINHEIT, 2. der WAHRHEIT, 3. der GÜTE, 4. der LIEBE, 5. der GEDULD, 6. der FREIZÜGIGKEIT, 7. der AUFRICHTIGKEIT, 8. der TREUE, 9. der ABSTINENZ, 10. der SELBSTBEHERRSCHUNG, und auf diesen Schriftsinn bezieht sich in moralischer Hinsicht, was im Buch Hiob gesagt wird, daß Gott in die Hände der Menschen geschrieben hat,[258] damit die Einzelnen ihre Werke kennen sollen. In der Zehnzahl | sind also das, was an Werken möglich ist, und die Instrumente der Werke zu begründen; aber daß die Zeit für ein Werk und die Mittel als ein Sechsheitliches zu erforschen ist, ist weiter oben gezeigt worden. Aristoteles sagt nicht von ungefähr: von Natur aus zählen alle, ob Griechen, ob Barbaren, bis Zehn. Jedoch erklärt er diese Natur nicht, weil wir ganz selbstverständlich durch Auseinanderlegen und Zusammenfalten der Finger, und zwar genaugenommen der Fingerglieder, die an ihnen sind, dazu gezwungen sind, sie zu bemerken und sie, sei es als Stumme, sei es als Schweigende, auszudrücken. Und auf dem vierten Teil der Erde, den wir Amerika nennen, begründet eine unbeschuhte Gattung von Menschen eine Periode, in der sie die Einzahl wiederholen, wie wir in der Zehnheit, so sie in der Zwanzigheit (indem sie nämlich auch die Zehen der Füße in der Zählung bezeichnen).[259] So ist also nicht ins Blaue hinein von uns gesagt worden, daß es in anderen Arten und aus tieferliegenden Ursachen andere Zahlen aus Fingern gibt, wie auch von Fingergliedern, und von Figuren, die aus Fingergliedern gewonnen sind; für die meisten Vögel nämlich (wenn sie zählen) wird die Zahl durch die Achtzahl der Zehen bestimmt; und Spinnen und Bienen machen ebenso entsprechend der Zahl ihrer Beine die Gewebe und Ecken ihrer Bauten. Es ist also offensichtlich, aus welchem Grund die Zehnheit die periodische Zahl ausdrücklich in bezug auf die Spezies des Menschen ist.[260] Seine Linienfigur ist also ein Kreis, der mit der Eins 10 zählt. Die Flächenfigur besteht aus zwei Kreisen, die mit der Eins 100 zählen. Die Körperfigur besteht aus drei Kreisen, die mit der Eins 1000 machen. Und so wie es auch nicht mehr als drei Dimensionen gibt, so wächst die Periode der Finger zur Periode der Fingerglieder nur durch verdreifachte Herleitung. So hat Plato zur Auslöschung der Schuld die Zahlen Zehn, Hundert, Tausend benutzt, die sich aus der Zehnzahl ergeben. Von daher sagt jener »hundert waren die Jahre und sie flattern umher um diese Gestade"[261] und »alle diese, wenn sie ihr Rad durch tausend Jahre hin drehten«,[262] »und wiederum beginnt dies, gewillt in Körper zurückzukehren«.[263] Der Apokalyptiker sieht, daß die Bestie tausend Jahre gefesselt ist,[264] und bei Daniel wird dieselbe Zahl das eine Schlafen genannt. Und gerade Origines, der christliche Theologe und platonische Philosoph, weist diese Zeit dem Wechsel von Finsternis und Licht zu.[265] |

Dritte Ordnung

Mit zehn Kreisen wird bald die sichtbare, bald die unsichtbare Sphäre bestimmt.[266] Der HORIZONT der Geister ist – nach Appollonius,[267] im Buch über die Tribunale – von doppelter Ordnung, höherer oder niederer, größerer oder kleinerer. Dort bewirkt die größere einen Einfluß und Eindruck auf die kleinere; Appollonius erkennt, daß, gemäß gewissen Leuten, sich unsere Seelen in der kleineren, die Dämonen aber in der größeren befinden; gemäß anderer zwei Hierarchien, deren eine der anderen vorsteht. Diese Ordnungen werden, wie Astaphon[268] im Buch über die Konstellation der Mineralien sagt, und wir in der Stufe der Vierheit bemerkt haben, in den Schnittpunkten der Kreise betrachtet. Oh wieviel Kraft (sagt er) ist in den Schnittpunkten der Kreise, und wie sehr den Sinnen der Menschen verborgen! Wenn der Drachenkopf im Schützen steht, und wenn der Diacedius-Stein ins Wasser gelegt wird, kommen natürlicherweise die Geister, um Antworten zu geben. Dieser Stein verliert durch Berührung mit dem Körper eines toten Menschen (nicht mit denen anderer Lebewesen) seine Kraft. Der MERIDIAN ebenso wie der Merinoktialkreis ist ein Ort, nach dem man gewisse Dämonen meridiane Dämonen nennt; in bezug auf sie sagt Hipparch[269] im Buch über die Vorsicht der Natur: wie die Sonne in der Mittagskreislinie den Aufschauenden täuscht, so täuschen die Geister durch den Schatten die Menschen, weil keiner zur Wahrheit der Sache aufsteigen kann, und die, die über die Zukunft urteilen wollen, von daher schon den Anfang ihres Irrtums haben. Und ich decke – im Buch über die Sphäre[270] – die Ursache ihrer Irrtümer auf und lehre, daß sie den Meridian von der Mittagssonne abgewendet suchen sollen. Über den KOLUR der Solstitien und den KOLUR der Äquinoktien[271] haben wir Überlegungen vorgebracht, insoweit sie dargestellt werden können und auch soweit sie dargestellt werden müssen, um hinreichend zu sein – in den Ausführungen, die wir über die Stufen der Vierheit gemacht haben, über die vier Arten [von Dämonen], die den vier Elementen vorstehen und die deren Naturen, Unterschiede und Veränderungen auf ihre Veränderungen, Naturen, Potenzen, Akte und Figuren beziehen, und die jene vier kardinalen Punkte | innehaben und die Strahlen der Sonne aus jenen beobachten. Der WENDEKREIS des Steinbocks hat keine Intelligenzen, die zum Brauch in unseren Landen gehören, aber jeder Kult und Aberglaube wird auf den WENDEKREIS des Krebses hin gewendet umgekehrt, dessen Entfernung vom Polarkreis eine doppelte ist zur höchsten Deklination der Sonne, wie Salomon im Buch der Schatten sagt;[272] und auch der Abstand des arktischen Pols zur größten Deklination des Lebens des Himmels[273] ist doppelt. Deshalb behauptet Ciccus Asculanus[274] (der Zeiten großer Berühmtheit erlangt hat), daß es der Fürst der Geister war, der Floron genannt wird und doppelte Macht wie Asmit hat, Floron, von dem er, der bemitleidenswerte Magier, endlich auf böse Weise zugrundegerichtet und getäuscht worden ist; aber nicht wirklich getäuscht, weil dieser vorausgesagt hatte – durch eine Erscheinung aus dem chalybdäischen Spiegel –, daß sein Kopf erhöht werden müsse über das römische Volk. Aber er wurde in Rom am Galgen erhöht, auf dem Campo de' Fiori, gerade weil er dies am wenigsten von allem fürchtete. Nachdem die Beschwörung nach allen Regeln der Kunst vollbracht worden ist, täuschte er auch einen Mann aus Marseille, aber er betrog ja nicht den Schatzsucher, dem er gesagt hat: gehe, gehe, du wirst einen Schatz finden, der dir für dein ganzes Leben reicht; denn als dieser vier Unzen Gold fand, nachdem er in der Höhle eines Berges gegraben hatte, kam er um, von einem Einsturz verschüttet, und der Leichnam wurde Gold in der Hand haltend aufgefunden. König Manfred hat er verhöhnt, indem er ihm sagte: rückt ein ins Feld, und es werden sich eure Feinde vor euch neigen; aber als sein Heer geschlagen worden war und Manfred sich beklagte, riet er ihm, auf die Feinde zurückzuschauen, die sich vor den daliegenden Leichnamen beugten, um sie auszurauben. Befragt von Asculanus hat er aus dem Schatten des Mondes geantwortet: wie die Erde erdig ist, ist die Erde auch feucht; wenn du den ganzen

Schatten hättest, würde er dich nicht wie ein Schatten täuschen.[275] Gefragt über den heimlich geraubten Schatz, wo er läge, hat er gesagt: zwischen Weide, Stall und Gebetshaus. Aber auf anderem Weg ist etwas gefunden worden in der Gruft, die im Tempel war. Sie sind keinem gewogen außer vielleicht denen, die sich ihnen freiwillig anbieten. Diejenigen, die frech um etwas bitten, | sind unglückliche und verzweifelte Menschen und haben sicherlich ihre Strafe verdient. Von den sehr mächtigen und Verderben bringenden Feinden der Menschen wird gesagt, sie bewohnten den ARKTISCHEN Kreis, nach dem Ausspruch: von Aquilon[276] tut sich alles Böse auf. Weshalb nicht von ungefähr der Prophet berichtet, daß der Samaelische Fürst gesagt habe: ich werde auf dem Berg des Testaments auf Seiten Aquilons sitzen, um dem Höchsten ähnlich zu sein. Und daß diese Bewohner des Polarkreises von edlerer Natur seien, bezeugt Salomon der Hebräer, und gewisse christliche Nekromanten sagen dort, wo sie über sie berichten,[277] daß sie von der höheren Hierarchie der Cherubim aufgrund ihres Hochmutes vertrieben worden seien. Die Bewohner des ANTARKTISCHEN Kreises hat der Autor in seinem Buch von den Schatten so angesprochen: O antarktische Seelen, von der Gottheit vertrieben, warum wird, wie es scheint, die Würde der so großen Natur zusammengezogen zum spiegelnden Kristall des Minerals? Die Seelen geben nämlich Antworten einmal aus den Spiegeln, dann aus Statuen, goldenen, silbernen, zinnenen und anderen. Den ZODIAK beherrschen im unsteten Wechsel sieben Fürsten, umherschweifend wie die Planeten, (Fürsten, deren Namen schon von anderen bekannt gemacht worden sind), die wir in den Stufen der Siebenheit ihrer Eigenart gemäß erwähnt haben. Auf der EKLYPTISCHEN Linie wohnt eine verborgene und einfache Gattung innerhalb jener vier Punkte, die wir in den Stufen der Vierheit und anderswo in Erinnerung gebracht haben. Aber diese Wesen sprechen in Gleichnissen und denken sich etwas anderes als sie sagen; ich sage aber, dies soll nicht weiter ausgedehnt werden.

Epilog des Masses[278]

Sie trachtet danach, das Maß des Lebens so verschiedenartig wie möglich zu erkennen zu geben, die in der Hand in Zeichen ausgebreitete göttliche Linie. Die Teile dieser Linie, die von oben nach unten verläuft, nämlich vom Jupiterberg aus, und um den Venusberg von oben mit Schwung herum, | nimmt man auch für die eine Seite des Marsdreiecks. Kaum von ungefähr stellen diese Teile das mit einem sicheren Urteil und sicheren Gesetzen verbundene Prinzip der Meßkunst dar. Da es schließlich die Erfahrung in jeder Hinsicht bestätigt, daß dieses von allen als etwas Wahres betrachtete auf einem zuverlässigen Sinn beruhe, sollen die Zeitabschnitte des Lebens als gleiche den ungleichen wie ihnen Zugrundegelegtes eingezeichnet werden: in bezug auf schon hinter sich gelassene Abschnitte nach einem immer sicheren Gesetz und nach einer höchst hinreichend sicheren Reihenfolge. Schau genau auf die Punkte dieser herabsteigenden Linie: daß ein dritter Punkt, der von zwei anderen in je gleichem Abstand entfernt ist, unter diesen zwei Punkten zu liegen kommt, und es der Linie der gebogenen Basis geschieht, daß ihr mittlerer Punkt von einer ihr gegenüberliegenden Speerspitze gestützt wird. Und ein [diese Punkte] verbindender Fluß hinterläßt seine Spuren. Er wird in acht gleiche Teile geschnitten, und wer durch sieben Parallelen die Grenzlinien verbinden will, tut dies, indem er sie mit den zwei [Dreiecks-] Seiten verknüpft. In Bezug auf die ersten Teile der gekrümmten Linie muß man ebenfalls in dieser Ordnung verfahren. Von den sieben sollen alternierend vier Parallelen genommen werden, damit jene sich den ebensovielen Teilen der einen gebogenen Linie angleichen. Wenn die Parallelen in allen Abschnitten ergriffen werden sollen, und zwar nacheinander in der genannten Reihenfolge, sollen sie die immer selben Abschnittsverhältnisse in Bezug zu den zugrundegelegten Geraden erhalten. Von der für uns nichts desto weniger kurzen, gekrümmten Linie der Zeit wird so viel als möglich von dem großen Teil [der Zeit] gespiegelt. Du kannst so viele Geraden auf die Teile beziehen, die in ein Dreieck von ähnlicher Gattung hineinlaufen, so daß alles in durchsichtiger Weise in denselben Zeichen sich erklärt, | deren Struktur dieselbe ist. Die Erfahrung zeigt nämlich, daß in den verschiedenen Fällen, die in der jeweils zugemessenen Lebenszeit vorkommen, das Widrige auf Grund eines solchen, das Maß ununterbrochen variierenden Verlaufes und nach der gleichen Regel herbeigeführt wird. Deshalb kommt in einem gleichseitigen Dreieck eine kontinuierlich umschlossene gekrümmte Linie vor, die ähnliche Teile ergreift; wie die Speerspitze des Arktur und der Stundenzeiger des Saturn bestimmten Teilen ähnliche Teile gut gegenüberstellen sollen,

so sollen sich auf ähnliche Weise die Teile gleich weit voneinander entfernt halten und voneinander unterscheiden. Du wirst dich, wenn du schließlich eine gerade Linie im Verhältnis zu der kurzen gekrümmten Linie errichten willst, nicht um vieles irren, weil ja der einfache, darauf hingelenkte Sinn gleich anzeigt, was die Hand nicht begreift.

Denn das Auge muß die Mitte und darüber hinaus noch die Mitte der Mitte, und was darum herum ist, mit einer so leichten und sehr sicheren Anstrengung sehen, | wie der Akt des Lichtes[279] die anderen Sinne übertrifft. Das geradlinige und das gekrümmte Minimum werden in einem ähnlichen Punkt und in einer solchen Art zusammentreffen. Denn die Zahl Eins unterscheidet das eine Minimum vom anderen.

Epilog der Figur

Siehe, ich berichte dir von einem universalen Werkzeug, mit dessen Hilfe du imstande bist, alle Formen nach Belieben darzustellen. Es ist nicht notwendig, sich ein immer verschiedenes Mittel und Zeichen durch die einzelnen Dinge hindurch herzustellen, um neue Gegenstände zu finden, sondern du vollendest alles durch den einen Kreis, dessen Kreislinie du in viele Teile so genau teilen kannst, wie du willst, und von ihm her kann das Werk errichtet werden. Weiter, die dann schließlich bestimmte Zahl der Teilstücke besteht immer aus zweifach zueinander geordneten Segmenten. Es sind nur sechs Figuren, die sich aus dem ersten Grund in einer ununterbrochen fortlaufenden Reihe herleiten lassen, damit man zu jenem zugrundegelegten Abschnitt gelangt, dessen Hälfte oder dessen Quadrat mit dem Sinn wie ein Maß zu erfassen erlaubt ist. Offensichtlich wie auch die Hälfte der Hälfte wiederum, in Bezug auf welche du, auch wenn du manchmal irrst, kaum einen Irrtum begehen kannst, da man ihn schon durch einfaches Hinschauen erkennen kann. Und diese Figuren kommen der Natur der Dinge weniger nahe, welche in der Bewegung kaum dasselbe Maß beibehält, und die Körper stimmen nicht durch alle Zeitabschnitte hindurch mit sich selbst überein. Die Verschiedenheit des Körpers kommt bis zu einem beliebig großen Intervall, was schon durch das Urteil des Augenscheins erfahren wird. Deshalb wirst du keineswegs die äußere Gestalt der Natur entweihen, | wenn du ihr Ziel in einer gewissen Weite faßt. Aber wer begehrt, alles durch eine Kunst zu begreifen, der verfolgt es mit der Speerspitze des Arktur. Sie soll in die Teile der Kreislinie nach einer gleichförmigen Reihenfolge hinausschnellen, und hier kann sie durch den Kreis, indem sie den Ort verändert, alle Orte sehr angemessen durch den Begriff von je zwei Punkten bezeichnen, deren [Funktion] die Randlinie wie auch die Innenfläche anzeigen. Und es steht nichts dagegen, daß der Radius außerhalb der Kreislinie in die Länge weiter gezogen wird, weil daraus im übrigen ein zusätzlicher Nutzen entsteht, daß du nämlich große und kleine Formen mit einem einzigen Instrument geeigneter beschreiben kannst. Die Hälfte dieser Formen wird dem zugrundegelegten Kreis von außerhalb hinzugesetzt, und im anderen Fall ist es so, daß die Form innerhalb einer um sie herum gestellten Linie und ihrer Knospen[280] steht. Denn so werden durch den Punkt des Radius und der Kreislinie beliebige Flächen in der Ebene und jegliche Grenzen bestimmt, und so wird jedes beliebige Verhältnis untereinander ähnliche Formen ergeben. Wenn man bisweilen mit einer zweifachen Linie arbeiten wird, wird die Kreislinie für dich eine zweifache Zahl bestimmen, so daß es daher nicht eines Radius für die Dinge bedarf, welche der Saum des Kreises umfaßt. Und wieder wirst du das Dreieck passend machen können, von dessen Seitenmitte und von der Speerspitze her jeweils die Linien gespannt werden, und diese sehr brauchbare Konstruktionsweise kommt sehr oft vor. Wo nicht eine Figur aus vielen Zahlen geformt werden soll, die die Rechnung des Geometers bestätigen muß, sollst du um den Mittelpunkt eines zugrundeliegenden Kreises einen gleichen Kreis beschreiben in der Leere, von der du willst, daß sie Form annehme, damit durch die weitergezogenen Geraden gleiche Bögen eingefaßt werden. Diese Figuren bestehen entweder innerhalb des Kreises aus Geraden gleichen Maßes, | oder sie werden vermittels einer gleich langen Gerade nach außen geführt. Auf sichere Weise entstehen daraus beliebige Passformen, das Teilstück, die kreisförmige Strecke, die

Grenzlinie, die Sehne, die Grundlinie, die Fläche, der Punkt, die Randlinie und der Winkel.

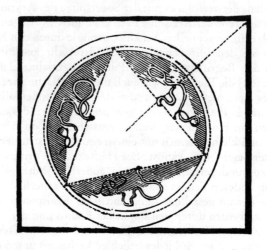

Ende. |

ANMERKUNGEN

[Prolog]

[1] Daidalos baute für sich und seinen Sohn Ikarus aus Federn, Fäden und Wachs künstliche Flügel, mit dem sie dem Labyrinth des Minos entkamen.

[2] Bellerophon ritt mit seinem Flügelroß Pegasus über den Himmel.

[3] Ossa, Pyndus und Olymp: Berge in Griechenland, die beim Kampf der Giganten gegen die olympischen Götter zu einer Art Himmelstreppe aufeinandergeschichtet werden sollten . Vgl. Karl Kerenyi: Die Mythologie der Griechen, Bd. I: Die Götter und Menschheitsgeschichten, IX, 2, »Ares und die Aloaden«, S. 123.

[4] Fatum: bedeutender Begriff für das Verständnis von »Über die Monas«, vgl. Einführung V.

[5] Vgl. Platon: Phaidros, 273 d – 247 e.

[6] »Ingenium« ist der zentrale Begriff einer Philosophie des Diskurses mit praxisbezogenem Interesse (Rhetorik) und traditionell mit denen der Erfindung (inventio), der Erinnerung (memoria) und der Phantasie verbunden. Bei Bruno steht dieser Begriff für die Ungebundenheit eines seinen kreativen Impulsen folgenden Denkens.

[7] Zoilos: Philosoph aus Amphipolis, griechischer Sophist, 4. Jh. v. Chr., steht für einen respektlosen Kritiker (er kritisiert vor allem Homer).

[8] Momos: Die personifizierte Tadelsucht, platzte aus Ärger darüber, daß er an Aphrodite nichts auszusetzen fand.

[9] Mastigen (Mastigia): Schimpfwort für einen Schurken, der immer Schläge bekommt oder verdient. (Plautus, capt. 600).

[10] Der Sonnenwagen wird von vier Pferden gezogen. Nach Ovid, Metamorphosen 2, 153 sind ihre Namen Pyrois, Äthon, Eous und Phlegon.

Kapitel I

[11] Proprium und Commune: Bestimmungsbegriffe der aristotelischen Logik. Das Proprium ist dasjenige, was nur Einem zukommt, das Commune aber wird von Vielem ausgesagt.

[12] Der *species* – Begriff ist mehrdeutig und schillernd. Seine Bedeutung hängt explizit ab von dem Zusammenhang, in dem er auftaucht, d. h. er ist ein funktionales erkenntnistheoretisches Konzept. Im »Lexicon philosophicum« des Rudolph Göckel (Frankfurt a. M. 1613) wird eine Reihe von species genannt, die vor allem auf zweierlei zurückführbar sind: einmal auf eine »species realis«, die aus der Materie selbst und einer hinzukommenden Form zusammengesetzt ist, und dann auf eine »species in mente«, die eine reale oder äußere species *repräsentiert*. (S. 1068) In beiden Fällen ist die erkenntnislogische Stelle der species das jeweilige Objekt *in Beziehung* zu einer erkennenden Potenz in einem Erkenntnisakt. Es umschreibt also im weitesten Sinne das Erkenntnisobjekt, und zwar genauer: gerade insofern dieses für ein Erkennendes in verschiedenen Modi erscheint oder repräsentiert wird. Unsere Übersetzung hat für »species« mehrere Begriffe eingetragen, die der selben Familie angehören als auch die Nuancen der Bedeutung innerhalb des jeweiligen Kontextes wiedergeben: Art, Gestalt, Erscheinung, Erkenntnisbild, Erinnerungsbild, Wahrnehmungsbild, Sonderform, Wahrnehmungsgestalt, Darstellung.

[13] Pythagoras, Aglaophemus, Zarathustra und Hermes Babylonius: Hermes Babylonius = Hermes Trismegistos, der in der Renaissance als Autor des sog. Corpus Hermeticum und als Zeitgenosse des Moses gilt. Im Konzept der »prisca Theologica« hat er die herausragende Stellung des ersten Weisheitslehrer, dem (nach Ficino) Orpheus, Aglaophemus, Pythagoras, Philolaos und schließlich Platon gefolgt sind. Über Brunos Verhältnis zur hermetischen Tradition vgl. F. A. Yates: Giordano Bruno and the Hermetic Tradition, Chicago 1964.

[14] Apollonius von Tyana: Neupythagoräer des 1. Jh. n. Chr., für seine Wundertätigkeit bekannt.

[15] Vgl. Agrippa von Nettesheim: Der Geheimen Philosopie oder Magie Zweites Buch, in: ders: Die Magischen Werke, Wiesbaden 1982, Kap. 70, S. 164: »Bei Philostratos lesen wir von einem Mädchen, das zu Rom am Tage der Hochzeit starb und das man vor Apollonius brachte. Dieser berührte die Jungfrau, fragte genau nach

ihren Namen, und sprach, als er denselben erfahren, etwas Geheimes aus, worauf das Mädchen wieder lebendig wurde.« Bruno schreibt des öfteren aus Agrippas Schriften ab, was daraus hervorgeht, daß er nicht nur über das Gleiche wie Agrippa berichtet, sondern dieses auch noch in gleiche oder zumindest auffallend ähnliche Worte faßt. Oder beide beziehen sich auf einen selben dritten Autor, den wir aber nicht ausfindig gemacht haben.

[16] Vgl. ebda., Kap. 70, S. 164: » Die Römer hatten den Gebrauch, daß, wenn sie eine Stadt belagerten, sie außer dem Namen derselben auch den Namen ihrer Schutzgottheit genau zu erfahren suchten. Wenn sie nun diese wußten, so riefen sie durch eine Formel die Schutzgötter der Stadt heraus, verwünschten die Stadt selbst und ihre Bewohner und überwältigten sie so endlich [...].«

Kapitel II

[17] Siehe Sachkommentar, S. 226 ff.

[18] »Das auf die Augen hin Entwickelte« ist alles, was durch zunehmende Bestimmung seine Eigenart im Bereich des Sichtbaren (auch Geometrischen) erhält. Wenn man von den Dingen bzw. Figuren die Eckpunkte oder Winkel nähme, verlören sie ihr Bestimmtsein und hörten auf, verschieden zu sein. Es gäbe dann für die Augen »Nichts«.

[19] De triplici minimo, op. lat., I, 3, S. 146.

[20] Vgl. Leonardo da Vinci: Tagebücher und Aufzeichnungen, hrsg. v. Th. Lücke, Leipzig 1940, Kap. 17, »Der Flug« (S. 291–369), insb. S. 349: »Vom Körperbau der Vögel«.

[21] Vgl. den mittelalterlichen Liber XXIV philosophorum, II, »Deus est sphaera infinita, cuius centrum est ubique, circumferentia nusquam«.

[22] Anlehnung an das Theorem des Cusanus von der Koinzidenz des Größten und des Kleinsten.

[23] Vgl. »De la causa, principio et uno«, Vierter Dialog. 8: Agrippa setzt in seiner »Geheimen Philosophie« an das Ende eines jeden numerologischen Kapitels (von der Eins bis zur Zwölf, ebda., S. 184–227) jeweils die »Leiter« (scala) der betreffenden Zahl, in der die ihr entsprechenden Vermögen, Kräfte, Dinge etc. auf den verschiedenen Weltebenen aufgelistet sind. Bruno stellt seine »scalae« wohl in Anlehnung an diese Tradition auf, um die Wirksamkeit eines

Prinzips analogisch durch verschiedene Bereiche hindurch so darzustellen, daß durch ihre innere Verklammerung die »magischen« Ähnlichkeitsstrukturen des Ganzen sichtbar werden.

[24] Vgl. Nikolaus von Kues: »De beryllo«, Kap. XXXIX, = Über den Beryll, hrsg. u. übers. von K. Bormann, Hamburg 1987, S. 90: »Cognoscere enim mensurare est«; u. ders., »Idiota de mente«: »Mentem quidem a mensurando dici conicio«, zit. nach: Michael Stadler: Rekonstruktion einer Philosophie der Ungegenständlichkeit. Zur Struktur des cusanischen Denkens = Die Geistesgeschichte und ihre Methoden. Quellen und Forschungen, hrsg. v. Stephan Otto, Bd. 11, München 1983, S. 50. Vgl. ebda.: Das menschliche Erkennen als Schaffen, S. 45–49.

[25] Apollon wurde in seinem chtonisch – naturhaften Aspekt auch als Vorsteher eines Chors von Naturgeistern (Nymphen, Chariten und bergbewohnenden Musen) angesehen.

[26] Amtsgebäude in griechischen Städten, in dem sich der Staatsherd befand.

[27] Pluto (Ploutos), Gestalt der Fülle und des Reichtums; ursprünglich der unterirdisch aufbewahrte Getreidevorrat. Später wird er als Herrscher der Unterwelt verehrt.

[28] Das System der Blutgefäße im menschlichen Körper.

[29] Sigillus sigillorum, op. lat. II, 2, S. 180 ff.

Kapitel III

[30] Mose 1, 1.

[31] Dihairesis (διαίρεσις). Bei Platon und Aristoteles Methode zur Aufzählung und Auffindung der Vollständigkeit und Ordnung der wesentlichen Merkmale eines zu Definierenden beim Herabsteigen vom Allgemeinen zum Besonderen, systematisch in Form einer stetig fortschreitenden, zweifachen Einteilung; beim Aufsteigen zum Allgemeinen in Form einer stufenweisen Zusammenfassung.

[32] Die Idee einer »Teilung der Natur« ist aufgenommen im Titel eines wichtigen Werkes von Johannes Scotus Eriugena: »De divisione naturae« oder »Periphyseon« (864–866). Bedeutende Schrift, die (in den ersten Büchern) in der dialektischen Bewegung, Transzendierung und Aufhebung kategorialer Bestimmungen von Gott und Sein die strukturale Genesis des Denkens selbst zum Thema hat. Ihre wirkungsgeschichtliche Relevanz liegt in der radikalen Aufwer-

Anmerkungen 163

tung der Kategorie der Relation vor den übrigen. Vgl. dazu: K. Flasch: Zur Rehabilitierung der Relation. Die Theorie der Beziehung bei Johannes Scotus Eriugena, Frankfurt a. M. 1971, und: Frances A. Yates: Lull and Bruno. Collected Essays, Vol. I, London, Boston and Henley 1982, Chap. II., »Ramon Lull and John Scotus Erigena«, S. 78–125.

[33] »Entsprechung des Seins«, Lehre der Scholastik, die die Beziehung zwischen dem ewigen Sein Gottes und dem vergänglichen Sein seiner Schöpfung darstellt. Sie wurde auf der vierten ökumenischen Lateranssynode (1215) ausgesprochen. Vgl. Thomas von Aquin, Summa theologica, qu. 4 art. 3.

[34] Vgl. Plotini Enneades, ebda., Enneades III, Liber V, II, S. 144: »De duplici Veneri: De amoribus geminibus, qui velut aliquid subsistens generantur in Venere«.

[35] Ἀντέρως = »Gegenliebe« aus dem Leben der Palästra erwachsene Gegenfigur zu Eros. Sie hatten zusammen einen Altar im Gymnasion in Elis und in einer der dortigen Palästren.

[36] Sigillus Sigillorum, op. lat., II, 2, S. 195.

[37] Vgl. Agrippa von Nettesheim, De Arte notoriatus et Procuratoria, Kap. XCIIII, S. 276, in: Operum pars posterior, Lyon; (Nachdruck, Hildesheim – New York, 1970).

[38] Sigillus Sigillorum, op. lat., II, 2, S. 180–193.

[39] Zur Differentia proxima vgl.: Rudolf Goclenius, Lexicon philosophicum, S. 533: »Proprie differentia accidunt generibus, non speciebus, cum communitas generis differentia in quandam speciem contrahatur.« Die Differentia proxima ist also jeweils die die Unterscheidung zwischen Gattung und Art konstituierende Eigenschaft.

[40] Vgl. dazu den gesamten Fünften Dialog der brunoschen Schrift »De la Causa, Principio et Uno«, in: Giordano Bruno: Dialoghi Italiani. Dialoghi Metafisici e Dialoghi morali. (Classici della filosofia VIII) Firenze 1958, S. 318–342. (Deutsch: Giordano Bruno, Von der Ursache, dem Prinzip und dem Einen, Hamburg ⁶1986, S. 97–115.)

Kapitel IV

[41] Grazien (=Chariten): drei Töchter des Zeus und der Eurynome. Ihre Namen sind Aglaia (Glanz), Euphrosyne (Frohsinn) und Tha-

leia (Blüte). Sie bringen Göttern und Menschen Anmut, Schönheit und Freude.

[42] Gemeint ist Vergil.

[43] Parzen (= Moiren): Töchter des Zeus. Man brachte sie mit dem Bild des Lebensfadens in Zusammenhang: Klotho spinnt den Lebensfaden, Lachesis teilt das Lebenslos zu (sie erhält den Lebensfaden durch alle Zufälligkeiten), Atropos, die Unabwendbare, durchschneidet ihn. Vgl. auch Politeia 617 c.

[44] Politeia 617 d.

[45] Ebda. 620 e.

[46] Ebda.

[47] Vgl. »Ars deformationum«, S. 93, in: »Praelectiones geometricae« e »Ars deformationum«, hrsg. v. G. Aquilecchia, Rom 1964.

[48] Anfang, Mitte, Ende, Sinnlichkeit, Vernunft, Geist. (Lateinische Termini im Text bezeichnen die Konstruktionspunkte einer geometrischen Figur.)

[49] Erigone: Tochter des Ikarios, welcher im Auftrag des Bacchus den Weinbau einzuführen suchte und schließlich wegen der für vergiftet gehaltenen Betrunkenen erschlagen wurde. Erigone fand den toten Vater und erhängte sich. Zeus verwandelte Erigone in das Gestirn Jungfrau.

[50] Leviathan: Meeresungeheuer, siebenköpfige gewundene Schlange der altkanaanitisch – phönizischen Mythologie. In der Bibel als Personifikation der von Gott besiegten Chaosmächte (Psalm 74, 13,14; Hiob 3, 8; 40, 25).

[51] Söhne Noahs; 1. Mose 5, 32.

[52] Pelion / Ossa / Olymp: Berge in Thessalien. Vgl. die Gigantomachie bei: Ovid, Metamorphosen, 1, 150ff. und Vergil, Georgica, I, vv. 278–282. Vgl. auch Politeia 617 c. Siehe auch »Über die Monas«, S. 321.

[53] Japetos: einer der Titanen, die von Zeus in den Tartaros gestürzt wurden.

[54] Typhon: Phantastisches Mischwesen mit 100 Drachenköpfen, schrecklichen Stimmen und Schlangenleib. Abkömmling des Tartaros und der Gaia.

[55] Eumeniden (= Erinnyen): griechische Rachegöttinen, und zwar Alekto, Teisiphone, Megaira.

[56] Hekate: Tochter des Titanen Perses und der Asteria. Als chthonische Gottheit ist sie hilfreich und unheimlich zugleich. Sie ist Herrin alles nächtlichen Unwesens, der Zauberei und Giftmischerei.

Als Göttin der Dreiwege wurde sie in der Dreigestalt dargestellt. Vgl. auch De Magia Mathematica, III, 70 r (op. lat., Bd. III, S. 494).

[57] Cerberus: der Höllenhund; Sohn des Typhon und der Echidna. Läßt als Ungeheuer mit seinen drei schlangenbedeckten Köpfen jedermann in die Unterwelt eintreten, aber niemand zurückkehren.

[58] »Numero deus impare gaudet«, Vergil, Ekloge 8, 75.

[59] Prediger 4, 12.

[60] Nebensonnen.

[61] Plotini Enneades, ebda., Enneadis III, VIII, S. 116: »Quomodo anima sit super fatum, in fato, sub fato.« Ebenso: Marsile Ficin: Théologie Platonicienne, ebda., Tôme II, Liber XIII, Cap. II, S. 209.

[62] Vgl. die drei Seelenteile nach Platon, Timaios, 69 ff.

[63] Vgl. »Lampas triginta statuarum«, op. lat. III, S. 140 ff.; dort heißt die Statue der Pallas »Minerva«. Vgl. auch »Über die Monas«, Kap. X, S. 456.

[64] Vgl. »Lampas triginta statuarum«, op. lat. III, S. 126 ff. Juno als Medium.

[65] Vgl. »Lampas triginta statuarum«, op. lat. III, S. 151 ff.: de campo Veneris id est de Concordia.

[66] Vgl. Einführung, S. XXXVII f.

[67] *causa efficiens:* eine der vier Ursachen; die Wirkursache oder das äußere Prinzip, das etwas anderes hervorbringt. Mit ihr ist auch die Wirkung gegeben.

[68] *causa exemplaris:* synonym mit idea, bezeichnet das gedachte Muster, nach welchem eine vernünftige Wirkursache etwas herstellt.

[69] *causa finalis:* eine der vier Ursachen; die Zweckursache oder das, um dessentwillen etwas gemacht wird.

[70] Vgl. dagegen die Ausführungen über das Medium im Kapitel über die Vierheit, S. 392 f.

Kapitel V

[71] Zum Ozean vgl. »Lampas triginta statuarum«, op. lat. III, S. 115: de campo Oceani.

[72] Vgl. Prediger 1, 7: Alle Wasser laufen ins Meer, doch wird das Meer nicht voller; an den Ort, dahin sie fließen, fließen sie immer wieder.

[73] Euklid, Elemente I, 46.

[74] Nereiden: Meeresnymphen der griechischen Mythologie, die fünfzig Töchter des Nereus, Gefolge des Poseidon und der Amphitrite. Zur Konstruktion vgl. Euklid, Elemente IV, 7.

[75] Zum »Götteralphabet« Brunos vgl. Sachkommentar S. 267.

[76] Juno: römische Göttin, der Hera gleichgesetzt; Gemahlin Juppiters. Vgl »Lampas triginta statuarum«, op. lat. III, S. 126 ff.: Juno als Medium.

[77] Thetis: eine der Nereiden, Mutter des Archilles. Vgl. »Lampas triginta statuarum«, op. lat. III, S. 99 ff.: Thetis als Causa Materialis; Nemesis: griechische Göttin der ausgleichenden Gerechtigkeit; Vulcanus: römischer Gott des Feuers; Isis: ägyptische Göttin, Schwestergattin des Osiris.

[78] D. h. Pferde.

[79] Pythagoras.

[80] Sonnenwenden: die Zeitpunkte an denen die Sonne in der jährlichen Bewegung ihre größte und ihre kleinste Deklination hat (und hier wohl auch die Zeitpunkte der Tag- und Nachtgleiche).

[81] Hesekiel 1, 5 ff.; 10, 9 ff.; diese Textstellen wurden in kabbalistischen Deutungen häufig herangezogen.

[82] Jeremia 48, 25.

[83] bonum supra statum: hinsichtlich der dialektischen Bezüge zwischen Ruhe und Bewegung den absoluten logischen Bezugspunkt markierenden Ort Gottes, vgl. Ps. Dionysius Areopagita: De divinis nominibus, IX, 8.

[84] Das kabbalistische Alphabet entspricht den Zahlen. Der Gottesname YHWH enthält also die Zahlenwerte 10, 5, 6. Da man diesen Namen nicht ausspricht (Zweites Gebot), wird an seiner Stelle ADONAI gelesen, d. h. »Herr«. Wenn man nun auf die Stellen der Buchstaben im Alphabet und nicht auf ihren Zahlenwert achtet, so ergeben sich die Stellen 1, 4, 14, 10.

[85] Vgl. Pietro Bongo, Mysticae Numerorum Significationis Liber, Bergamo 1585, S. 157–163.

[86] Zum Verhältnis von Zahlen und musikalischen Proportionen vgl. Francesco Giorgio Veneto, »De harmonia mundi«, Paris 1546, z. B. tom. V, cant. I.

[87] Oktave.

[88] Zwei Oktaven.

[89] Quint.

[90] Quart.

[91] Politeia 509c–511a.

⁹² Aristophanes, Die Wolken.

⁹³ Vgl. Johannes Scotus Eriugena, ebda., I. Buch, Kap. 58, S. 87: »Denn diejenigen sind im Irrthum, die da glauben, der Schatten verschwinde, wenn er den Sinnen nicht erscheint, da ja der Schatten keineswegs Nichts, sondern Etwas ist. Sonst würdige die heilige Schrift nicht sagen: 'Und Gott nannte das Licht Tag und die Schatten Nacht.'«

⁹⁴ Vgl. Das Hohelied Salomon 2, 3; von diesem Satz leitet sich der Titel des pseudo‑Salomonischen Werkes »De Umbris Idearum« her, den Bruno für ein eigenes Werk von 1582 übernommen hat.

⁹⁵ Apostelgeschichte 5, 15.

⁹⁶ Hiob 40, 15–24.

⁹⁷ In Gegensatz zu Thomas v. Aquins Definition, der Schatten sei die bloße Abwesenheit des Lichtes formulierte These Brunos, die für das Konzept der Licht- und Schattenverschränkung als Bild des von der Kraft der Memoria organisierten Bewußtseins relevant wird. Vgl. dazu vor allem die Intentiones Umbrarum A–F der Ars Memoriae, op. lat. Bd. II, S. 20–23.

⁹⁸ Hier und im folgenden liegt wahrscheinlich eine Auseinandersetzung mit der Theorie Telesios zugrunde, für den die Kälte als aktives Prinzip dem anderen aktiven Prinzip der Wärme gegenübersteht. Der Ort der Kälte ist für Telesio die Erde, der Ort der Wärme die Sonne. Vgl. auch die Spuren von Telesios Theorie bei F. Patrizi, Nova de Universis Philosophia, 1591, Panaugia.

⁹⁹ Die Auffassung, die Erde und andere Dinge seien belebt, ist charakteristisch für die Spätrenaissance. Die Begriffe Lebensgeist (spiritus) und eingeborene Wärme (calidum innatum) sind das Zentrum einer Diskussion, die auch in der Schulphilosophie (Aristotelismus) und Schulmedizin (Galenismus) geführt wurde, und deren klassische Referenzstellen Aristoteles, De generatione animalium II, 3 und Galen, Adversus Lycum, sind.

¹⁰⁰ Bruno beruft sich auf seine Schrift, »De Immenso et Innumerabilibus«, op. lat., I, 2, Lib. VII, Kap. 4–8, S. 295–310.

¹⁰¹ Vergil, Äneis VI, 78.

¹⁰² Raumerzeugung im Sinne der platonischen Tradition, hier aber naturphilosophisch interpretiert. In eben diesem Sinne macht der Prager Arzt Marcus Marci wenige Jahrzehnte später den Versuch einer geometrisch begründeten Embryologie: »Idearum operatricem idea«, 1635.

¹⁰³ Medium: das zwischen dem Mittelpunkt und einem Extrem-

punkt Befindliche; jedes Medium, das im Folgenden einer begrifflichen Analyse unterworfen wird, ist auch für die Messungen mit Hilfe von Proportionalzirkeln und ähnlichen Meßinstrumenten maßgeblich. Vgl. Nachwort, S. 198 ff.

[104] Brunos Einstellung gegen unendliche Teilbarkeit und Kontinuum. Statt dessen vertritt er seine Theorie des doppelten Terminus. Vgl. H. Védrine, La conception de la nature chez Giordano Bruno, Paris 1967, S. 177 ff. Zum Begriff des Terminus vgl. »Articuli adversus mathematicos«, op. lat. I, 3, S. 22 ff.; »De Minimo«. op. lat. I. 3, S. 161 u. 284.

[105] Zur Beziehung zwischen der Vierheit und den Elementen vgl. Francesco Giorgio Veneto, »De harmonia mundi«, Paris 1546, tom. I, cant. I, cap. XIII.

[106] Telesio (1509–1588), »De Rerum Natura«, Neapel 1586, Buch I, Kap 1–3, sowie Buch III, Kap. 7. Telesio ordnet die Feuchtigkeit der Wärme und die Trockenheit der Kälte zu, um die aristotelischen vier Elemente auf zwei Prinzipien zu reduzieren.

[107] Bruno analogisiert die Komplexion der Elemente Feuer, Luft, Wasser und Erde den elementaren Kräften der Erkenntnis, wodurch deutlich wird, daß das »Weltförmige« korrespondierendes Bild des Denkaktes ist und umgekehrt.

[108] Gemeint ist der sog. Lebensgeist (spiritus) der im Laufe des 16. Jahrhunderts zu einem Universalbegriff wird, welcher die unterschiedlichen Aspekte des Lebens auf allen Stufen der Natur aufnehmen kann und so als verbindendes Element dieser Stufen erscheint. Der Spiritus – Begriff kann in der Renaissance, zuweilen auch äquivok, in materialistischer, vitalistischer, naturmagischer oder auch religiöser Tendenz gebraucht werden. Vgl. D. S. Walker, Spiritual and Demonic Magic from Ficino to Campanella, London 1958.

[109] Vgl. Aristoteles, De generatione animalium, II, 3. Siehe auch Agrippa, ebda., I. Buch, Kap. 14, S. 42: »Durch diesen Geist also ergießt sich jede verborgene Eigenschaft in die Kräuter, die Steine, die Metalle und in die lebenden Geschöpfe vermittelst der Sonne, des Mondes, der Planeten und der Sterne, welche höher als die Planeten sind. Dieser Geist kann uns aber noch mehr nützen, wenn jemand denselben von den anderen Elementen so sehr als möglich abzusondern, oder wenigstens hauptsächlich solche Dinge zu gebrauchen weiß, welche diesen Geist in reichem Maße besitzen. Dinge, bei denen derselbe weniger und in den Körper versunken und weniger von der Materie gebunden ist, wirken mächtiger und vollkommener,

sowie sie auch schneller das ihnen Ähnliche erzeugen. Denn alle Zeugungs- und Samenkraft ist darin enthalten, weshalb die Alchemisten diesen Geist auch aus dem Silber und Golde auszuscheiden suchen. Wenn derselbe richtig abgesondert und ausgezogen ist, und man bringt in nachher mit irgendeinem Metalle in Verbindung, so kann man augenblicklich Silber oder Gold hervorbringen.«

[110] Gemeinsames Merkmal aller unter derselben Gattung begriffenen Arten und Individuen.

[111] Südostwind.

[112] Westwind.

[113] Nordwind.

[114] Südwind.

[115] Vgl. De Magia Mathematica, op. lat., Bd. III, S. 496.

[116] Gemeint ist Cecco von Ascoli (eigentlich Francesco Stabili (1327), der einen Kommentar der »Sphaera« des Sacrobosco verfaßt hat, welcher in zwei Ausgaben, 1499 und 1518, verbreitet war. Ed. L. Thorndike: The Sphere of Sacrobosco and its Commentators, Chicago 1949. Bruno paraphrasiert in diesem Abschnitt weitgehend den Text S. 387ff.

[117] Punkte auf der Eklyptik, an denen sich die Sonne zu den Zeitpunkten der Tag- und Nachtgleiche befindet.

[118] Punkte auf der Eklyptik, an denen sich die Sonne zu den Zeitpunkten der kleinsten und der größten Deklination befindet.

[119] Koluren: die beiden Längekreise, die durch die Pole der Eklyptik gehen und durch die Solstitialpunkte oder die Äquinoktialpunkte. Vgl. Sacrobosco, Sphaera in: Thorndike, ebda., S 126.

[120] Dämonenarten; vgl. den Text weiter unten; vgl. auch die entsprechenden Kapitel im »Hexenhammer« von Institoris und Spranger.

[121] Romulus: mythischer Gründer Roms; Merlin: Zauberer und Seher der Artussage; Thyaneus = Bürger von Tyana: Apollonius; Theut: ägyptischer Gott.

Kapitel VI

[122] Ingenium, Kunst, Fähigkeit, Zeit und Zugrundegelegtes.

[123] Entgegengestelltes und Form.

[124] Zeitalter.

[125] Arbeit.

[126] Erfahrung

[127] Ehre.

[128] Rang und Herrscherwürde

[129] Naturphilosoph.

[130] Matthäus 25, 1–13.

[131] Hinweis auf die Kunst der Chiromantie, siehe Sachkommentar S. 260 ff. Vgl. auch op. lat., a cura di Carlo Monti, ebda., Introduzione par Carlo Monti, S. 28 f.

[132] Gemeint sind Darstellungen des gekreuzigten Christus.

[133] Platon: Timaios 54 d – 55 d.

[134] Cyrenäiker oder Hedonisten: Bezeichnung der von Aristippos von Kyrene begründeten Schule des »Lustgewinns«, die von etwa 350 bis 275 v. Chr. bestand.

[135] Epikur: Philosoph des 4. Jh. v. Chr., dessen Lehre das statische (katastematische) Bewußtsein ungetrübter Ruhe entschieden abgegrenzt von den transitorischen Momenten relativen Glücks der Lehre des Aristipp von Kyrene.

[136] Cyniker: Philosophische Richtung des 5. – 4. Jahrhunderts v. Chr., folgerichtige, dabei aber schroffe Opposition gegen alles Herkömmliche, weil und soweit es mit rationaler Überlegung unvereinbar ist.

[137] Heraklit v. Ephesos, bedeutender Philosoph um die Wende des 6. Jh. v. Chr., lehrte den einen Logos, das Grundgesetz vom ewigen Wandel.

[138] Marcus Manilius, der Verfasser des zwischen 9 und 22 n. Chr. entstandenen, dem Kaiser Tiberius gewidmeten Lehrgedichtes »Astronomica«. Dieser Text wurde 1417 wieder aufgefunden. Die Fresken des Palazzo Schifanoia in Ferrara (von der ferraresischen Schule um Cosmè Tura, Ercole de Roberti und Francesco Cossa zwischen 1467 und 1470 ausgeführt) richten sich in ihrem astrologischen Programm nach dieser Schrift. 1484 erscheint in Rom ein Kommentar von Lorenzo Bonincontri.

[139] Anaxagoras: Naturphilosoph des 5. Jahrhunderts v. Chr.

[140] Empedokles von Agrigent, Naturphilosoph des 5. Jahrhunderts v. Chr. Zu den von Bruno (nach Ficino) referierten naturphilosophischen und erkenntnistheoretischen Positionen der genannten Vorsokratiker vgl. den entsprechenden Text bei Aristoteles, Metaphysik, Buch I. (A), 983 b 7–990 a 31.

[141] Brunos Schrift »De rerum principiis elementis et causis« (1590), op. lat., Bd. III, S. 509–567.

Anmerkungen

[142] Platon: Timaios, 53 d–55 c.

[143] Ebda. 56 a.

[144] Theophrast von Eresos, Schüler und Nachfolger des Aristoteles im Peripatos. Er verfaßte Werke zur Pathologie, über die Ursachen, Wirkungen und Heilung unter anderem der Müdigkeit, über die Arten des Schweißes und der Wiederbelebung.

[145] Hier formuliert Bruno das Prinzip einer dem Ähnlichkeitsgesetz gehorchenden Medizin, wie es auch in Samuel Hahnemanns »Organon der Heilkunst« (1790) zu finden ist: Hahnemann begründet mit diesem Werk die sogenannte »Homöopathie«.

[146] Galenus, Leibarzt des Marc Aurel, verfasste für die abendländische Medizin grundlegende Schriften.

[147] Bruno äußert an dieser Stelle seine Vorstellung von einem »Wissen der Alten«, dessen Verlust er bedauert. Sein Ziel ist, dieses Wissen aus überlieferten Bruchstücken und Riten zu rekonstruieren, wobei es gelingen soll, die Wirkkraft der ihm zugrundeliegenden Prinzipien zu revitalisieren. Die Idee eines auf Kommunikation, Bezogenheit und Austausch von Kräften beruhenden Zusammenhangs aller Dinge, Wesen, Begriffe, Zeichen und Erscheinungen untereinander kennzeichnet dieses Wissen als magisches. Am Ende der Schrift »De rerum principiis elementis et causis« schreibt Bruno: »et haec sunt praecipua capita circa quae oportet meditari, aggregare universalia, exercere actum contemplationes et applicare praxes eum *qui plene magiam vult in pristinum et nobilissimum statum instaurare.* (Hervorhebung E. v. S.) op. lat. III, S. 567. Vgl. dazu auch die Schriften »De Magia« und »Theses de Magia«, ebda., S. 397–491, und »De Magia Mathematica«, ebda., S. 493–506.

[148] Zuerst verehrter Gott der Römer (Plinius, Nat. 16. 216). Zu dem »ritu humano« dargebrachten Ziegenopfer vgl. Gell. 5, 12, 12.

[149] Auch Diespiter, Himmels- und Göttervater. Gelegentlich als anderer Name für Jupiter gebraucht.

[150] Vgl. dazu das Schema S. 436.

Kapitel VII

[151] Vgl. H. Meyer / R. Suntrop: »Wegen der sechs Schöpfungstage Gottes und der Gesetzesvorschrift von sechs Werktagen (Ex. 20, 9; Lev. 23, 2; Deut. 5, 13) bezeichnet die Sechs für die vita activa des

Menschen das Handeln und die guten Werke.« S. 451. Vgl. auch das Konzept der Sechs bei Nikolaus v. Kues, Mutmaßungen, ebda., Teil II, Kap. VII, S. 124–134.

[152] Materie, Art, Zeit, Ort, Bewirkendes.

[153] Notwendiges.

[154] Euklid, Elemente 4, 15.

[155] Ziel.

[156] Urbild.

[157] Verstand.

[158] Ordnung.

[159] Umstände.

[160] Instrument.

[161] Wunsch.

[162] 2. Mose 20, 9; 34, 21; 35, 1.

[163] Hiob, 5, 19: »In sechs Trübsalen wird er dich erretten, und in sieben wird dich kein Übel anrühren«.

[164] 2. Mose 24, 12–18.

[165] 2. Mose 21, 2; 5. Mose 15, 12.

[166] 2. Mose 23, 10–11; 3. Mose 25, 2–7.

[167] Lykurg: sagenhafter Begründer der sogenannten spartanischen oder lykurgischen Verfassung, datiert zwischen dem 11. u. 8. Jh. v. Chr.. Aus Delphi habe er die »Große Rhetra« erhalten, die die Hauptpunkte der lykurgischen Verfassung nennt.

[168] Könige 10, 19; 2. Chronik 9, 17.

[169] Offenbarung 21, 13; Hesekiel 48, 30–35.

[170] Lukas 10, 1.

[171] 4. Mose 11, 24–30.

[172] Eigentlich einhundertvierundvierzigtausend Gezeichnete, Offenbarung 7, 4.

[173] Jesaja 6, 2; bei Jesaia allerdings Serafim.

[174] Diese Aufforderung, die auch an anderen Stellen (z. B. S. 401) geäußert wird, versteht sich aus dem Geist der lullistischen Kombinatorik. Die Kombinatorik dient zur Invention neuer Termini. Vgl. Brunos lullistische Schriften (De Lampade Combinatoria, Medicina Lulliana u. a.). Zur Kombinatorik allgemein: S. Rossi, Clavis universalis. Arti mnemoniche e logica combinatoria da Lullo a Leibniz, Milano 1960.

Kapitel VIII

[175] Materie.
[176] Werk.
[177] Fähigkeit.
[178] Angelegentliche Bemühung.
[179] Zeitalter.
[180] Zeit.
[181] Tun, Form, Arbeit, Schutzgeist, Zugrundeliegendes.
[182] Notwendiges.
[183] Vgl. »De Rerum principiis, elementis et causis«, op. lat. Band III, vor allem die Abschnitte » De Tempore« (S. 536–549) und »De Virtute et vitiis signorum et planetarum singulorum, nempe luce et tenebris, quibus singuli dominantur« (S. 549–553).
[184] Saturn.
[185] Saturn, Jupiter, Mars, Venus, Mond, Diana und schließlich Sonne (Apoll) stehen für die sieben *astrologischen* Prinzipien, die die irdischen Wesen hinsichtlich der Zeit- und Lebensqualität gemäß dem Fatum bestimmen.
[186] Es handelt sich um den Schild des Achill, welcher als das erste Kunstwerk gilt, verziert mit einem Bild der Planetenkonstellation. Homer beschreibt ihn im XVIII. Buch der Ilias.
[187] Vgl. auch zu einer Theorie der Zeit an Hand der Siebenheit: Carolus Bovillus: »Aetatum Mundi septem Suffutatio« (1520), Nachdruck Frankfurt 1984. Über Zeit, Zahl und Zeitmodi vgl. G. Böhme: Zeit und Zahl, Frankfurt 1974.
[188] Gemeint sind die Zeichen des Zodiaks oder Tierkreises.
[189] Bezieht sich auf das folgende Schema der Fortuna.
[190] 3. Mose 25, 8.
[191] Jedes der sieben astrologischen Prinzipien hat, bedingt durch seine jeweilige Konstellation innerhalb der übrigen, einen »guten« und einen »schlechten« Aspekt, einen, der die Vollkommenheit herbeiführt und einen, der diese verhindert.
[192] 1. Mose 1, 2: »Und die Erde war wüst und leer, und es war finster auf der Tiefe; und der Geist Gottes schwebte auf dem Wasser.
[193] Sprüche 9, 1.
[194] Offenbarung 5, 1.
[195] Psalm 11, 7.
[196] 4. Mose 11, 14 f.

[197] 2. Könige 5, 10–14.
[198] Sprüche 24, 16.
[199] 3. Mose 8, 33.
[200] 4. Mose 22–24. Bileam sollte Israel verfluchen, segnete es aber auf göttliches Geheiß.
[201] Sirach 7, 3.
[202] Matthäus 18, 22.
[203] 1. Könige 13, 9–24.
[204] Judith 16, 29; Sirach 22, 13; 1. Mose 50, 10.
[205] 3. Mose 15, 19–24.
[206] 2. Mose 24, 16.
[207] Nabucdonosor (= Nebukadnezar); Daniel 4, 22–31.
[208] Hesekiel 39, 12–14.
[209] Matthäus 12, 45; Lukas 11, 26.
[210] Lukas 8, 2; Markus 16, 9.
[211] Jesaja 4, 1.
[212] Micha 5, 4–5.
[213] Richter 16, 17.
[214] Prophet von Patmos = Johannes; In der Offenbarung findet man: sieben Gemeinden, sieben Geister, sieben goldene Leuchter, sieben Sterne, sieben Feuerfackeln, sieben Siegel, sieben Hörner, sieben Augen, sieben Engel, sieben Posaunen, sieben Plagen, sieben Donner, sieben Häupter, sieben Diademe, sieben Schalen, sieben Berge, sieben Könige.
[215] 1. Mose 21, 28–30.
[216] Josua 6, 4.
[217] Sprüche 24, 16.
[218] Ps 118, 164.
[219] Tobias 12, 15
[220] Offenbarung 1, 4.
[221] D. h. also ein treffliches Horoskop besitzen.
[222] Vgl. Marsile Ficin, Théologie platonicienne, Tome II, Liber XIII, Cap. II, S. 214: »Suum quando ita vacamus ut huiusmodi advertamus influxus? Septem sunt vacandi genera: somno, syncope, humore melancholico, temperata complexione, solitudine, admiratione, castitate vacamus.«
[223] 1. Mose 41, 2–29.

Anmerkungen 175

Kapitel IX

[224] Pythagoras.
[225] Griech. = Überklugheit
[226] Zentrum der Figur.
[227] Vgl. dazu H. Meyer / R. Suntrup, Lexikon der mittelalterlichen Zahlenbedeutungen, ebda., S. 567: II. Kubikzahl der Zwei.
[228] 1. Mose 17, 12.
[229] Regeneration im Sinne einer spirituellen Wiedergeburt.
[230] Coelius Aurelianus, Arzt des 5. Jahrhunderts n. Chr.
[231] Der Einschub »freilich"(nempe) innerhalb dieser Rubrik könnte sich auf das im Deutschen verlorene Wortspiel Coelius – Coelum (der Himmel) beziehen.
[232] Text innerhalb der Abbildung: Zwei Oktaven bilden das Große System: es gibt acht musikalische Modi. Den hypodorischen, den hypophrygischen, den hypolydischen, den dorischen, den phrygischen, den lydischen, den mixolydischen und den hypermixolygischen Modus. In der gewöhnlichen Oktave gibt es Systeme von zweierlei Modi.
[233] Es trifft nicht in allen Fällen zu, daß der Fortgang der »Stufen« eine zunehmende Konkretion des in der ersten Ordnung prinzipiell angelegten Inhalts anstrebt; in den Stufen der Achtheit jedenfalls ist ein solches Schema zu finden. Die Zahl Acht steht in der ersten Ordnung für die Idee der »Verräumlichung« (neben der »Iteration«), in der zweiten Ordnung für das Exemplar menschlicher Behausung, das achteckige Zimmer oder Haus, und in der dritten Ordnung für ein Grundschema räumlicher Orientierungsmöglichkeiten überhaupt, die in der Sprache niedergelegten Kategorien der Bezüglichkeit ordnet bzw. »verortet«. In der Vielheit der von Bruno aufgeführten Verhältnisse und Befindlichkeiten wird die innere kategoriale Verwandtschaft zwischen Topologie und Topographie sichtbar; d. h. die Topologie gibt sich als ein durch ein Sprechen aus Sinnlichkeit und Erfahrung konstituiertes Orientierungs- und Bedeutungsgefüge mit höchst anschaulichem Kern zu erkennen.
[234] Schutzgötter.

Kapitel X

[235] Bonitas = Güte. Termini der Konstruktion sind: Apoll, Mens = Geist, Diana Bonitas, Charis, Fortuna, Erigone Pluto, Jupiter, Saturn, Okeanos, Caelum = der Himmel die gesamte Fläche der Figur.

[236] Dionysius Areopagita, Caelestis Hierarchia, Opera ed. J. Faber Stapulensis, Straßburg 1503 (Nachdruck 1970), Cap. VIII, fol. IX v – XI r. Vgl. auch: Werner Schulze, Zahl, Proportion, Analogie. Eine Untersuchung zur Metaphysik und Wissenschaftshaltung des Nikolaus von Kues, Münster 1978, Kap. 4.2. »Die symbolische Bedeutung«, S. 89.

[237] Pieros der Makedonier: Stammheros der makedonischen Landschaft. Auf ihn führte man die neun Musen in Thespiai am Helikon zurück. Nach einer späteren Auffassung hatte er neun Töchter, die er nach den Namen der Musen benannte. Sie unterlagen den Musen in einem Wettgesang und wurden in krächzende Vögel verwandelt.

[238] Horaz; Ars poetica, 388: »nonumque prematur in annum«.

[239] In der Schrift »Lampas Triginta Statuarum« von Giordano Bruno heißt die Statua Palladis »Minerva«. (»Lampas triginta statuarum«, op. lat., Bd. III, S. 140–146.

[240] Vielleicht Anspielung auf 1. Korinther 12, 7–11, wo von neun Gaben des Geistes die Rede ist: sapientia, scientia, fides, gratia sanitatum, operatio virtutum, prophetia, discretio spirituum, genera linguarum, interpretatio sermonum.

[241] Sensus Tropologicus: derjenige Sensus, der die sinnstiftenden Relationsgefüge aller anderen Schichten der Sprache regelt und umfaßt. Bruno kommentiert den sensus tropologicus nicht wie die anderen Sinne mit einer kurzen Beschreibung seines Ortes und seiner Funktion, weil es sich um einen Sinn handelt, der in »allem Sinn« vorkommt. Der sensus tropologicus thematisiert als solcher Sinnbezüge und -umfang innerhalb der Sprachfiguren. (»Wendung«, »Bedeutungsverschiebung«, »Bedeutungsübertragung«). Die geläufigen Tropen der Renaissance – Grammatiken waren: Die Metonymie, die Ironie, die Synekdoche, und, vor allem, die Metapher. Vgl. dazu: Theorie der Metapher, hrsg. v. Anselm Haverkamp (=Wege der Forschung CCCLXXXIX), Darmstadt 1983, vor allem: Hans-Heinrich Lieb, Was bezeichnet der herkömmliche Begriff Metapher, S. 340–355.

Anmerkungen 177

Kapitel XI

[242] Vier der zehn Kategorien des Aristoteles; agens und patiens = Handelndes und Leidendes.

[243] Vgl. Vergil, Georgica IV, Vers 480.

[244] Werk.

[245] Licht

[246] Form

[247] Zugrundegelegte.

[248] Zeit.

[249] Zeitalter.

[250] Vgl. De Minimo S. 292, 309. Praelectiones Geometricae, Testi inediti a cura di Giovanni Aquilecchia, Roma 1964, S. 38. Ebenso Sachkommentar, S. (55).

[251] Vgl. Kap. V. S. 375f.

[252] Vgl. die zehn Kategorien der aristotelischen Logik.

[253] Kabbalistische Bezeichnung für die zehn Aspekte der Gottheit; vgl. G. Scholem, Zur Kabbala und ihrer Symbolik, Frankfurt 1973; ders. Von der mystischen Gestalt der Gottheit, Frankfurt 1977.

[254] Vgl. Einführung, II.

[255] Die Fragehinsichten sind eng mit den Kategorien verwandt, sind aber in einigen Fällen nichtaristotelisch und stammen aus der lullistischen Tradition; vgl. die »Ars Brevis« Lulls bzw. Brunos »De lampade combinatoria« von 1587, op. lat. II, 2 mit den zehn »regulae«: 1. utrum 2. quid 3. de quo 4. quare 5. quantum 6. quale 7. quando 8. ubi 9. quomodo 10. cum quo. Bruno hat von ihnen also nur die 4., 5., 6. und 10. regula verändert.

[256] Vgl. Einführung, II.

[257] »De Rerum Principiis, Elementis et Causis«, op. lat., Bd. III, S. 566–567, De Numero et Mensura: »ita est numerus certus, certae vices requiruntur in multis, in variisque variae, et nos notavimus quibus debeatur monas, quibus binarium, quibus ternarium usque ad decadem et praeter hoc ad duodenarium. Subinde facile est colligere quomodo numeri isti componantur ex digitis et articulis, vel digitis cum digitis [...]«, S. 566.

[258] Hiob 21, 16.

[259] Vgl. F. C. Endres / A. Schimmel: Das Mysterium der Zahl. Zahlensymbolik im Kulturvergleich, Köln 1985, S. 242: »Die Finger und Zehen zusammen ergaben zwanzig, und so bildet diese Zahl in

vielen Kulturen die Basis der Zählung [...]. Die Maya ordnen die Zwanzig dem Sonnengott zu (das war übrigens ebenso bei den Babyloniern, wo Schamasch mit der Zwanzig verbunden war), und im Quicho ist das Zahlzeichen für Zwanzig ein Mensch. Bei den Hopi-Indianern wird das Kind am zwanzigsten Tage benannt und wird damit zum richtigen Mensch.«

[260] Es ist bemerkenswert, wie die Bedeutung des Dezimalsystems von Bruno auf den Menschen allein bezogen wird; dadurch erhält der Status der ganzen »Numerologie« eine gewisse Relativität oder anthropologische Bezogenheit. Zu diesem Punkt, der auch die Bedeutung der Fünfheit oder die Ausführung über die menschliche Hand betrifft, vgl. Einführung, II.

[261] Vergil, Aeneis VI, 329; eigentl.: »centum *errant* annos voliantque haec litora circum«; Hundert Jahre umirren sie flatternd hier die Gestade; (übers. J. Götte).

[262] Ebda., VI, 748, *has* (hier) eigentl. statt *hos*.

[263] Ebda., VI, 751, eigentl.: »rursus et incipiant in corpora velle reverti«; im selben Kontext befindet sich übrigens die oft zitierte Stelle VI, 726: »spiritus intus alit totamque infusa per artus«, die auch von Bruno für die Allbelebtheit des Kosmos herangezogen wird.

[264] Apokalypse 20, 3.

[265] Also die Zeit um das Jahr 1000.

[266] Vgl. Kap. II der »Sphaera« des Sacrobosco. Bruno hat diesen Abschnitt aus Ceccos Kommentar zur »Sphaera« kompiliert (vgl. S. 400, Anm. 116).

[267] Apollonius von Tyana, 1. Jh. n. Chr. (vgl. auch Kap. I); die Namen von antiken Autoritäten wie Apollonius und Hipparch wurden oft als fingierte Verfassernamen zur Legitimierung von magisch-astrologischen Schriften benutzt.

[268] Möglicherweise Erfindung des Cecco von Ascoli. Vgl. Cecco, Kommentar (Ausgb. Thorndike, ebda.), S. 405.

[269] Hipparch von Nicea, griechischer Astronom des 2. Jh. v. Chr.

[270] Verlorene Schrift Brunos, wahrscheinlich seine Vorlesungen über Sacroboscos »Sphaera« in Toulouse 1581.

[271] Vgl. Kap. V, Anmerkungen zur S. 400.

[272] Vgl. S. 389, Anm. 94.

[273] Sonne

[274] Cecco von Ascoli, eigentlich Francesco Stabili, 1327; vgl. G. F.

Anmerkungen

Vescovini: »Arti« e filosofia nel secolo XIV, Firenze 1983, 175 ff. Der folgende Text ist wie in Kap. V. (vgl. Anm. zur S. 400) eine Kompilation aus Ceccos Kommentar zu »Sphaera« des Sacrobosco, (S. 398 f. der Ausgabe von Thorndike, ebda.). Zur Art der Kompilation vgl. Sachkommentar S. 192 ff.

[275] Vgl. Sachkommentar S. 192 ff.

[276] Norden.

[277] Vgl. Cecco, Kommentar (Ausgb. Thorndike, ebda.), S. 397

[278] Die beiden Epiloge werden ausführlich im Sachkommentar kommentiert.

[279] Gesichtssinn, bzw. das Sehen.

[280] Entweder bestimmte Punkte der Zirkumferenz oder die jeweiligen Mittelpunkte der der Einschreibung dienenden Kreise.

KOMMENTAR
von Martin Mulsow

Prolegomena zu einem Sachkommentar für De Monade

I. Die deutsche Bruno-Rezeption und die opera latina

Soll man Brunos Frankfurter Schriften, die Trilogie aus *De Minimo*, *De Monade* und *De Immenso*, sein Hauptwerk nennen? Mit ein wenig Lust zur Provokation: ja. Provokation ist es deshalb, weil sich eingebürgert hat, allein Brunos italienische Dialoge der Jahre 1584 und 1585 für die Glanzpunkte seiner philosophischen Karriere anzusehen und dagegen die späteren lateinischen Schriften mit einem gewissen Vorbehalt zu belegen. Sie gelten tendenziell als sprachlich verunglückt, unverständlich und den italienischen Dialogen nichts mehr wesentlich Neues hinzufügend. Zumindest ist der Tenor der Bruno-Rezeption seit Jacobi, Hegel und Dilthey von solcher Färbung, und besonders in der deutschen Literatur über Bruno hält sich dieses Erbe des 19. Jahrhunderts sehr hartnäckig. Übersetzt ins Deutsche wurden wieder und wieder allein die italienischen Dialoge, allen voran *Della causa, principio e uno*. Bruno ist in Deutschland bekannt als Theoretiker des Kopernikanismus, der unendlichen Welten und des ›Pantheismus‹. Darin liegt ein Versäumnis. Die astronomisch-naturphilosophische Perspektive auf die frühe Neuzeit mit dem so eingängigen Exempel der kopernikanischen Wende hat dazu geführt, bestimmte Züge der Philosophie um 1600 über Gebühr hervorzuheben. Alle anderen Aspekte von Brunos Theorie, die so eindeutig prämodernen Konzeptionen wie Ars Memoriae, Lullismus, Magie oder spekulative Geometrie, läßt man gern beiseite: sie stören das Bild von der Wende zur Moderne, und ihr adäquates Verständnis würde darüberhinaus eine mühevolle archäologische Rekonstruktion erfordern.

Im Übrigen gibt es das Sprachproblem. Sobald Brunos Latein in die Form von Hexametern übergeht, wird es äußerst schwierig, dem Text noch zu folgen. »[...] It demands indeed a heroic enthusiasm to read through from beginning to end the De immenso, innumerabilibus et infigurabilibus, the De triplici minimo et mensura, and the De monade numero et figura«, bekennt Frances Yates.[1] Der allegorische und verschlüsselte Charakter vieler der lateinischen Schriften und die Exklusivität der Sprache haben, zumindest in unserem Jahrhundert, dazu beigetragen, eine Mauer der Abschreckung um die Texte zu legen. Und noch eine Schwierigkeit gibt es: nicht nur die idealistische Bruno-Interpretation des 19. Jahrhunderts mit ihren Schlagworten wie ›Pantheismus‹ ist heute eine Erblast der Forschung. Auch die umgekehrte, nämlich philologisch-positivistische Arbeit an Bruno seit Tocco und Fiorentino hat ihre Verdikte verhängt; von dieser Seite hat man die lateinischen Werke zwar studiert, aber man neigt dazu, sie nun ›unwissenschaftlich‹ zu nennen. Die Geometrie Brunos zum Beispiel sei nicht nur umständlicher als die Euklids, sie sei auch einfach falsch. Solche Urteile sind gerade von Forschern abgegeben worden, die Brunos Werk in seiner ganzen Breite zur Kenntnis genommen hatten – in Deutschland etwa von L. Olschki[2] – und wiegen deshalb um so schwerer; aber, das muß hinzugefügt werden, es fehlt ihnen oft auch an Bereitschaft, sich bei der Bemessung von ›Wissenschaftlichkeit‹ auf Brunos philosophische Intentionen und Prämissen einzulassen.

Die Frankfurter Schriften gehören in der Tat nicht zu den innovativsten und originellsten Schriften des Nolaners. Aber ein Buch wie *De Monade* zählt in seiner Konzeption mit Sicherheit zum *Komplexesten*, was er in den nur zehn Jahren seiner philosophischen Produktivität entworfen hat. Die

---

[1] F. A. Yates, Giordano Bruno and the Hermetic Tradition, London 1964, S. 318.
[2] L. Olschki, Giordano Bruno, in: Deutsche Vierteljahresschrift für Literaturwissenschaft und Geistesgeschichte 2 (1924), S. 1–79.

Frankfurter Trilogie, die 1591 erschien, ist eines der letzten Werke, das Bruno verfasst hat – man wird sie nicht als Spätwerk bezeichnen wollen, denn Brunos Verhaftung am 23. Mai 1592 riß ihn als Vierundvierzigjährigen mitten aus einer keineswegs zum Abschluß gekommenen gedanklichen Entwicklung. Sie ist offenbar dazu angelegt, einen großen Teil seiner philosophischen Motive in einer gewissen Systematik, wenn man dieses Wort hier einmal benutzen mag, zu präsentieren. Für diesen Zweck hat er den italienischen Dialog *De l'Infinito, Universo e Mondi* zu *De Immenso* umgearbeitet und erweitert, ebenso die *Articuli adversus Mathematicos* zu *De Minimo*. Die Präsentation sollte in einer Dreiteilung erfolgen, in einem mathematischen, einem metaphysischen und einem physikalischen Teil.[3] Der metaphysische Mittelteil der Trilogie – *De Monade* – hat als einziger keinen Vorläufer in Brunos Werk. Er zieht als Mittelstück die ganze Komplexität der Motive noch einmal in sich zusammen. Nennt man diese Motive nach ihren schlagworthaften Namen, nämlich Atomismus, pythagoräische Numerologie, neuplatonische Einheitsspekulation, Kombinatorik, Gedächtniskunst, Naturmagie, konkrete Geometrie und Cusanische Minimum-Maximum-Philosophie, dann erscheint dies als eine fremdartige, disparate Auflistung ganz unterschiedlicher Themen, das Programm von Brunos Philosophie als das Programm eines waghalsigen Eklektizismus. Es kommt also darauf an, die Verflochtenheit und das Zusammenstimmen der Motive nachzuzeichnen.

Hier ist nicht der Ort noch die Möglichkeit, einer künftigen präzisen Kommentierung und Erschließung des Textes vorzugreifen. Was getan werden kann, ist, Perspektiven für eine Texterschließung aufzuzeigen und einige Hintergründe bereitzustellen. Der Stand der Forschung ist aufgrund der Vernachlässigung der lateinischen Schriften in vielen Punkten noch nicht

---

[3] Zur Dreiteilung vgl. neben den Bemerkungen in der Einleitung dieses Bandes die Ausführungen von G. Aquilecchia in seiner Ausgabe der ›Praelectiones Geometricae‹, Roma 1964, S. XVIII ff., sowie meine Bemerkungen zu Agrippa in Kap. II.

befriedigend.[4] Toccos recht knappe Ausführungen[5] sind die einzigen direkten Kommentierungen zu *De Monade*. Es fehlt eine Monographie über Brunos Lullismus und seine Kombinatorik. Es fehlt vor allem an einer Rekonstruktion seiner geometrischen Theorien von 1586 bis 1591.[6] Es fehlt eine vergleichende Untersuchung zu Brunos Ikonologie, seiner allegorischen Darstellungssprache also mit Götternamen, Prinzipien und Mythologemen. Das, was existiert, bezieht sich in erster Linie auf die recht gut bearbeitete Naturphilosophie.[7]

Die Skizzierung von Interpretationswegen für *De Monade* muß sich also sehr vorsichtig vorantasten. Daß eine eingehende Rekonstruktion der komplex verschlungenen philosophischen Motive dieser Schrift möglich und sinnvoll ist – was ja keineswegs der durchgängigen Meinung entspricht – soll im folgenden sichtbar werden. Primär scheint mir der Weg zu einer Interpretation über die Klärung der geometrischen Methodik zu führen, von Brunos frühen Konzepten zur Figuration bis zur späten Konstruktionsgeometrie. Doch muß in jedem Stadium die Kautele gelten, nicht in eine Verkürzung derjenigen Rationalität zu geraten, die in ihrer komplexen Breite zu rekonstruieren gerade das Ziel des Unternehmens ist.

[4] Inzwischen hat im März 1990 in Heidelberg eine Tagung über Brunos Frankfurter Schriften stattgefunden, Anzeichen eines wachsenden Interesses an gerade diesen Werken. Die Vorträge wurden nach Abschluß des Manuskriptes dieses Sachkommentars gehalten, einige ihrer Ergebnisse sind aber in die Anmerkungen eingearbeitet worden. Ich beziehe mich auf sie mit der Bezeichnung ›Heidelberger Vortrag‹.

[5] F. Tocco, Le opere latine di Giordano Bruno, Firenze 1889, S. 169–211.

[6] Das Buch von Ksenija Atanasijevic, The Metaphysical and Geometrical Doctrine of Bruno, as given in His Work ›De triplici minimo‹, St. Louis, Missouri, 1972 (ursprünglich französisch 1923), vermag die Lücke nicht zu schließen. Es erzählt manche Theoreme nach, aber schließt sie weder strukturell noch im historischen Kontext auf.

[7] Vgl. die Bücher von P. H. Michel, La cosmologie de Giordano Bruno, Paris 1962; H. Védrine, La conception de la nature chez Giordano Bruno, Paris 1967; P. R. Blum, Aristoteles bei G. Bruno, München 1980.

Bruno hat seine drei lateinischen Poeme 1591 in Frankfurt drucken lassen. Vorausgegangen war ein vierjähriger Aufenthalt in Deutschland, unterbrochen nur von einigen Monaten in Prag. Die Entstehungszeit der Poeme ist für diese ganze Periode anzusetzen. 1586 war Bruno aus Paris über Marburg nach Wittenberg gekommen. Dort blieb er zwei Jahre, ging dann im März 1588 nach Prag, um am Hof Rudolfs II. Fuß zu fassen. Als das gescheitert war, wechselte er nach Helmstedt, wo er bis 1591 in Ruhe arbeitete. Diese biographischen Stationen sind der Hintergrund für die geistige Entwicklung, die zu *De Monade* geführt hat.

II. Rezeptionserwartungen und Umgang mit literarischen Modellen

Brunos Titel, seine Terminologie und die literarischen Formen, die er wählt, haben bei zeitgenössischen Lesern einen bestimmten Erwartungshorizont evoziert. Titel wie *Sigillus Sigillorum*, *De Umbris Idearum*, *Clavis Magna* oder *De compositione Imaginum* ahmen ähnlich lautende Titel aus der hermetischen Tradition nach.[8] Vordergründig stellt sich Bruno damit in eine bestimmte Überlieferung, die von jeher am Rande des offiziellen Diskurses angesiedelt war, in der Renaissance allerdings eine gewisse Breitenwirkung erreicht hatte. Frances Yates hat Brunos Selbstverständnis in diesem Sinne ganz konsequent als das eines ›ägyptischen‹ Ma-

---

[8] Vgl. etwa die in Trithemius' Antipalus maleficiorum I 3 genannten Titel, z. B. ›Liber Vinculum Spirituum‹, Volumen Hermetis ›de compositione Imaginum‹, Liber Arnoldi de Villanova ›de sigillis duodecim signorum‹, ›Clavis figurarum‹ usw. (vgl. W. Peukert, Pansophie. Ein Versuch zur Geschichte der weißen und schwarzen Magie, Berlin 1956, S. 47–55), oder Cecco von Ascolis Erwähungen von Hipparchus ›liber de vinculo spiritus‹ (S. 344), Salomo ›De Umbris Idearum‹ (S. 397) u. a. (in. L. Thorndike, The Sphere of Sacrobosco and its Commentators, Chicago 1949).

giers gedeutet.[9] Deutlich ist zumindest ein für die Renaissance sehr typischer Archaismus, der die Lehren für uralt gehaltener Texte und Textfragmente deshalb für so wertvoll einschätzt, weil eben ihr Alter Garant für die Nähe zur ursprünglichen Wahrheit zu sein scheint. Aber man darf bei dieser Beobachtung nicht stehenbleiben. Es gibt eine deutliche Differenz zwischen dem evozierten Erwartungshorizont und jenem gedanklichen Horizont, den die Texte Brunos tatsächlich aufspannen, eine Differenz, die man in Anlehnung an einen Terminus von H. R. Jauss[10] *philosophische Distanz* nennen könnte. Denn erst im Raum zwischen der überlieferten Terminologie von zauberwirksamen Talismanen, Zahlenbedeutungen und astrologischen Spekulationen einerseits und der konstruktiven, philosophischen Ausformung dieses Materials andererseits siedelt sich Brunos philosophische Leistung an. Nur wenn man diese Distanz im Auge behält, wird man vor krassen Fehlurteilen über die Philosophie des Nolaners geschützt sein. Ob man die Transformation des Materials eine Rationalisierung nennen sollte, diese Frage muß solange offen bleiben, wie der renaissancespezifische Typus von Rationalität, von dem uns seit der Aufklärung eine große Kluft trennt, weiterhin ungeklärt ist. Man kann aber Brunos methodische Bemühung um Selektierung und Legitimierung des Materials eine *Geometrisierung* nennen. Das werde ich in den nächsten Kapiteln genauer erläutern.

In der Frankfurter Trilogie ist die Gattungsform, an die sich Bruno anlehnt, das naturphilosophische Lehrgedicht, mit einem Wort: Lukrez. Ein halbes Jahrhundert vorher ist ihm

---

[9] F. A. Yates, Giordano Bruno and the Hermetic Tradition, ebda.
[10] Jauss führt für Kunstwerke den Terminus ›ästhetische Distanz‹ ein; damit bezeichnet er die Differenz zwischen dem vorgegebenen Erwartungshorizont und dem Erscheinen eines neuen Werkes, das einen Horizontwandel einleitet. vgl. Literaturgeschichte als Provokation der Literaturwissenschaft, in H. R. Jauss, Literaturgeschichte als Provokation, Frankfurt a. M. 1979, S. 177.

darin Marcello Palingenio Stellato,[11] den Bruno sehr schätzte[12] mit seinem *Zodiacus Vitae* vorangegnngen. Auch hier Ausdruck eines Archaismus zugleich mit der Beherrschung und sehr bewußten Benutzung von Traditionen in der späten Renaissance. Beim Bibliothekar von St. Victor in Paris leiht sich Bruno 1585 eine Ausgabe des Lukrezischen *De natura rerum* aus,[13] und man kann davon ausgehen, daß er auch sonst oft in diesem Poem studiert hat.[14] Die Hexameter, in denen die Frankfurter Schriften verfasst sind, machen allerdings nicht das Ganze des Textes aus. Den metrisierten Passagen folgt eine Art Kommentierung in verschieden Stufen, *scalae* genannt. Darin lehnt sich Bruno an ein weiteres Modell an, das ihm für die Behandlung seines Gegenstandes geeignet erscheint. Zwar benutzt er die Einteilung in scalae auch in einer seiner lullistischen Schriften, *De lampade combinatoria*, was darauf schließen läßt, das diese Textstrukturierung lullistisches Traditionsgut ist, aber das Modell, welches ihm hier ganz offensichtlich vor Augen steht, ist Agrippa von Nettesheims *De occulta philosophia*[15]. Agrippas großes Buch über die Magie ist dreigeteilt – so wie dann später auch Brunos Frankfurter Trilogie – und erstreckt sich auf die Gebiete des Elementarischen, des Himmlischen und des Geistigen.[16] *De Monade* entspricht, natürlich, dem zweiten, mittleren der drei Teile, der von den Kräften der Zahlen, Charaktere und Figuren handelt. Die Eigenschaften der Zahlen werden nach den scalae aufgeführt, die den Schichten der Wirklichkeit entsprechen: Urbild-

---

[11] Palingenio Stellato ist ein Pseudonym; für die neueste biographische Forschung vgl. F. Bacchelli, Note per un inquadramento biografico di M. P. Stellato, in: Rinascimento 25 (1985), S. 275–292; vgl. sonst: A. Ingegno, Cosmologia e filosofia in Giordano Bruno, Firenze 1978; E. Garin, Storia della filosofia italiana, Torino 1966, S. 665.

[12] Vgl. Oratio Valedictoria, Op.lat.I,1, 1.

[13] Vgl. V. Spampanato, Documenti della vita di Giordano Bruno, Firenze 1933, S. 39.

[14] Zu den inhaltlichen Einwirkungen von Lukrez auf Bruno vgl C. Monti, Lukrezianismus und Neuplatonismus bei Bruno; Heidelberger Vortrag.

[15] Agrippa von Nettesheim, De occulta philosophia, 1533.

[16] Vgl. Agrippa, Lib.I, Cap.I.

welt, geistige Welt, himmlische Welt, elementarische Welt, kleine Welt und Unterwelt.

Wegen all dieser Übereinstimmungen hat Frances Yates Agrippas Werk als geradezu die Basis für *De Monade* angesehen.[17] Das scheint mir übertrieben, denn es gibt noch zahlreiche andere wichtige Quellen und Motive, die dieses Buch beeinflußt haben. Bruno benutzt Agrippas Modell der numerologischen Bestimmung sehr frei, er scheint es vor allem zu schätzen, weil es den Text literarisch strukturiert und ihm eine äußere Form gibt. Auch hier existiert eine deutliche Distanz zum Vorbild.

Die philosophische Distanz zu den traditionellen Behandlungen der Zahlenallegorese ist in *De Monade* nicht immer gleich groß. Sie ist dort mit Klarheit und Schärfe vorhanden, wo Bruno Material der eigenen Theorie präsentieren kann und wo ein Konzept dem Gedankengang Kontur gibt; doch sind auch immer wieder Passagen mit Füllstoff zu überbrücken und aufgenommene Theoreme so zu verändern, daß sie in das numerologische Schema passen. Man kann sich überhaupt die Frage stellen, warum Bruno die literarische Form eines Lehrgedichts mit Prosa-Einschüben gewählt hat und dafür die aufwendige Arbeit einer Umarbeitung von früheren Dialogen und Traktaten auf sich genommen hat. Offenbar hat ihm die ›mittlere‹ Ebene der Dialoge nicht genügt für das Vorhaben, seine Gedanken in eine endgültige Form zu bringen, sie so zu überliefern, wie es dem Stoff im höchsten Maße angemessen ist. Eine Form und Ebene der Darstellung mußte gefunden werden, die auch im äußeren Rahmen den Gedanken, die sie transportiert, entspricht. Man kann, um sich diese Überlegungen anschaulich zu machen, an die Form der damals weitverbreiteten emblematischen Schriften denken. Bruno hat in den *Eroici furori* selbst die Emblematik als Basis für den Aufbau seines Dialogs benutzt. Verfolgt man diese Parallele, entdeckt man auch in der Gestaltung der Frankfurter Poeme eine gewisse emblematische Struktur: am Anfang jedes Kapitels von *De Monade* gibt es ein geometrisches Siegel als Emblem; dann, in

---

[17] F. A. Yates, Giordano Bruno and the Hermetic Tradition, ebda., S. 321 f.

Entsprechung des Sonetts, folgt ein Text in Hexametern, und schließlich gibt es dort, wo bei Alciati die gelehrten Anmerkungen plaziert sind, Brunos Kommentare der scalae in Prosa. Man muß gar nicht einmal an ein bewußtes Modell der Emblematik für Bruno denken; der Grund für die Übereinstimmung liegt in der Sache. Ein Emblem hat zwei wichtige Eigenschaften: es übermittelt seine Botschaft in sinnlicher Anschaulichkeit und in einer einheitlichen Ganzheit. Beides sind dies fundamentale Prinzipien auch für Brunos figürliche Geometrie. Von dieser Einheit wird in der Emblematik wie auch bei Bruno in die Vielheit der Darstellung fortgeschritten, zunächst in eine Darstellung, die in ihrem poetischen und allegorischen Charakter noch manche Eigenschaften der anschaulichen Einheit behält, dann in die endgültig prosaische und sachliche Auseinanderlegung. Und sollte nicht dieser Gang von der Einheit zur Vielheit ein Konzept sein, das einer monadologischen Schrift, die ebendiesen Gang zum Thema hat, angemessen ist?

III. Zahlenallegorese, Pythagoräismus und lullistische Topik

Zahlenallegorese ist in der Renaissance keine seltene Kunst.[18] Auch in den Jahren der Entstehung von *De Monade* erscheinen numerologische Traktate, so etwa 1585 in Paris eine Abhandlung über die Zahl Sieben von Georges l'Apostre[19] oder im gleichen Jahr das voluminöse Werk von Pietro Bongo, Kanonikus in Bergamo,[20] *Mysticae Numerorum Significationis Liber*. Gerade Bongos Werk ist dazu geeignet,

---

[18] Vgl. dazu H. Meyer, R. Suntrop, Lexikon der mittelalterlichen Zahlenbedeutungen, München 1987; dort auch weitere Literatur; L.Thorndike, Mystic Philosophy: Words and Numbers, in ders., History of Magic and Experimental Science, New York und London, 1966, Bd.VI, S. 437–465.
[19] Vgl. Thorndike, ebda., S. 459.
[20] Vgl. Dizionario biografico degli Italiani, Bd. 12, S. 71–72; Thorndike, ebda., S. 458; Bongos Kapitel über die Zahl Vier erschien auch als separate Veröffentlichung.

einen Vergleich mit Bruno zu ziehen, denn Bongo steht durchaus in Cusanischer Tradition. »Numerus est rationalis fabricae naturale quoddam pullulans principium«, beginnt er, *De coniecturis* zitierend.[21] Er kennt auch die französischen Fortsetzungen der Cusanischen Spekulationen, bei Bouelles, Lefèvre d'Etaples und Clichtove. Dennoch bleiben die philosophischen Grundlegungen der Numerologie nur der Rahmen, und in ihm wird die ganze Masse an biblischer und nichtbiblischer Überlieferung von Zahlenbedeutungen untergebracht. Aufzählungen, wie sie sich in De monade finden, sind nur ein kleiner Auszug aus der disponiblen Stoffmasse, wie sie durch Werke wie das von Bongo verfügbar war. Daneben kennt das 16. Jahrhundert Werke, die, oft ebenso kabbalistisch wie pythagoräisch beeinflusst, ihre Erörterungen über Zahlenbedeutungen in den grösseren Zusammenhang einer Weltharmonik stellen. Francesco Giorgio Venetos Werk ist hier vielleicht das bedeutendste Beispiel.[22] Was Bruno aber von all diesen Denkern unterscheidet, ist seine intensive Verwendung von Figuren und darüber hinaus von mathematischen Konstruktionen. In keinem anderen Werk findet man eine so konsequente Assoziierung von Zahlenbedeutungen und zugeordneten Polygonen.

Es ist ein spezielles Interesse, das Bruno die Verwendung der Polygonfiguren so hoch einschätzen läßt: ein lullistisch-topisches Interesse. Gegen Ende des 16. Jahrhunderts wird der Lullismus zunehmend als methodische Grundlage für eine Universalwissenschaft benutzt.[23] Es geht um das Problem, wie das Feld des Wissens organisiert werden kann und wie in diesem Feld Findungen möglich sind. Der Lullismus

[21] Bongo, Mysticae Numerorum Significationis lib., Bergamo 1585, 1; vgl. Cusanus, De coniecturis, lat.-dt. Hamburg 1971, S. 10.
[22] Francesco Giorgio Veneto (auch ›Giorgi‹ oder ›Zorzi‹), De Harmonia Mundi, Venedig 1525, Paris 1545; vgl. dazu C. Vasoli, Intorno a Francesco Giorgio Veneto e all' »armonia del mondo«, in ders., Profezia e ragione, Napoli 1974, S. 129–404.
[23] Vgl. W. Schmidt-Biggemann, Topica Universalis. Eine Modellgeschichte humanistischer und barocker Wissenschaft, Hamburg 1983.

bietet mit seiner Kombinatorik Verfahren, Begriffe einander zuzuordnen, neue komplexe Begriffe zu entwickeln und Bereiche aufzuteilen. Die geometrischen Örter der Kombinationsfiguren differenzieren die Örter der Rede und des Wissens. In *De Monade* gibt es eine doppelte Aufteilung des Wissensfeldes: die begriffliche Differenzierung innerhalb einer Figur, beispielsweise des Pentagons, dessen Punkte mit Begriffen belegt werden, und dann noch einmal die größere Differenzierung in ganze Themenbereiche, die durch die numerische Abfolge von eins bis zehn erreicht wird. So kann Bruno die ›Semimathematik‹ seiner Figuren topisch nutzen. Er findet unter dem Dach der Vierheit Platz für seine Theorien über den Schatten oder das Medium, oder er benutzt die Thematik, die die Zehnheit aufspannt, um seine Auffassung der Kategorien darzustellen. Das mag eklektisch[24] scheinen, aber diese Aufteilung ist sozusagen ein legitimierter Eklektizismus, denn er ist eingebettet in eine durchaus ursprungsphilosophische, synthetische Gesamtkonzeption. Die philosophische Synthese liegt im Figurbegriff.

Die topischen Möglichkeiten, die der Lullismus eröffnet, kommen allerdings auch einer gewissen Neigung Brunos zur Kompilation entgegen. Er nimmt gern eine Vielzahl von Texten und Motiven auf, um sie zu verschmelzen und umzuarbeiten. Er braucht Material. Vom Londoner Aufenthalt Brunos wird überliefert, daß er eine Vorlesung abbrechen mußte, weil ihm nachgewiesen wurde, daß er – ohne den Autor zu nennen – aus Ficino kompiliere.[25] Wenn die Arbeitsweise von Autoren darin besteht, andere Autoren als Material zu benutzen, ist das für sich noch kein Manko. Es kommt darauf an, *wie* sie mit den Vorlagen umgehen. Bruno hat Agrippa be-

---

[24] Einen unkonventionellen Versuch, Brunos Philosophie als einen Eklektizismus darzustellen, der durch die Bezogenheit der Auswahl auf die eigene Person legitimiert ist, unternimmt P. R. Blum in *Brunos Brunianismus*, Heidelberger Vortrag; Blum unterläuft mit seinem Eklektizismusbegriff die Thesen von Bruno als Subjektivitätstheoretiker.
[25] Vgl. F. A. Yates, Giordano Bruno in der englischen Renaissance, Berlin 1989, S. 8.

nutzt, Cusanus, manche geometrische und numerologische Literatur; aber er verändert, was er benutzt. Ein gutes Beispiel, um seinen Umgang mit einer Vorlage zu studieren, ist die Verwendung von Cecco von Ascolis Kommentar zur *Sphaera* des Sacrobosco im fünften und elften Kapitel von *De Monade*.

Sehen wir uns die Texte an.[26] Daß Bruno aus ›jenem Mann aus Ferrara‹, von dem Cecco erzählt, daß er auf dem Campo dei Fiori hingerichtet worden sei (S. 398f.), Cecco selbst macht, ist verständlich, denn Cecco selbst ist dort hingerichtet worden.[27] Diese Veränderung hat ihre Tragik, da Bruno ja nicht wissen konnte, daß auch er an diesem Ort enden würde. Schon spezifischer ist, daß Bruno beim Referieren der nekromantischen Begebenheiten, die Cecco anführt, genau jene weglässt, in denen Jesus Christus erwähnt wird (Cecco S. 399 und 408f.). Das mag Vorsicht sein, aber es paßt auch in das Muster von selektiver Rezeption, das bei Brunos Agrippa-Lektüre ebenfalls deutlich ist: alle Elemente christlicher Symbolik und Mythologie werden nach Möglichkeit vermieden. Auch Brunos Übernahmen aus der Kabbala mögen aus dem Motiv heraus, statt biblischer Tradition die hermetische oder rein philosophische zu bevorzugen, in einem engen Rahmen geblieben sein. Besonders interessant ist der Vergleich zwischen Brunos Text und seiner Vorlage im Fall der kryptischen Äußerung über den Schatten:[28] »Wie die Erde erdig ist, ist die Erde auch feucht; wenn du den ganzen Schatten haben würdest, würde er dich nicht wie ein Schatten täuschen«. Diesen Satz kann man überhaupt erst verstehen, wenn man den ursprünglichen Text bei Cecco kennt. Dort heißt es: »Denn so wie die Erde der Bodensatz der anderen Elemente ist, so ist der Mond der Bodensatz aller himmlischen Elemente. Und

---

[26] Cecco, Commentarius; in: L. Thorndike (ed.), The Sphere of Sacrobosco and its Commentators, Chicago 1949; Das Werk von Sacrobosco war in Mittelalter und Renaissance Standardlehrbuch in Astronomie.
[27] Vgl. De Monade, S. 467.
[28] De Monade S. 46.

über diesen Schatten [Cecco kommentiert gerade eine Stelle bei Sacrobosco, wo es um das Verhältnis von Erde und Mond, nämlich die Mondfinsternis geht] ist ein gewisser Geist, der sich Floron nennt, gefragt worden, was denn jener Schatten wäre. Da hat er gesprochen: wie die Erde das Erdige ist, so ist die Idee alles Feuchten der Mond. Wenn du den ganzen Schatten hättest, würde er dich nicht täuschen wie ein Schatten. Dazu müßt ihr, um es zu verstehen, wissen, daß ebenso wie die Erde Erde ist, nämlich der Bodensatz der anderen Elemente, auch die Idee alles Feuchten, nämlich der Mond, Bodensatz ist, und zwar der himmlischen Elemente. Und daraus leitet sich die Dicke jenes Teils her, der nicht beleuchtet ist. Wenn du den ganzen Schatten hättest, würde er dich nicht täuschen wie ein Schatten. Um das einzusehen, müßt ihr wissen, daß wenn der Mond voll ist und jener Schatten in ganzer Fülle zu sehen ist, die Geister von Natur aus Antwort geben und nicht täuschen [...]«.[29] Über all diese Erklärungen steht bei Bruno kein Wort. Hat er den Satz bewußt dunkel lassen wollen? Hat er es vermeiden wollen, eine Aussage über den Schatten zu sehr in einer bestimmten Richtung zu interpretieren? Es fällt auf, daß Bruno den Orakelspruch Florons nicht richtig wiedergibt; im Kontext von Ceccos Darstellung macht Brunos Satz keinen Sinn, denn Bruno unterschlägt den Gegensatz von Erde und Mond. Aber es ist auch einfach möglich, daß Bruno die Anekdoten um Floron aus der Erinnerung niederschreibt und deshalb nicht genau wiedergibt. Er hatte 1581 in Toulouse über die *Sphäre* Sacroboscos gelesen und kannte sicherlich aus dieser Zeit den Kommentar Ceccos. Bei der Niederschrift von *De Monade* war es ihm dann offenbar wichtig, im Kontext der ›natürlichen‹ Geometrie der zehn Himmelskreise die Dämonenerzählungen zu erwähnen, die er – wenn auch etwas verfälscht – noch im Gedächtnis hatte. Die Rätselhaftigkeit des Dämonenorakels scheint ihm genug gewesen zu sein, um die okkulten Dimensionen, die in der Geometrie und Astronomie verborgen

---

[29] Ich übersetze aus dem lateinischen Text von Cecco, S. 407.

sind, auszudrücken: eine genaue Erklärung mußte nicht her. Daraus läßt sich aber schließen: Bruno hat bei allem Interesse für die magischen Wissenschaften sein Augenmerk nicht in erster Linie auf sie gerichtet. Hätte er sich als Wissenschaftler der Magie verstanden, wäre er anders mit Ceccos Text umgegangen und hätte sich um Erklärung und Präzision des Satzes bemüht. Brunos Augenmerk lag nicht primär auf der Magie, es lag auf der Geometrie und der Philosophie seiner Siegel.[30]

IV. Natürliche Zeichen, Semimathematische Figuren, Siegel

»Auch die aus den Zahlen hervorgegangenen geometrischen Figuren sollen keine geringeren Kräfte besitzen, als die Zahlen. Von diesen entspricht besonders der Kreis der Einheit und dem Zehner; denn die Einheit ist der Mittelpunkt und der Umkreis aller Dinge. Die zusammengefaßte Zehn kehrt zur Einheit zurück, von der sie ausging, sie ist das Ende und die Vollendung aller Zahlen«.[31] So heißt es bei Agrippa, und es liest sich wie das Programm für *De Monade*. Geometrisierung der Numerologie, die Einheit als Minimum und Terminus der Dinge zugleich, der Bogen von der Eins bis zur Zehn als ein in sich geschlossenes Ganzes. Soweit die Tradition. Doch um zu verstehen, warum Bruno an dieses Programm anknüpft, muß man zurückgehen bis zu Brunos philosophi-

---

[30] Daß mit der Interpretation von Bruno als Magier, wie sie F. Yates vertreten hat, vorsichtig umgegangen werden muß, zeigt auch eine genaue Lektüre der Memoria-Schriften, die jüngst von R. Sturlese vorgenommen worden ist. Frau Sturlese macht offenbar, daß bei der Entschlüsselung von Brunos Vorgehen – etwa im Sinne einer *memoria verborum* – manche von Yates nach der Magie-These suggestiv vorgetragene Deutung zu revidieren ist. Vgl. R. Sturlese, *Brunos ›De compositione Imaginum‹*, Heidelberger Vortrag. Jetzt erschienen in Giornale critico della filosofia italiana 69 (1990), S. 182–203.

[31] Agrippa, De occulta philosophia, Buch II, Kap.23; ich benutze die Übersetzung von F. Barth in der deutschen Ausgabe Nördlingen 1987.

schen Anfängen, zu seinen frühen Schriften über Mnemotechnik. Denn dort beginnt für ihn das Nachdenken über den Begriff der Figur und seine Position im Begründungsgefüge des Denkens. Vor der Geometrisierung steht bei Bruno die Figurierung, und diese konzipiert er bei weitem philosophischer als Agrippa.

Bruno hat als virtuoser Mnemotechniker begonnen. Schon als Junge dem Papst wegen dieser Begabung vorgeführt, ist ihm auch später die Gedächtniskunst das Entréebillet an manche europäische Höfe gewesen. Ihn interessierten bald die Grundlagen und die Möglichkeitsbedingungen dieser Technik und führten ihn zu Fragen, bei denen ihm die Memoria zum Paradigma für menschliches Denken und Bewußtsein überhaupt wurde. Die neueren Bücher, in denen man sich in diesen 60er und 70er Jahren des 16. Jahrhunderts über Mnemotechnik informierte, waren Lodovico Dolces *Dialogo nel quale si ragiona del modo di accrescere et conservar la memoria*,[32] eine Übersetzung von Romberch, und der *Thesaurus artificiosae memoriae* von Cosmas Rosselius.[33] Diese Bücher enthalten kaum Reflexionen, die bei tiefergehenden Fragen Antwort geben würden. Allerdings hatte bereits in den dreißiger Jahren Giulio Camillo[34] die Ars Memoriae als Ausgangspunkt für weitgehende Spekulationen benutzt. Brunos Fragen konzentrieren sich unter anderem darauf, was es denn genauer sei, das zwischen den *loci* und den *imagines* vermittelt, als Ordnungsschema nämlich, welches die Reihe der Zuordnungen der Inhalte zu ihren Orten regelt; sind das nicht Zuordnungen, die vor jeder inhaltlichen Gedächtnistätigkeit, ja vor jeder Akttätigkeit überhaupt liegen? Und weiter: könnte man diese Zuordnungen nicht systematisieren, so

---

[32] Zu Dolce, Rosselius und dem ganzen Komplex der ars memoriae informieren umfassend: F. A. Yates, The Art of Memory, London 1966 und P. Rossi, Clavis Universalis: arte mnemoniche e logica combinatoria da Lullo a Leibniz, Milano/Napoli 1960.
[33] Venedig 1579; Bruno selbst lernte die Mnemotechnik nach dem Buch des Petrus von Ravenna.
[34] Zu Camillo vgl. Yates, Art of Memory, ebda., S. 129 ff.

daß ihre Strukturen als natürliche, universale Voraussetzungen für allgemeines Wissen sichtbar würden?

Mit diesen Fragen wird die Ars Memoriae für Bruno zu einer Proto-Kunst, die vor aller anderen Kunst dasein muß. So wie die traditionelle Mnemotechnik der Kunst der politischen oder der Gerichtsrede vorgeordnet ist, weil ohne sie deren Inhalte gar nicht memoriert werden können, so ist Brunos universalisierte Ars Memoriae Voraussetzungskönnen *par excellence*. Memoria, sagt Bruno, ist die Essenz der Seele, ist als ihr Habitus auf alle anderen Vermögen bezogen.[35] Die Kunst dieser *discursiva architectura* ist ein Vermögen der Natur, das gleichursprünglich mit dem Verstand ist,[36] sie ist also in einer natürlichen Anlage gegründet. Das Entscheidende ist nun, daß diese Natur in die Kunst hinein verlängert werden kann, daß sie überstiegen werden kann. *Dädalus* – das erste Wort von *De Monade*[37] – hat hier, in der frühen *Ars Memoriae* seinen Ursprung: denn die *dädalische* Natur ist Brunos Bild für das Vermögen des Überstiegs.[38] Form und Figur sind dasjenige, was dem ›Stahl‹ der Natur verliehen werden kann, um ihn fähiger zu machen.[39]

Es war denn auch die Verbindung von Lullismus und Mnemotechnik, die Bruno in seiner frühen , verlorenen *Clavis Magna* geleistet zu haben sich als Verdienst anrechnet. Vom Lullismus nimmt er die Kombinierbarkeit und Einheitsorientiertheit der Inhalte, von der Mnemotechnik ihre Bezogenheit auf Akte des Bewußtseins. Aus dem Brunnen dieser Idee schöpfen alle weiteren mnemotechnischen Schriften der Jahre 1582 und 1583 ihre Inspiration. Die Figurationen, die entworfen werden, haben den Anspruch, *natürliche Figurationen* zu sein, obwohl oder gerade weil sie die Natur erweitern. Und die strukturierende Ordnung der Memoria, nach der die

---

[35] Vgl. Ars Memoriae, Op.lat.II, 1; S. 56.
[36] Ebda., S. 58: *naturae facultas connata rationi*.
[37] De Monade, S. 321.
[38] Ars Memoriae, S. 58.
[39] Ebda., S. 59.

Realordnung allererst bestimmt werden kann, geht zwar anhand der Zahlenordnung vor, aber diese Zahlen sind nicht die eigentlichen mathematischen Zahlen, sondern sie sind, wie Bruno sie in der *Clavis Magna* genannt hatte,[40] *semimathematische* Zahlen. Sie sind nur Nachahmungen der mathematischen Ordnungsfunktion für ganz andere Zwecke, nämlich für eine Ordnung der loci. Für diese Ordnung ist eine ganz eigene Logik zu entwickeln, eine Vorstellungslogik – *logica phantastica*[41] – und sie drückt sich in Figuren oder Siegeln aus.

Der *Sigillus Sigillorum* hat diese Theorie noch weiter geführt und die Beziehungen zwischen Siegel und Imagination präzisiert.[42] Ich will nur festhalten: Brunos Begriff des Siegels und der Figur hat mehrere Aspekte; das Siegel ist ein natürliches, ›semimathematisches‹ Zeichen, es prägt sich dem Geist, der Imagination ein, es ordnet Örter, die ihrerseits Inhalte aufnehmen können. Schließlich hat der Begriff des Siegels auch noch einen magischen Aspekt. In traditionellen Zauberbüchern wie der *Clavicula Salomonis* ist er als Begriff für talismanische Einprägungen im Umlauf. Seit Ficinos *De vita coelitus comparanda* ist diese Magie philosophisch hoffähig geworden, indem sie zu einer natürlichen Magie der Imagination verwandelt worden ist.[43] Gerade weil das Siegel natürliches Zeichen ist, kann es auch den Aspekt von Kraft und Wirksamkeit be-

---

[40] Vgl. Ars Memoriae, S. 87; zu den frühen mnemotechnischen Schriften vgl. allg. C. Vasoli, Umanesimo e simbologia nei primi scritti lulliani e mnemotecnici del Bruno, in: Umanesimo e simbolismo, Padova 1958, S. 251–304.

[41] Vgl. Cantus Circaeus, Op. lat. II,1; S. 234.

[42] Vgl. dazu L. de Bernart, Immaginazione e scienza in Giordano Bruno, Pisa 1986; zum Verhältnis von Figur, sinnlicher Erfahrung und Mathematik vgl. jetzt auch St. Otto, *Figur, Imagination, Intention. Zu Brunos Begründung seiner ›konkreten‹ Geometrie*, Heidelberger Vortrag.

[43] Vgl. D. P. Walker, Spiritual and Demonic Magic from Ficino to Campanella, London 1958; F. A. Yates, Giordano Bruno and the Hermetic Tradition, London 1964; Zur Problematik eines starken Magie-Begriffes vgl. aber Anmerkung 30 im vorigen Kapitel.

sitzen, und so ist es für Bruno möglich, das concettistische Spiel mit der Rezeption einer Tradition zu spielen, die nicht philosophisch ist, aus der aber dennoch, in philosophischer Distanz, Funken geschlagen werden können.

V. Das Paradigma der praktischen Geometrie und der Proportionalzirkel Fabrizio Mordentes

Astrologie, Chiromantie oder Proportionalitätsmessung stehen in einem Bezug zur Mathematik. Sie lassen sich im 16. Jahrhundert als – durchaus noch anerkannte – Bereiche der praktischen, angewandten Mathematik auffassen. Das *Opus mathematicum* von Joannes Taisnier[44] beispielsweise behandelt Meßprinzipien zum Ausmessen der Lebenslinie in der Handfläche; in einem Buch wie der *Geometria practica* von Oronce Finé[45] findet man zugleich Konstruktionsvorschriften für mathematische Figuren und Gebrauchsanweisungen von Meßinstrumenten; Versuche wie das *Mesolabium* von Salignac[46] stellen neue Verfahren vor, wie sich proportionale Teilungen von Strecken vornehmen lassen. Eine Geometrie wie die von Charles Bovelles behandelt bevorzugt Figuren, die Bovelles auch in seinen philosophischen Spekulationen heranzieht. Es fehlt noch an einer *Geistesgeschichte* der Mathematik, die diese Diskursformation nicht im Hinblick auf ihre Fortschrittlichkeit beschreiben will, sondern eher bemüht ist, ihre Alterität zu erfassen, ihre Zugehörigkeit zu einer *episteme*[47] der Renaissance, ihre Abhängigkeit von Denkweisen

---

[44] Joannes Taisnier, Opus mathematicum, Köln 1583.

[45] Oronce Finé, Liber de geometria practica, Argentorati 1544.

[46] Bernard Salignac, Mesolabii Expositio, Genf 1574: die Bücher von Taisnier und von Salignac finden sich, wie auch die ›Quadratura circuli‹ von Bovelles mit Brunos *Praelectiones Geometricae* zusammengebunden im Jenenser Codex Sagittarius Folio 18; vgl. den Anhang von Aquilecchias Ausgabe, S. 95 ff.

[47] Im Sinne von M. Foucault, Les mots et les choses, Paris 1966.

aus anderen Disziplinen und wiederum ihre mögliche Modellfunktion für eine ›geometrische‹ Philosophie. Die Namen, die dann auftauchen würden, wären andere als diejenigen, die durch eine Fortschrittsgeschichte der Mathematik bekannt sind. Zeichen und Maße, die sich am gestirnten Himmel, in der Hand, in der Musik oder in der sinnlichen Welt zeigen, sind jene natürlichen Zeichen, in denen die Welt lesbar und verstehbar ist. So erlebt die praktische Geometrie im 16. Jahrhundert eine große Breite an Literatur, gefördert durch das Interesse an okkulten Dingen ebenso wie durch Notwendigkeiten im Festungswesen, in der Navigation und in der Schießkunst. Eine große Zahl von neuen Meßinstrumenten wird entwickelt, die eine nicht geringe Aufmerksamkeit für sich beanspruchen können.[48] Eine Figur, wie sie Bruno in den *Articuli* ›Numerator seu Combinator‹ nennt,[49] wird man im 16.

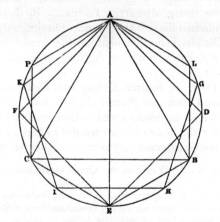

Abb. 1: Articuli, 101

[48] Vgl. etwa die Bedeutung dieser Instrumente am Hof Rudolfs II.: *Prag um 1600. Kunst und Kultur am Hofe Rudolfs II*. Ausstellungskatalog, Freeren 1988, S. 531 ff.

[49] Articuli adversus mathematicos, Op.lat.I,3; S. 101. (Abb. 1)

Jahrhundert ebenso in Büchern über Astronomie finden wie über Astrologie, in Büchern über theoretische Geometrie wie in Anweisungen für Reduktionszirkel.

In der Astronomie und Astrologie zeigt sie, wie Planeten zueinander stehen können, in der Geometrie die möglichen in einen Kreis zu zeichnenden Vielecke. In einem Werk wie Bovelles' *Ars oppositorum* wird ganz bewußt die Vergleichbarkeit von einer oppositionellen Planetenstellung mit einer logischen Opposition dazu benutzt, den Begründungsgang zu bereichern.[50] Brunos Prämisse, in den Prinzipien der *figura* zugleich die der *mensura* zu sehen, das Minimum zugleich als Einheit, Punkt und Atom zu denken, läßt ihm neben der theoretischen auch die praktische Geometrie als Paradigma der Theoriebildung tauglich sein. Mathematische, metaphysische und physikalische Theorie sollen in der Frankfurter Trilogie enggeführt werden;[51] Bruno beansprucht eine einzige diskursive Formation für Bereiche, die im akademischen Betrieb als getrennte Disziplinen gehandelt werden. Die gleichen zeichenhaften, oder besser: figürlichen Strukturen ziehen sich wie bei Agrippa durch alle scalae der Wirklichkeit.

Schon 1584, im fünften Dialog von *Della causa*, hatte Bruno, wenn auch nur rhetorisch, geäußert: »Glaube mir, derjenige würde der idealste und vollkommenste Mathematiker sein, der alle in den Elementen des *Euklides* zerstreuten Sätze in einen einzigen Satz zusammenziehen vermöchte«.[52]

---

[50] Charles Bovelles (Bovillus), Ars Oppositorum, (mit anderen Werken), Paris 1510.

[51] H. Védrine hat die geometrischen Versuche Brunos und Patrizis in einem interessanten Vergleich auf der Grundlage ihres mathematischen Atomismus beschrieben: »L' obstacle réaliste en mathématiques chez deux philosophes du XVI siècle: Bruno et Patrizi.« in: Platon et Aristote à la Renaissance, Coll. Intern. de Tours, Paris 1976, S. 239–248; diese Arbeit würde eine genauere Diskussion verdienen. Frau Védrines Kritik an Bruno scheint mir aber in der ausgeführten Weise eines ›realistischen Erkenntnishindernisses‹ nicht zuzutreffen.

[52] *Della causa, principio e uno*, Dial. it., S. 332f.; dt. Ausg.: Von der Ursache, dem Prinzip und dem Einen, übers. v. A. Lasson, hrsg. v. P. R.

Das hatte er erklärt, um die Forderung der Philosophie nach Einheitsdenken auszudrücken. Wen wird es wundern, wenn dieser Bruno zwei Jahre später einen Mann den ›Gott der Geometer‹ nennen wird, der ein Instrument konstruiert hat, mit dem sich alle Figuren der ersten vier Bücher von Euklids *Elementen* in einem einzigen Verfahren zeichnen lassen?

Doch ich will nicht vorgreifen. Bruno, der schon 1581 in Toulouse astronomische Vorlesungen hält, ist von Anfang an mathematisch interessiert. Zwar lehnt er sich in seinen frühen Schriften in erster Linie an die mathematischen Exempel seines Vorbildes Nikolaus von Kues an, doch zumindest im *Spaccio della bestia trionfante* von 1584 trägt er erste eigene Vorschläge in einer Geometrie vor, die vom Gedanken der Koinzidenz von Größtem und Kleinstem inspiriert ist. Er will »nicht nur zeigen, wie man das Quadrat in einen Kreis gleichen Inhalts, sondern auch, wie man ohne weiteres jedes Dreieck, jedes Fünfeck, jedes Sechseck und überhaupt jedes beliebige Vieleck in ein beliebiges anderes verwandeln kann, wie man die Linie zur Linie, die Fläche zur Fläche und in der Stereometrie jeden Körper zu jedem Körper in ein kommensurables Verhältnis bringen kann«. Dazu entwickelt er ein Verfahren, das aus der Nebeneinanderstellung der kleinsten den Kreis umschreibenden Figur und der größten in ihn eingeschriebenen das Ergebnis erzielen möchte, Kreis und Figur aneinander anzugleichen. Die Wichtigkeit von Einbeschreibungs- und Umbeschreibungskonstruktion, die in *De Monade* durchgängig sein wird, ist hier schon angelegt. »Auf diese Weise, o Sofia, kann man mit Hülfe des Kreises, den ihr so zum Maß der Maße macht, alle Figuren in andere beliebige von gleichem Inhalt verwandeln. Zum Beispiel, wenn ich ein Dreieck zu einem Viereck gleichen Inhalts umwandeln will, so konstruiere ich es als das Mittel

---

Blum, Hamburg 1977, S. 108; »Credi, che sarebbe consummatissimo e perfettissimo geometra quello che potesse contraere ad una intenzione sola tutte le intenzioni disperse ne' principii di Euclide«.

zwischen den zwei Kreisdreiecken, und mit diesem Mittelstück beschreibe ich zwei Vierecke um denselben Kreis oder um einen anderen, der ihm gleich ist.«[53]

Auch im *Cantus Circaeus*, einer der Memoria-Schriften von 1582, gibt es bereits Erwägungen zur Folge der Polygone. Dort stellt Bruno im Rahmen seiner Prüfung der ›semimathematischen‹ Ordnungsschemata für zu memorierende Inhalte die Überlegung an, die Progression von Vielecken oder regelmäßigen Körpern als solche Schemata zu nutzen. »In figuris quidem procedendo a triangulo ad quadrangulum: a quadrangulo, ad pentagonum: hinc ad exagonum: hinc ad eptagonum, et ita deinceps in innumerum per planas figuras.«[54] Er entscheidet sich hier noch für die Zahlenprogression als die einfachere Grundlage. Die Siegel, die er in dieser Zeit benutzt, stehen deutlich in der Tradition des Lullismus und der Ars Memoriae.

Doch seit 1586 findet eine Mathematisierung der Siegel statt. Das zeigt ganz deutlich der Vergleich der Figuren der *Triginta sigilla*, 1583 entstanden,[55] mit jenen geometrisch aus Kreisen konstruierten Figuren, die im Anhang der *Articuli adversus Mathematicos* abgebildet sind. Nur noch wenige dieser Figuren sind von emblematischer, nichtgeometrischer Natur. Der Grund liegt in einer Intensivierung von Brunos mathematischer Beschäftigung seit seinem zweiten Parisaufenthalt in den Jahren 1585 und '86. Er lernt dort den praktische Geometrie betreibenden Ingenieur und Erfinder Fabrizio Mordente kennen. Die Episode von Bruno und Mordente ist oft erzählt worden,[56] nichtsdestoweniger fehlt es an einer genauen Untersuchung über die philosophischen Konse-

---

[53] Spaccio, Dial. It., S. 557 ff.; dt. Ausg.: Die Vertreibung der triumphierenden Bestie, übers. von L. Kuhlenbeck, Leipzig 1904 (= Bd. 2 der ›Gesammelten Werke‹, einer deutschen Ausgabe von Brunos italienischen Dialogen, hrsg. v. L. Kuhlenbeck, Leipzig/Jena 1904), S. 201 ff.

[54] Cantus Circaeus, Op.lat.II,1, S. 229.

[55] Recens et completa ars reminiscendi [...], Op.lat.II, S. 2.

[56] am ausführlichsten in G. Aquilecchia, Due Dialoghi sconosciuti e due dialoghi noti, Roma 1957, Nota introduttiva; vgl. F. A. Yates, Gior-

quenzen, die diese Begegnung in Brunos Werk gehabt hat. Mordente ist ein *uomo senza lettere*, und Bruno, der sich mit ihm angefreundet hat, stellt sich zur Verfügung, Mordentes Erfindung eines Proportionalzirkels in einer lateinischen Fassung darzustellen und zu publizieren. Er tut dies in den *Dialogi duo de Fabricii Mordentis Salernitani prope divina adinventione ad perfectam cosmimetriae praxim*,[57] sowie zwei weiteren, dem *Idiota triumphans* und *De somnii interpretatione*.[58] Allerdings hält er Mordente darin vor, sich über den eigentlichen Wert seiner Erfindung nicht bewußt zu sein,[59] und benutzt die Veröffentlichung zu eigenen Überlegungen. Mordente gerät in Wut, überwirft sich mit Bruno und kauft die ganze Auflage auf, um sie vernichten zu lassen. Schließlich trägt diese Kontroverse noch dazu bei, daß Bruno im August 1586 Paris fluchtartig verlassen muß.

Leonardo Olschki hat in einem Aufsatz schon 1924 auf die Wichtigkeit von Mordentes geometria concreta für Brunos spätere Philosophie hingewiesen,[60] eine Einschätzung, die Aquilecchia zwar einschränkt, der er aber prinzipiell zustimmt.[61] Die Vorbehalte, die Olschki noch gegen Mor-

---

dano Bruno: Some new Documents, Revue internationale de philosophie, XVI 1951, fasc.2, S. 174–199; dies., Giordano Bruno and the Hermetic Tradition, S. 294–298: vgl. auch D. Singer, Giordano Bruno. His Life and Thought, New York 1968, S. 135 ff.

[57] Op. lat. I,4 ; S. 225 ff.

[58] Alle diese Dialoge zusammen, inklusive der beiden letzteren, sind erstmals 1957 wieder publiziert worden, denn von ihnen existierte nur noch ein einziges Exemplar. Die Edition ist von G. Aquilecchia, Due dialoghi sconosciuti e due dialoghi noti, Roma 1957.

[59] Zu Brunos Verständnis von Entdeckern wie Mordente oder Kopernikus als ›Gotterleuchtete‹, die aber ihre Entdeckung nicht voll ermessen können, vgl. M. A. Granada, *Giordano Brunos Deutung von Copernicus als ›Gotterleuchteter‹ und die narratio prima von Rheticus;* Heidelberger Vortrag.

[60] Leonardo Olschki, Giordano Bruno, Deutsche Vierteljahresschrift für Literaturwissenschaft und Geistesgeschichte 2 (1924), 1–79, bes. S. 55 ff.

[61] G. Aquilecchia, Due dialoghi XXX, Nota introduttiva, S. VIII f.

dente als Mathematiker gehegt hat (»Diesen Mordente kennt die Geschichte der Mathematik optimo iure nicht einmal dem Namen nach.«[62]), sind inzwischen relativiert worden. Rose erkennt ihn als den entscheidenden Beiträger zur Entwicklung des Proportionalzirkels an.[63] Olschki hält auch den Einfluß des Mordenteschen Zirkels auf die Konstruktionen von *De Monade* für erwiesen;[64] wenn er aber schreibt, »in allen Fällen geht es klar hervor, daß die Polygone mit dem Zirkel gezeichnet sind, wobei so grobe Annäherungen erzielt werden, daß sie schon aus der schematisch vereinfachten Zeichnung deutlich wahrnehmbar sind«,[65] dann zieht er einen falschen Schluß. Denn die Ungenauigkeit erfolgt nicht wegen der Anwendung eines Reduktionszirkels, sondern wegen der Anwendung des von Bruno erdachten und philosophisch wohlmotivierten Konstruktionsverfahrens.[66] Olschki übernimmt hier Toccos Unmut über die Unexaktheit der Brunoschen Figuren und läßt sich dadurch verleiten, diese Mathematik vorschnell abzuurteilen. Tatsächlich ist eine genauere Analyse der Mordente-Schriften Brunos und der möglichen Spuren Mordentischer Geometrie in Brunos Werk von 1586 bis 1591 erst noch zu leisten.[67]

---

[62] Olschki, 55; in manchen Punkten seiner Kritik an Bruno folgt Olschki auch den Ausführungen von K. Lasswitz, der Bruno in Bd.1 seiner Geschichte der Atomistik (1890) behandelt hat, S. 359–401; Nachdr. Darmstadt 1963.

[63] Paul L. Rose, The Origins of the Proportional Compass from Mordente to Galileo, Physis X (1968), S. 53–69.

[64] Olschki, Bruno, S. 62 f.

[65] Ebda., S. 62 f.

[66] Siehe dazu genaueres in Kap. VI und VII.

[67] Vgl. etwa die Diagramme ›Quadra Mordentii‹ in *De Minimo* S. 256 und ›Plectrum Mordentii‹, *De Minimo* S. 253; doch sind das nur die zunächst in die Augen stechenden Erwähnungen; an Werken von Mordente hätte man neben der 1585er Ausgabe von *Il compasso et figura di Fabritio Mordente di Salerno*, erhalten im Ms. Can. Ital. 145 der Bodleian Library in Oxford, wohl auch das Werk *La quadratura del cerchio, la scienza de' residui, il compasso, et riga di Fabritio , et di Gasparo Mordente fratelli*

Was aber ist ein Proportionalzirkel? Er gehört zu den Universalinstrumenten, die die Renaissance auf ihrer Suche nach den letzten Prinzipien und Maßen der Welt entwickelt

Salernitani, Anversa, Galle, 1591 (erhalten in der Bibl.Naz. di Napoli) heranzuziehen. Die ausführlichste Anweisung für die Operationen mit dem Proportionalzirkel findet sich in dem Münchener Manuskript Codex ital. 11 der Bayerischen Staatsbibliothek. Der Oxforder Codex enthält dagegen nur ein gedrucktes Blatt neben verstreuten handschriftlichen Skizzen. (Man vergleiche die Zeichnung auf dem gedruckten Blatt – hier Abb. 3 – mit Brunos ›Quadra Mordentii‹ und der Abbildung in *Due dialoghi sconosciuti* [...], ebda., S. 45, ebenso die Zeichnung zur ›scienza de residui‹ in Mordentes Buch von 1591.) Das in Neapel erhaltene Buch ist ein schmaler, aber prachtvoll ausgestatteter Band, in dem die Brüder Mordente ein neues Verfahren zur Bestimmung und Teilung des Kreisumfanges entwickeln; das Verfahren beruht auf einer gleichförmigen Rollbewegung eines Punktes auf der Kreislinie. Im Vorwort kann Fabrizio Mordente nicht umhin, Bruno abermals mit Schimpf zu überziehen – denn wer sollte sonst mit dem ›Schatten von einem Philosophen‹ gemeint sein? »Mediante le quali da Hora innanzi si potranno Misurare giustamente tutte le cose Misurabili, Pesare giustamente tutte le cose Pesabili, et sapere come da Numero à Numero, le Proportioni, et Proportionalità di quelle d'un medesimo genere, Si potrà anche con esse duplicare un dato Cubo, et Construere tutti gli Problemi Geometrici d'Euclide, brevißimamente senza mezo di Linee, ne Punti precedenti come si costuma nelle lor construtioni. Ma se per forte alcuna Ombra di Philosopho, per mostrare anch' Ella di sapere, diceße non eßer poßibile potersi fare quanto da noi s' è proposto, per quel tanto che sopra di ciò, è scritto in alcuni Libri della Phisica, Si risponde 'O i Libri della Phisica sono nel Numero delli Auscultatorii, 'O nò, se sono di quel Numero, come Simplicio, et Themisto affermano, non si poßono intendere, si come Aristotile dice nella sua epistola scritta in risposta di quella d' Aleßandro Magno, Il che malageuolmente si potrebbe negare, Poscia che per la loro oscurità, come in quelli della Metaphisica parimente, tanta copia di commentatori, con tante varie, et diverse oppenioni, come si vede chiaramente non si poßono accordare fra di loro, Là onde fù detto Seppia, perciochè si come la Seppia offusca, et oscura l'Acqua per non lasciarsi prendere da Pescatori, cosi Aristotile per sodisfare alla volontà d'Aleßandro Magno, ch' egli molto ben sapeva, offusca, et oscura il suo parlare per non lasciarsi intendere da Lettori, et in tal caso à noi basta convenire col Nostro Euclide, Archimede, et Pappo, Ma dato, et non conceßo, che i sopra detti Libri non siano

hat. Er gibt ein Beispiel, wie sich die Denkform der Ähnlichkeit[68] und das Operieren mit Proportionen, das für diese Zeit noch so charakteristisch ist, auch in der Mathematik und im Instrumentenbau niedergeschlagen hat. Einer der berühmtesten Instrumentenbauer, und auch ein Entwickler eines Proportionalzirkels, ist Jost Bürgi gewesen,[69] tätig am Hof in Kassel und dann in Prag.[70] Es ist kein Zufall, daß Bruno 1588 von der Stadt Kaiser Rudolfs II. angezogen worden ist, derselben Stadt, in die auch Bürgi, auch John Dee, auch Mordente gegangen sind. Es ist ebenfalls kein Zufall, wenn sich in einem Buch von Benjamin Bramer, Schüler und Fortsetzer von Bürgi, als Anhang eine frühe Übersetzung des Dialogs *Der Laie über die Experimente mit der Waage* von Nikolaus Cusanus findet.[71] Jene letzten Jahrzehnte vor der Wende zum 17. Jahrhundert sind sehr dicht gewesen an mathematischen Bemühungen verwandter Art[72],

del sopra detto Numero, si possono eßi intendere, et se si possono intendere, è da credere, che i tre sopra detti famosißimi Autori gli habbiano molto meglio intesi, che la nostra adversaria Ombra di Philosopho«. (La quadratura del cerchio, [...], fol.4; der Text scheint 1589 verfaßt worden zu sein, vgl. fol.16) Bruno, der Verfasser des ›Schattens der Ideen‹, hatte seine Schrift von 1588, die *Articuli*, ›gegen die Mathematiker unserer Zeit‹ und gegen Euklid gerichtet; jetzt muß er damit büßen, daß er zum ›Schatten eines Philosophen‹ wird. Die Polemik war also mit dem Jahr 1586 noch nicht beendet.

[68] Vgl. Michel Foucault, Les mots et les choses, Paris 1966. Chap.II.

[69] Vgl. Allgemeine deutsche Biographie, Bd.3, S. 604–606.

[70] Über Bürgis Instrumentenbau in Prag vgl. Prag um 1600, ebda., S. 73; vgl. auch E. Zinner, Deutsche und niederländische astronomische Instrumente des 11. – 17. Jahrhunderts, München 1967.

[71] Vgl. B. Brameri/ kurtze Mitteilung/ vom Vacuo [...]/ deßgleichen Nicolai Cusani/ Dialogus [...] , Marburg 1607; ein weiterer Schüler Bürgis ist Nikolas Reimer, der bereits vor Bürgi nach Prag geht.

[72] Um sich einen Eindruck zu verschaffen von der großen Verbreitung geometrischer Literatur über Proportionalzirkel, Kreisquadratur, geometriche Messungen usw., schlage man nach in dem großen Titelverzeichnis von M. Lipenius, Philosophia Realis, Frankfurt 1682, sub verbum ›circulus‹; oder auch bei M. Bircher, Deutsche Drucke des Barock, Bd. A 2 (Geometrie), Neydelen 1979.

und es sind diese Spekulationen des Universal- und Proportionendenkens, in die sich Bruno mit seiner Geometrie einreiht.

Der Proportionalzirkel besitzt auf seinen Schenkeln Funktionsleitern, über die sich nach dem Proportionalitätsprinzip bestimmte Streckenteilungen vornehmen lassen.[73] Auf diese

---

[73] Am umfassendsten informiert hier I. Schneider, Der Proportionalzirkel. Ein universelles Analogiereicheninstrument der Vergangenheit, München 1970; dort S. 10f.: »Das Proportionalitätsprinzip, für das die Autoren von Beschreibungen des PZs [Proportionalzirkels] auf Euklids Elemente 6,2 und 6,4 verweisen, besagt, daß durch eine im Innern eines Dreiecks verlaufende Parallele zu einer Seite ein zu diesem Dreieck ähnliches entsteht, und ähnliche Dreiecke sind dadurch gekennzeichnet, daß sich entsprechende Seiten gleich verhalten. Auf den PZ übertragen heißt das: bei beliebiger Öffnung des PZ verhalten sich die Strecken zwischen den Punkten m_1 und m_2 bzw. n_1 und n_2 von zwei paarweise gleichen Skalen wie die Abstände vom Zentrum Z zu den Punkten m bzw. n [Abb. 2a]; diese Abstände verhalten sich aber nach der geschilderten Einrichtung der Funktionsleitern wie die Funktionswerte der zugehörigen Funktion an den Stellen m und n. Es sind damit die beiden folgenden Grundaufgaben mit dem PZ lösbar:
(1) Gesucht ist eine Strecke x, die sich zu einer gegebenen Strecke b verhält, wie die Funktionswerte der Funktion f(x) an den Stellen m und n, also wie f(m) und f(n) [Abb. 2b].
(2) Gesucht ist die Stelle x, deren zugehöriger Funktionswert f(x) sich

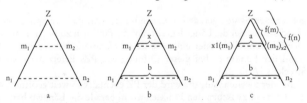

Abb. 2: Die Anwendung des Proportionalitätsprinzips beim PZ erster Art

verhält zum Funktionswert an der bekannten Stelle n wie zwei vorgegebene Strecken a und b [Abb. 2c].
Zur Lösung des 1. Problems öffnet man den PZ so weit, daß der Abstand zwischen den Punkten n der zur zu betrachtenden Funktion

Weise lassen sich auch geometrische Figuren und Polygone zeichnen, mit einer nur geringen Ungenauigkeit. Mordentes Zirkel, den Bruno beschrieben hat, ist allerdings noch kein ausgereifter Proportionalzirkel, sondern eine Vorstufe, ein verbesserter Reduktionszirkel.[74] Bruno wird, nachdem er von Paris nach Wittenberg gewechselt ist, sich dort in den Jahren 1586 bis 1588 intensiv mit Mathematik beschäftigt haben, denn 1588 läßt er in Prag die *Articuli adversus Mathematicos* erscheinen.

Es ist außerordentlich schwer zu sagen, ob und wann sich Bruno wirklich auf den Proportionalzirkel bezieht; ebensoschwer ist es festzustellen, wann sich Bruno in seinem anspielungsreichen Text auf andere Meßinstrumente und Meßverfahren bezieht, solange nicht erforscht ist, welche Verfahren und Theorien zu seiner Zeit in Umlauf waren, und mit welchen Bruno durch eigene Lektüre bekannt war. Ich werde im VII. Kapitel die Vermutung äußern, daß der in *De Monade* gelegentlich wiederkehrende Ausdruck ›Speerspitze des Arktur‹ eine Chiffre für Mordentes Zirkel sein könnte.

---

gehörenden Skalen gerade die Länge b hat, d. h. daß die Spitzen eines Handzirkels, der die Länge b greift, auf die Punkte n zu liegen kommen. Der mit demselben oder einem weiteren Handzirkel abgegriffene Abstand der Punkte m bei dieser Öffnung des PZs liefert die gesuchte Strecke x [Abb. 2b].
 Bei der zweiten Aufgabe wird der PZ ebenfalls so weit geöffnet, daß der Abstand zwischen den Punkten n_1, n_2 gerade die Länge b hat; nun sucht man bei dieser Öffnung mit einem Handzirkel, der die Länge a greift, die beiden Punkte x_1, x_2 derselben Skalen, deren Abstand gleich a ist. Man paßt also den Handzirkel so ein, daß seine Spitzen auf zwei gleiche Punkte zu liegen kommen. Diese Punkte geben dann die gesuchte Stelle x [Abb. 2c. Die Abbildung ist aus dem Buch von Schneider übernommen.]«
[74] Vgl. Schneider, ebda., S. 41 ff.; Rose, ebda., S. 64.

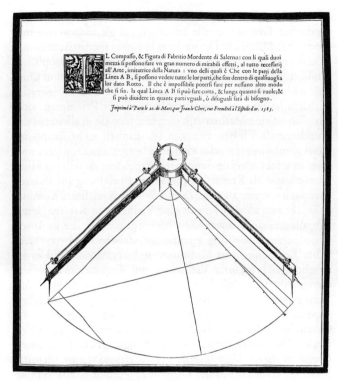

Abb. 3 : Bodleian Library, Oxford, Ms Canon. Ital.145, fol.6

VI. Philosophische Darstellungsgeometrie und Monismus: die figurae omniparentes

Die *Articuli adversus Mathematicos*, gedruckt zu Prag 1588, sind ein für das Verständnis von Brunos späterer Philosophie unentbehrliches Buch. Verbreitet in nur geringer Auflage,[75]

---

[75] Das ist zu urteilen nach der geringen Anzahl der heute noch vorhandenen Exemplare, anhand des censimento von R. M. Pagnoni-Sturlese:

erkunden sie zum ersten Mal das Terrain einer philosophisch fundierten Geometrie, die anschließend als allgemeines methodisches Mittel zur Darstellung in einem monistischen, nur modal verschränkten Kosmos dienen kann. Philosophisch fundiert, das heißt: diese Geometrie darf Quantität und Qualität nicht trennen, ebensowenig figuratio und mensuratio. Wirklich ist nur eine Verschränkung dieser Prinzipien, und wirklich ist eine Mathematik nur, insofern sie in allem auf die grundlegende Einheit bezogen ist. Einheit sieht Bruno im Kreis symbolisiert – oder vielleicht besser: manifestiert, und zwar in seinen zwei untrennbaren Aspekten: an sich ein Minimum zu sein als Kreismittelpunkt, in Beziehung auf anderes aber auch Grenze zu sein, *Terminus* – die Kreislinie. Komplexität läßt sich ausdrücken als eine Vielheit von Kreisen, letztlich alle aus dem einen Kreis hervorgegangen, die in unterschiedlicher Beziehung zueinander stehen; in unterschiedlicher Beziehung von Minimum und Terminus. Und es ist möglich, sich *kleinste* Vielheiten von Kreisen vorzustellen, die jeweils die möglichen Beziehungen von Minimum und Terminus ausdrücken. Bruno scheint dabei die Cusanischen Aspekte des Einen, unitas, aequalitas und connexio, als Grundverhältnisse in Gedanken zu haben. Einheit wären Kreise, deren Kreislinie, als Beziehungsaspekt, die anderen Kreise in ihrem Mittelpunkt schneidet und damit Identität herstellt. Gleichheit, oder Differenz, würden Kreise symbolisieren, welche sich allein in ihrem Terinus berühren, ihre Beziehung also als reine Ausschließung bestimmen. Vereinigung wäre dann drittens eine Kreiskonstellation, bei der *sowohl* Identitäts- *als auch* Differenzbeziehung vorliegt, bei der sich Kreise durchdringen, indem sie einander ausschließen. Diese drei Grundvariationen von Komplexität durch die eine Kreisfigur hat Bruno in den *Articuli* die *tres figurae omniparentes*[76] genannt. Denn nur auf sie bezogen können in

---

Bibliografia censimento e storia delle antiche stampe di Giordano Bruno, Firenze 1987, S. 99.

[76] Articuli, Op.lat.I,3; S. 19.

seiner Mathematik andere, traditionelle Elemente, also Figuren, Winkel und Linien expliziert werden. Nur insofern sie Derivate dieser Grundfiguren sind, haben sie Realität. Die

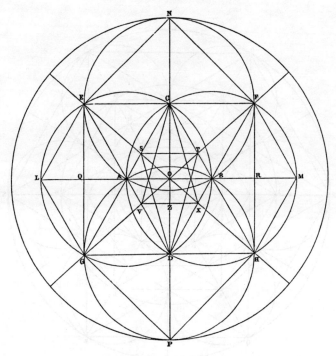

Abb. 4: Articuli, 78

erste Figur bezeichnet Bruno als figura mentis. Ihre Kreise durchdringen sich wechselseitig, und die Kreislinien schneiden die Mittelpunkte der anderen.[77] Der Begriff der Mens steht für die Einheit begründende Funktion. (Abb. 4)

[77] Vgl. Articuli, S. 20.

Die zweite Grundfigur heißt *figura intellectus*. Der Intellekt, das dihairetische, unterscheidende Vermögen, ist in sechs Kreisen gekennzeichnet, die einen siebten umgeben, ohne sich zu durchdringen. (Abb. 5)

Abb. 5: Articuli, 79

Die dritte Figur schließlich ist die *figura amoris* als die Vereinigung der Eigenschaften von Identität und Differenz. Sie besteht aus vier Kreisen, von denen sich je zwei tangierend gegenüberstehen, so daß aber insgesamt eine Durchdringung und Verbindung zur Ganzheit stattfindet. (Abb. 6)

Es liegt im Sinne von Brunos mythologischer Redeweise, die Begriffe Mens, Intellectus und Amor mit den diesen Vermögen zugeordneten Gottheiten Apoll, Minerva und Venus

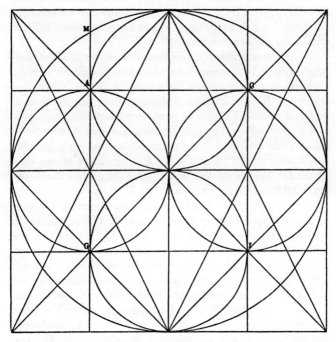

Abb. 6: Articuli, 80

zu chiffrieren. Genau das tut er in *De Minimo*. Jedoch muß zwischen 1588 und 1591 eine Veränderung in Brunos Theoriebildung stattgefunden haben, die noch näher zu untersuchen wäre. Als Figur der Minerva bzw. des Intellekts wird nun die vormals dritte Figur interpretiert,[78] während das Vereinigungssymbol, nach Amor bzw. Venus benannt, nun die vormals zweite Figur ist. Sie ist leicht verändert worden: die sich ausschließenden Kreise, welche Differenz ausdrücken, sind getilgt, statt dessen sind die Verbindungslinien der Punkte hervorgehoben.[79] Jede Figur stellt hier ein *Atrium* dar, das heißt sie ist wie in der Gedächtniskunst aufnehmender Träger für Bedeutungen, indem sie Felder abteilt, Orte schafft, Beziehungen herstellt.[80]

Tocco und jene Autoren, die Brunos Geometrie Unwissenschaftlichkeit vorwerfen, haben übersehen. daß die Theorie dieser Figurationen andere Ziele verfolgt als das, die mathematischen Konstruktionen Euklids übertreffen zu wollen. Nein, in Brunos Theorie ist gewissermaßen eine *philosophische Begriffsschrift* angelegt, die mit gegebenen Ausdrucksregeln für Identität und Differenz sich bemüht, ein Vokabular von Kompexionen zu erstellen, das in der Lage ist, die Vielheiten der Welt als modale Verhältnisse der Einheit darzustellen. Und dennoch geht sie wiederum über eine reine Begriffsschrift hinaus, insofern in den Komplexionen gleichzeitig mensurale Eigenschaften gegeben sind: die Figuren sind vier- oder sechseckig, sie zeichnen bestimmte Richtungen aus, aus ihnen lassen sich Maße bilden. In *Della causa, principio e uno* hatte Bruno mathematische Symbolik noch so verwendet, daß er ihr, den segni, die wie beim Cusaner schwierige begriffliche Verhältnisse einsichtig machen können, die *verificazioni* gegenübergestellt hatte: Bestätigungen dieser Thesen in der physischen und moralischen Welt.[81] Doch 1591 sind segni und verificazioni sehr viel näher aneinandergerückt. Die atomistische Intuition gibt die Möglichkeiten, die Figurationen auch mit atomaren Strukturen zu assoziieren. Und die nume-

---

[78] De Minimo, S. 279f.

[79] De Minimo, S. 281f.

[80] Die Figuren sind damit integriert in die topische Memoria-Konzeption; sie können als loci erinnert werden.

[81] Della causa, Dialogo quinto; Dial.it.,335–340, dt. Ausg., ebda., S. 110–114.

rologische Intuition eröffnet die Möglichkeit, mit den quantitativen Zahlenwerten der Figuren den Anschluß an die inhaltlichen Ausdeutungen der Weisheitstradition zu suchen.

VII. Die Konstruktion der Polygone

Die zu konstruierenden Figuren, die den Zahlen Eins bis Zehn entsprechen sollen, müssen also in bezug auf die drei Grundfiguren, auf mögliche Verhältnisse von Identität und Differenz erstellt werden. Diese spezifischen Polygone haben auf der Basis der Regeln der Grundfiguren zu entstehen, so daß sie als Teilstücke oder als Komplexionen dieser Figuren erscheinen. Um noch einmal bei Agrippa nachzulesen: für die »Dreiecke, Vierecke, Sechsecke, Siebenecke usw. gilt, daß sie im Verhältnisse zu der Verschiedenheit und Mannigfaltigkeit ihrer Zusammensetzung verschiedene Bedeutungen und Kräfte erlangen, je nach der verschiedenartigen Ziehung ihrer Linien und der Proportion ihrer Zahlen«.[82] Alles kommt darauf an, *wie* die Figuren gezeichnet werden.

Die der Monas entsprechende Figur, das ›Nicht-Eck‹, ist der Kreis selbst, das immer vorausgesetzte Ensemble von Minimum und Terminus.[83]

Auch die Figur der Zweiheit ist noch erst ein Rudiment, ein Rudiment der figura mentis nämlich: jene Beziehung zweier Kreise, bei der jeweils der Terminus des einen das Minimum des anderen ist. (S. 350 Z 16 f.) In der vollständigen figura mentis ist diese Dyade dadurch ergänzt, daß die beiden entstehenden Schnittpunkte wiederum zu Kreiszentren werden, deren Termini erneut beide anderen Kreise im Zentrum

---

[82] Agrippa, De occulta philosophia, Buch II, Kap.23 ; dt. Ausg. 271.

[83] Wenn ich im folgenden gelegentlich von ›Identitätsbeziehung‹ oder ›komplexer Identität‹ sprechen werde, so ist das zu unterscheiden von der einfachen Einheit, die nur der Kreis sein kann. Sich schneidende Kreise sind auf der Darstellungsebene immer schon eine Vielheit, auch wenn sie Identität aussagen sollen.

schneiden. Bruno ist für die Struktur von Zweiheit an der Eigenschaft des figura-mentis-Rudiments interessiert, die es zu einer Hilfskonstruktion für die Mittelteilung einer gegebenen Strecke macht: die Strecke vom Mittelpunkt des einen Kreises zum Mittelpunkt des anderen wird durch die Gerade, die durch die beiden Kreisschnittpunkte führt, in der Mitte geteilt. (S. 350 Z 26 ff.) Diese Streckenteilung ist die geometrische Darstellung für die ursprüngliche Erzeugung von Differenz. (Abb. 7)

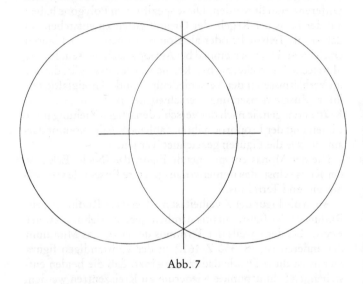

Abb. 7

Die Figur der Dreiheit – nach der Euklidischen Geometrie als Dreieck das erste mögliche Polygon – scheint zunächst einfach konstruierbar zu sein. »Hier bietet sich den Sinnen eine klare Figur« (S. 358). Als Figur von Brunos philosophischer Darstellungsgeometrie allerdings ist dieser ›Ring des Apollon‹, wie er genannt wird, von einiger Komplexität. Hier wird erstmals davon Gebrauch gemacht, Minimum und Terminus mit philosophischen Begriffen zu interpretieren und ihre Verhältnisbeziehungen als Darstellung begrifflicher Beziehungen zu verwenden. Der *fluxus*, in dem eine Figur entsteht, spielt eine große Rolle. Denn die Figuration wird als Erzeugungsprozeß verstanden, da jede Figur aus der Einheit entsteht, so wie eine Zeichnung aus ihrem ersten Punkt.[84] Sätze wie ›Der Sensus umfließt zuerst das Principium‹, ›Die Ratio umfließt das Medium‹ (S. 361 Z 1 f.) sind potentiell philosophisch aussagekräftige Bestimmungen, die zu dem enigmatischen Reichtum von *De Monade* gehören, sie sind aber nicht weiter expliziert oder thematisiert. Es wird unter anderem davon abhängen. ob für solche Sätze ein konsistenter Zusammenhang rekonstruierbar ist oder ob sie sich als nur flüchtige Intuitionen herausstellen, wenn man *De Monade* als philosophischen Text bewerten will.

Der ›Ring des Apoll‹ ist für Bruno eine Figur des Apoll, der Chiffre des Einen, der Identität. Sie besitzt also eine gewisse Nähe zur figura mentis, die in *De Minimo* den Namen ›Atrium Apollinis‹ trägt.[85] Gemeinsam ist ihr mit dieser, daß die Beziehung der Kreise zueinander eine der Durchdringung von Minimum des einen und Terminus des anderen ist, eine Identitätsbeziehung; allerdings ist es im ›Ring des Apoll‹ eine Sechsheit von Kreisen, deren Kreislinie sich jeweils mit den Zentren der benachbarten Kreise schneidet, keine Vierheit von Kreisen. (Abb. 8)

Von der Sechsteilung des mittleren Kreises als Konstruktionsvoraussetzung wird ausgegangen. Sie ist an dieser Stelle

---

[84] Daß der ›Fluxus‹ der Figurerzeugung durchaus kosmologisch-ontologische Konnotationen hat, beweist Brunos eigene Erklärung im Zusammenhang mit seiner Konzeption der ›Mitte‹ (S. 374), wo er die modale Verschränkung, das wechselseitige Ineinanderenthaltensein, unmittelbar auf den ›Fluxus‹ zwischen den Weltebenen anwendet: »so fließt die höchste Welt durch die mittlere in die unterste, und die unterste steigt durch die mittlere zur höchsten hinauf«.
[85] De Minimo, S. 278.

Kommentar

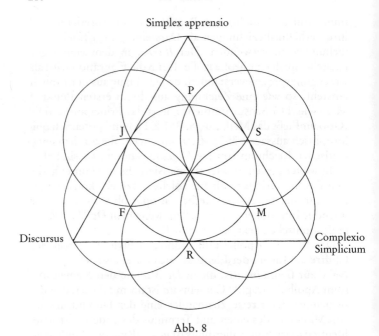

Abb. 8

nicht thematisch. Das Thema ist ein anderes: es soll eine Figur entstehen, »die tiefsinnig zeigt, daß die vielfältige Dreiheit in dem einen Nexus zusammenfließt« (S. 361 Z 11 f.); die ein möglichst reines Bild von der Identität des Vielen darstellen kann. Das vermag diese Figur, denn das Zentrum des inneren Kreises ist der Schnittpunkt aller Termini der sechs Minima. In den *Articuli* ist eine solche Figur auf den Seiten 83 und 86 entworfen, in *De Minimo* findet sich der innere Kreis isoliert unter dem Titel ›Examen Tetragonismi‹.[86] (Abb. 8)

---

[86] Auch sonst ist diese Figur recht bekannt. Vgl. z. B. Giambattista Della Porta Elementa curvilineorum, Neapel 1603 (ich habe die Ausgabe Rom 1610 benutzt; siehe dort S. 60), der Figuren dieser Art als ›coronae‹ bezeichnet.

Philosophisch gesehen enthält die Figur eine Kombination der Aktstruktur, die unter dem Titel der Dreiheit thematisch ist – in ihren allgemeinen Komponenten Anfang, Mitte und

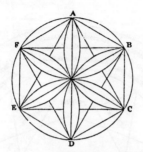

Abb. 9: De Minimo, S. 217

Ende , mit den drei Geistesvermögen Sensus, Ratio und Mens. Diese beiden Dreiheiten sind die letzten derjenigen Triaden, die zuvor (S. 360 Z 25) genannt worden waren. In dem aus ihrer Kombination gebildeten Dreieck erhalten die Winkel begriffliche Interpretation als primäre geistige Operationen: Aufnehmen, Bilden von Komplexen sowie diskursives Denken. Daß Winkel durch begriffliche Themen besetzt werden können, ist gut lullistische Tradition. Raimundus Lullus hatte innerhalb seiner Kreisfiguren übereinandergelagerte Dreiecke oder Quadrate dargestellt, um bestimmte Korrelationen der um den Kreis gruppierten Begriffe herauszuheben. So läßt sich die Kreisfigur als Überlagerung von spezielleren Begriffsverhältnissen auffassen, die in ihrer Gesamtheit ein Polygon bilden, das zum Kreis abgerundet ist. In den ursprünglichen Handschriften waren diese inneren Dreiecke oder Quadrate sogar farbig differenziert.[87] Die ›Figura T‹

---

[87] zu Lull und dem Lullismus vgl. E. W. Platzeck, R. Lull, 2 Bde., Düsseldorf 1962, 1964; J. N. Hillgarth, Ramon Lull and Lullism in fourteenth-century France, Oxford 1971.

der *Ars brevis* ist aus solchen Innendreiecken gebildet; eines von ihnen ist jenes von Principium-Medium-Finis, das wir bei Bruno wiederfinden. (Abb. 10)

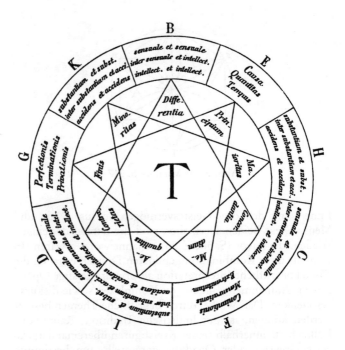

Abb. 10: Figura T der *Ars brevis* Lulls, abgebildet bei Bruno, De compendiosa architectura, Op.lat.II,2; S. 18

Bruno hat schon in seiner frühen Schrift *De compendiosa architectura et complemento artis Lullii* (1582) diese Figur erörtert;[88] im Wittenberger Werk *De lampade combinatoria lulliana* dann wird er so ausführlich, daß er jedes Dreieck

---

[88] De compendiosa architectura, Op.lat.II,2; S. 18.

gesondert behandelt: zum zweiten Dreieck sagt er[89] »Cuncta enim aut sunt principium, aut medium, aut finis; aut per principium, per medium, per finem; aut in, ex principio, medio, fine; aut principii, medii, finis. Hic triangulus et eius anguli omnia penetrant, quae sane penetratio aut est per rectum aut per obliquum casum, ut in proposita divisione diximus, et cuilibet etiam permodicum ingenioso ad dictorum similitudinem facile est coniicere«.

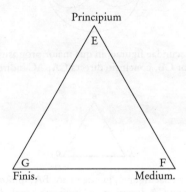

Abb. 11: De lampade combinatoria, Op.lat.II,2 ; S. 270

Überhaupt ist das Kapitel der Dreiheit in De Monade gut dazu geeignet, die lullistische Grundierung dieser Schrift zu studieren. Es gibt noch weitere Übernahmen aus lullistischen Werken, an denen Bruno gleichzeitig oder zuvor gearbeitet hat. Es ist wohl nicht ganz zufällig, daß die Zeit der Arbeit an den Frankfurter Gedichten auch eine Zeit neuer lullistischer Produktionen gewesen ist; besonders die Wittenberger Phase seit 1586 hat solche Werke hervorgebracht. In der ›Dreiheit‹ von *De Monade* gibt es einen Abschnitt, betitelt ›Die Anwen-

---

[89] De lampade combinatoria, Op.lat.II,2; S. 270f.

dung der Dreiheiten‹. Er führt eine Figur vor (S. 373. Wohl irrtümlich nochmals abgebildet S. 374), die Bruno 1587 in einer Schrift entwickelt hatte, die Verbesserungen der Logik

Nota primae figurae, in qua maior propositio BA,
minor CB, conclusio directa CA, indirecta AC.

Nota secundae figurae, in qua maior propositio AB,   a 5ʳ 1
minor CB, conclusio directa CA, AC indirecta.

Nota tertiae figurae, in qua maior BA, minor BC,
conclusio CA directe et AC indirecte concludendo.

Abb. 12: De progressu logicae venationis, Op.lat.II,3 ; S. 10

durch lullistische Methoden zum Zweck hatte: *De progressu logicae venationis*. Drei Darstellungen von Schlußverfahren der traditionellen Logik, enthaltend die Sätze maior, minor und conclusio, werden so kombiniert, daß sie eine neue Figur bilden. Die Verschränkung der segni soll einen Weg für den Umgang mit logischen Problemen selbst aufzeigen.

Der sogenannte ›Tisch der Grazien‹ (S. 361 ff.) ist keine darstellende Figur im engeren Sinne. Sie ist zwar in das Kapi-

Figura complicationis trium figurarum.

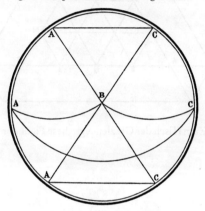

Abb. 13: ebda., S. 12

tel über die Dreiheit aufgenommen worden, weil sie eine Dreiecksstruktur besitzt, doch zeigt sie ein *Instrument* der Figurenbildung (S. 361 Z 15) und ist als solche in engem Zusammenhang mit dem ›organon generale‹ des Epilogs der Figur (S. 471 ff.) und dem ›instrumentum deformationum‹ der *Ars deformationum* zu sehen. Ich werde bei deren Untersuchung auf sie zurückkommen; hier sei nur noch erwähnt, daß die Kreise des ›Tisches der Grazien‹, zu dessen Konstruktion Bruno sein Alphabet der Götternamen verwendet, nur einander tangierende, keine identitätsbildende Kreise sind, auf deren Grundlage Dreiecke gebildet und dreifache Teilungen vorgenommen werden können. Grundmerkmal ist hier die Konstanz (S. 362 Z 12), und im Gegensatz zum alles auf-

224 Kommentar

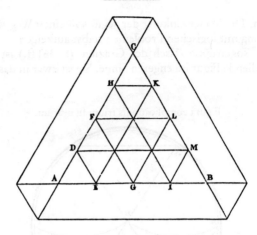

Abb. 14: Zum ›Tisch der Grazien‹ vgl. diese Figur der Articuli, 104

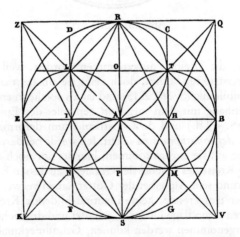

Abb. 15: Atrium Minervae; De Minimo, S. 280

Kommentar 225

einander beziehenden ›Ring des Apoll‹ schematisiert der ›Tisch der Grazien‹ *distinkte* Dreiheiten. (Abb. 14)

Bruno selbst bezeichnet die Figur der Vierheit, das ›Siegel des Ozeans‹, als abgeleitet aus den Figuren der Minerva und des Apoll (S. 375 Z 8 f.). In der Tat ist das ›Atrium Minervae‹ ein Quadrat,[90] und die vier inneren der kleinen Quadrate, in die es unterteilt ist, haben zur Hälfte die Struktur des ozeanischen Siegels. (Abb. 15)

Die Konstruktion verfährt so, daß zunächst relativ traditionell ein Quadrat erstellt wird (S. 375 Z 12 ff.). Daraufhin

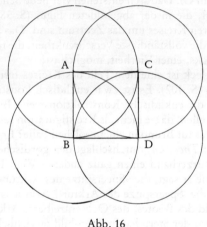

Abb. 16

wird das entstandene Gebilde erweitert, immer noch mit implizitem Bezug auf Euklid (S. 376 Z 6), so daß das Quadrat nun innerhalb von vier Kreisen liegt, die jeweils mit der Peripherie die zwei neben ihnen liegenden im Zentrum schneiden. Die Metapher des Ozeans meint das ›in sich selbst zu-

[90] De Minimo, S. 280; = die figura amoris der *Articuli*, S. 80.

rückfließen‹ (S. 375 Z 10), obwohl gleichzeitig alle vier Richtungen der Welt bezeichnet sind.

Das ›Siegel der Nereiden‹ ist eine einfach konstruierte Figur, in der zwei Achsen durch den Kreis gelegt werden und ein Quadrat um den Kreis beschrieben wird. Komplexer ist da das ›Siegel der Juno‹ (S. 375ff.). Es ist eine Erweiterung des ›Siegels des Ozeans‹, denn es ergänzt dessen vier Kreise durch eine zweite Gruppe von vier größeren Kreisen. Die Punkte A, B, C und D umkreisen sich jetzt nicht nur so, daß die benachbarten Punkte auf der Kreislinie liegen (z. B. A und B auf dem Kreis um C), sondern auch so, daß der gegenüberliegende Punkt auf der Kreislinie liegt (z. B. D auf dem größeren Kreis um C). Dadurch entstehen vier neue Schnittpunkte E, F, G, H, die in der abgebildeten Figur (S. 383) Punkte eines weiteren Kreises um das Zentrum sind. Das ›Siegel der Juno‹ zeigt die vollständigste Verschränktheit, die für Minima eines Vierecks, einer Vierheit, möglich ist.

Das Fünfeck ist eine dem Feld des Kreises fremde Figur, sagt Bruno (S. 402). Es ist zwar euklidisch konstruierbar,[91] doch kann die euklidische Konstruktionsweise Bruno nicht zufriedenstellen, da sie nicht als Kreisfiguration rekonstruierbar ist.[92] Was tut Bruno in einem solchen Falle? Er verzichtet auf *tausend Theorien*, durchschlägt den gordischen Knoten und geht kurzerhand einen ganz anderen Weg. Er benutzt nämlich, wie er sagt, die »Speerspitze des Arktur« (S. 402 Z 9). Was ist die ›Speerspitze des Arktur‹? Arktur ist ein Stern im Sternbild des Bootes, des Ochsentreibers. Arktur ist der ›Bärenhüter‹; der Stern hat im Sternbild tatsächlich die Position einer Spitze.

Diese Spitze soll dazu fähig sein, »jedwedes Polygon in den Kreis einzupassen« (S. 402 Z 8), und konkret wird sie hier benutzt, um einem Sechstel den fünften Teil eines Sechstels

---

[91] Vgl. Euklid, Elemente IV, S. 11–14.
[92] Zu Brunos doch euklidischer Konstruktion des Pentagons in den Praelectiones, S. 77f., werde ich in der Behandlung des Zehnecks kommen.

Kommentar 227

hinzuzufügen (S. 402 Z 15). Dazu ist etwas nötig, das Strekken in beliebige gleichgroße Teile zerteilen kann. Ich vermute, daß die ›Speerspitze des Arktur‹ Brunos Chiffre für

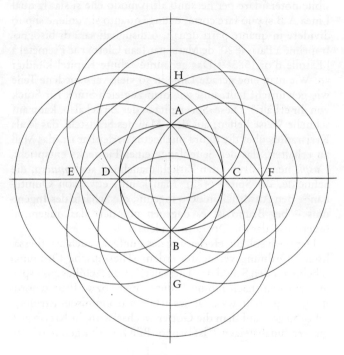

Abb. 17

den Proportionalzirkel Mordentes ist, jenes Instrument, mit dem mathematische Probleme durch Skalen und Analogoperationen gelöst werden können (vgl. Kap.V). In Buch I, Kapitel 10 seines Buches kündigt Mordente ein Verfahren an, das für Brunos Fall geeignet ist. Der vollständige Titel von Mordentes Schrift von 1585 lautet: »Il compasso e Figura di Fabritio Mordente di Salerno; con li quali duoi mezzi si possono fare un gran numero di mirabuli effetti, al tutto necessarii all' Arte, imitatrice della Natura: uno delli quali è Che con le parti della Linea A B, si possono vedere tutte le lor parti, che son dentro di qualsivoglia lor dato Rotto. Il che è impossibile potersi fare per nessuno altro modo che si sia. la qual Linea A B si può fare corta, e lunga quanto si vuole, e si può dividere in quante parti uguali, ò disuguali sarà di bisogno. Imprimé à Paris le 20. de Mars, par Jean Clerc, rue Fremétel à l'Estoile d'or.1585«[93] Das genannte zehnte Kapitel kündigt an: Wie man eine gerade Linie in so viele verschiedene Teile wie gewünscht teilt, und wie man zugleich Stück für Stück von ihr erhält.[94] Diese ›Speerspitze‹, der Zirkel also, kann auf schnelle Weise helfen, aus dem Maß des Sechstels, das ja als Kreisradius über die figura intellectus herleitbar ist, das Maß zu erhalten, das der Seitenlänge eines Fünfecks entspricht. *Cuspis* nennt Bruno den Zirkel, manchmal auch *mucro*, die Schneide, die Spitze (472). Man kennt, etwa von Quintillian[95], den Ausdruck ›mucro ingenii‹, die Schärfe des Ingeniums – bei Bruno ist es dagegen pointiert das ›ingenium mucronis‹, das die Operationen leistet.[96]

Dennoch soll die Herleitung des Fünfecks auch als ›thessalische‹ Ordnung versucht werden. ›Thessalische Ordnung‹ scheint auf den Schild des Thessalerfürsten Achilles anzuspielen, auf dem nach Homer[97] die Götter- bzw. Planetenordnung dargestellt war. Dieses frühe astronomisch-astrologische ›Siegel‹, auf dem die Götter wechselseitig in Kreisbewegungen hinabsteigen,[98] ist Brunos Bild für seine geometrische

---

[93] Vgl. Abb. 3.

[94] Ich übersetzte aus dem Codex Ital.11 der Bayerischen Staatsbibliothek München (Ms.cod.it.11, fol.28).

[95] Vgl. M. Petschenik, Der kleine Stowasser, München 1963, s. v. ›mucro‹.

[96] Zur Terminologie bei Bruno: ›ingenium‹, z. B. ›ingenium lineae‹ findet man auch bei einem Mathematiker wie Oronce Finé, Liber de geometria practica .

[97] Ilias, 18. Gesang.

[98] Vgl. De Monade, 435.

Methode einer Figurenkonstruktion aus Kreisbewegungen. Auch die Kreisbewegungen der Himmelskörper waren ihm ja Modell seiner Figuren aus Minima und Termini gewesen.[99]

Die in *De Monade* praktizierte ›thessalische‹ Konstruktion des Fünfecks hat Bruno in den *Articuli* entwickelt.[100] ›Ring des Gyges‹ nennt er, nach ihrem Aussehen, die Konstruktionsfigur, die er benutzt.

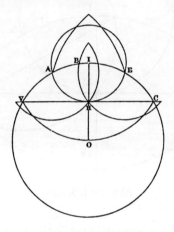

Abb. 18: Articuli, S. 100

Die Konstruktion der *Articuli* wird in *De Monade* mit philosophischen Begriffen für die Punkte belegt und zu einer etwas komplexeren Figur ausgeweitet. Die Erzeugung dieser umfassenden Figur des Pentagons, ›Schlüssel des Zoroaster‹ genannt (S. 404), geht in fünf Schritten vor sich. Diese Schritte zu identifizieren ist sehr schwierig, und Tocco war nicht in der Lage, die Erzeugung zu rekonstruieren.[101] Man

[99] Vgl. z. B. *De l'infinito* [...], Dial.it. S. 509f.
[100] Articuli, 52: *Ut aliter et facillime?*
[101] Vgl. F. Tocco, Le opere latine di Giordano Bruno, ebda., S. 188f.

muß erkannt haben, daß der Text an einer Stelle des zweiten Schrittes korrupt ist, um überhaupt eine Möglichkeit des Verständnisses zu haben.

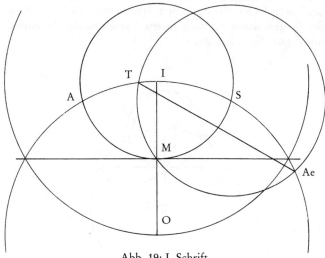

Abb. 19: I. Schrift

I. Schritt: Bestimmung des Maßes einer Fünfeckseite durch die Konstruktion ›Ring des Gyges‹. Strecke vom Kreismittelpunkt O zu einem Punkt I auf der Kreislinie. Auf der Mitte dieser Strecke Punkt M. Kreis um I durch M. Es entstehen als Schnittpunkte mit der ursprünglichen Kreislinie A und S. Kreis um S durch M. Als Schnittpunkte dieses Kreises wiederum mit der ursprünglichen Kreislinie entstehen die Schnittpunkte T und Ae. Der Abstand dieser Punkte T und Ae soll, auch nach der Lehre der *Articuli*,[102] das Maß der Fünfeckseite ergeben. Nach Erhalt des Maßes wird diese Entfernung fünfmal auf dem Kreis abgetragen, so daß das Fünfeck entsteht.

[102] Articuli, 53.

Kommentar   231

II. Schritt: Umbeschreibung des Kreises durch ein Fünfeck. Dieser Schritt ist schwer zu erkennen, denn er wird von Bruno nur kurz angedeutet und mißverständlich beschrieben. Hauptvorgang ist die Konstruktion des Punktes L, der

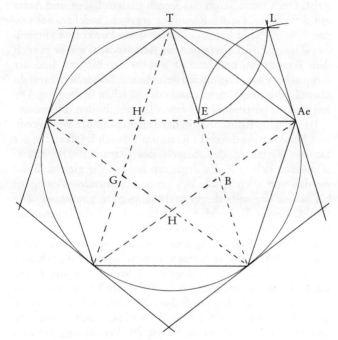

Abb. 20: II./III. Schritt

oberhalb des Kreisbogens von T nach Ae gefunden wird und ein Eckpunkt des umbeschreibenden Fünfecks ist. Die Umbeschreibung, die für alle anderen Ecken zu ergänzen wäre, wird nicht eigens erwähnt, denn sie soll hier nur Durchgangsstadium zur Gewinnung der nächsten Punkte sein. Die folgende Konstruktion wird erst dann sinnvoll, wenn man annimmt, daß ein Satz an die falsche Stelle geraten ist. Die

Reihenfolge muß heißen: »Denn der Labor schneidet den Bogen zwischen Aetas und Tempus auf einem hinzugefügten Kreis, damit in einer ähnlichen Form die fünffache, aus ebensovielen Ausbuchtungen bestehende vollkommene Figur entsteht. Der Ozean liefert das Siegel, in dem Labor und Aetas mit dem Tempus einen Rhombus ergeben, welcher ihnen einen vierten Punkt liefert«. Dieser vierte Punkt ist Experientia. »Dann ist die Experientia der Aetas so nah, wie sie es auch dem Tempus ist, und jene ist jenseits der Bonitas, und der Tempus hat einen Einfluß auf den Honor. Daher berichtest du über Gradus und Maiestas unter der gleichen Bedingung. Die Experientia bestimmt [...] usw.« Das ergibt den folgenden

III. Schritt: Konstruktion der Innenecken der Pentagonfigur. Kreis um Ae durch L. Kreis um T durch L (das ist in der Tat das Verfahren des ›Siegels des Ozeans‹). Die Kreise schneiden sich in E. Zu ergänzen ist: auf die gleiche Weise werden von allen Ecken des umbeschreibenden Pentagons her ihnen gegenüberliegende Innenpunkte gewonnen. Die Punkte heißen E, B, M, C und H und sind die Innenecken einer sternförmigen Fünfecksfigur.

IV. Schritt: Erzeugung einer ›Nachkommenschaft‹, einer Filiation des Fünfecks in einem neuen, kleinen Fünfeck. Die Länge ET bzw. EAe bestimmt die Seitenlänge des neuen Fünfecks. Kreis um T durch E. Wo er die Verlängerung der Seitenlinie des großen Fünfecks schneidet, ist V. Ebenso auf der anderen Seite: wo der Kreis die Verlängerung der anderen großen Fünfeckseite schneidet, ist Ph. Verbindung der fünf Punkte des kleinen Fünfecks. In diesem neuen Fünfeck erhält der Punkt E den Namen F.

Ein Wort muß zum Thema der Filiation überhaupt gesagt werden. Die Konstruktionsweise, innerhalb einer Figur oder im Anschluß an sie kleine gleichförmige Figuren erstehen zu lassen, verwendet Bruno bei mehreren Figuren.[103] Dahinter

---

[103] Vgl. die Methoden zur Multiplikation von Figuren in der zeitgenössischen geometrischen Literatur; z. B. Della Porta, Elementa curvilinearum, ebda., S. 7: *Datum circulum duplare*.

steht eine durchaus philosophische Absicht. Die Fähigkeit zu einer Filiation aus dem eigenen Maß, aus den eigenen Erzeugungsbedingungen heraus zeigt, daß diese Siegel Wesenheiten sind, die erstaunliche Eigenschaften haben. Sie sind nicht nur an den Ursprung, das Eine, aufgrund ihrer Entstehungsweise

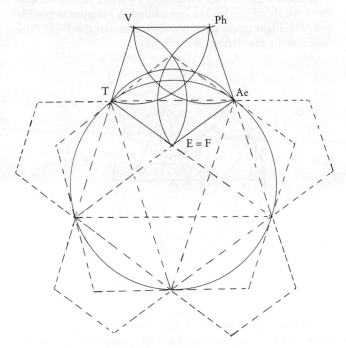

Abb. 21: IV. Schritt

angebunden, sie sind auch Vermittler an eine Vielheit, die genau durch ihre spezifische Struktur geprägt ist. Diese Vermittlung zur Vielheit ist keine nur supponierte Fähigkeit: sie ist erweisbar und nachvollziehbar in einer geometrischen Konstruktion. Die Geometrie ist in der Lage, intrinsische Vermittlungseigenschaften darzustellen, die sonst nur durch eine Erzeugungsmetaphorik oder philosophische Begriffe behauptet wäre.

V. Schritt: Die Pentagonfigur wird insoweit ergänzt, als sie nicht nur geradlinig, sondern auch mit Rundbögen als Seiten dargestellt wird. Das geschieht nach dem Verfahren, das auch in anderen Figuren angewendet ist: um jeden Eckpunkt wird ein Kreis durch die beiden benachbarten Eckpunkte geschlagen. Die Figur erhält dann ein Aussehen, das der Figur ›Flos Astraeae‹ in den *Articuli* ähnlich ist.

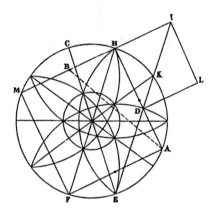

Abb. 22: Flos Astraeae, Articuli, 96

Die Fünfheit ist die erste Figur, deren Seitenlänge – wie von Bruno im Eingangssatz angekündigt – innerhalb einer gewissen *Ungenauigkeit* konstruiert wird. Für Tocco und andere Autoren ist diese Ungenauigkeit Grund genug gewesen, Brunos Geometrie als Ganze zu disqualifizieren. Sie haben sich nicht vorstellen können, daß Bruno möglicherweise andere Werte und Intentionen über die der Exaktheit stellt. Aber schon die Erinnerung an Cusanus sollte hier vorsichtig werden lassen. Denn nach Cusanus kann es im Endlichen überhaupt keine Exaktheit geben. Endlichkeit, Bewegtheit schaffen per se eine gewisse Unschärfe. Dazu ist aber vor allem die Einsicht zu nehmen, daß Bruno eben nicht in erster Linie – nur in zweiter – in Konkurrenz zu Euklid treten wollte, sondern eine philosophische Darstellungswissenschaft intendiert, deren Postulate wie Kreiskonstruktion und Aussagekraft so unverzichtbar sind, daß in einigen Fällen die Exaktheit hinter sie zurücktreten muß.

Das Hexagon ist eine Figur, die in unmittelbarem Zusammenhang mit der figura intellectus steht, denn die in reiner Differenzbeziehung das Zentrum umgebenden Kreise sind sechs an der Zahl und markieren mit ihren Tangentialpunkten an der Zentralkreislinie die Eckpunkte des Hexagons. Bekanntlich hat die Seitenlänge eines in den Kreis einbeschriebenen Sechsecks das gleiche Maß wie der Kreisradius. Und der Kreis, der die sechs um den Zentralkreis gruppierten Kreise umbeschreibt, ist von dreifachem Durchmesser wie der Zentralkreis. Wegen all dieser Eigenschaften ist die Figur, die Bruno ›figura intellectus‹ nennt, seit altersher bekannt und hat auch in der Renaissance als Darstellungsmedium gedient. Bovelles beispielsweise versteht sie als Ausdruck der Siebenzahl – da sie insgesamt sieben Kreise enthält –, mit den sechs divinae circumstantiae, die die göttliche Monas umgeben.[104] Diese ›Umstände‹ sind die geschaffene Natur. Auch

---

[104] Carolus Bovillus, Liber Epistulorum, S. 173f. (mit anderen Werken in der Ausgabe von 1510): »Scribo in quavis superficie / circulum unum. quero quot illi circuli equales / circunscribi queant: quorum proximi quique duo et duo / seinvicem mediumque circulum contingant. Reperio a sex circulis: omnem et mutuum et medii circuli attactum compleri. Elicio igitur ex his unitatem / numerum esse centri: Senarium vero / circumferentie. Totius autem circuli numerum: esse septenarium. Hoc enim: septem equalium / seque contingentium circulorum figura demonstrat. Hucusque ut geometer loquor. Transeo autem ad theologicam ex his inferendam veritatem. Quiduc geometrica illa visibilis septem equalium sese contingentium circulorum figura: interno mentis oculo insinuet. Dico quoniam divine illius monadis per se ab eterno (velut in infinito se circumstare spacio) subsistentis motum: et voluntariam extra se profectionem, qua sex diebus / seipsam ciens ac movens: totum quod

Pietro Bongo gibt in seinem Werk, wohl ausgehend von Bovillus, eine Interpretation der Kreise als der ›Umstände‹ der Schöpfung. Im Kapitel über die Bedeutungen der Zahl Sechs bildet er – für ihn ungewöhnlich – die Figur ab und belegt sie mit den Chiffren A (Angelicus intellectus), R (Humanus intellectus), S (Sensibile), V (Vegetabile), M (Minerale) und E (Elementum).[105]

Bruno hat die Figur der sechs umgebenden Kreise selbst bereits 1584 im Dialog *De l'infinito, universo e mondi* benutzt.[106] Dort läßt er mit ihrer Hilfe Albertino gegen eine Vielheit der Welten argumentieren. In diesem Zusammenhang kommt er übrigens auf ein Problem, daß ihn auch in den späteren mathematischen Schriften noch beschäftigen wird: nämlich auf den leeren Raum zwischen den Kreisen. Albertino sagt: »Wenn die Kreise der verschiedenen Welten sich nur in einem Punkte berühren, so muß notwendig zwischen dem

circa illam vacuum imaginamur spacium / variis implevit creaturis. Septima autem die / in seipsam reciproca: creaturam protulit nullam. Plena enim erat et perfecta: omnis primeve illius et antiquissime unitatis circumstantia. nullusque; septime creature / circa divinam monadem: superfuit locus. Sicut enim sextus demum circulus / primi mediique circuli circumstantiam implet: ita et sexta quoque; creatura quem hominem dicimus (sexta enim die / creatus homo est / divinam implevit circumstantiam / divinumque consumavit opus. Divinam autem circumstantiam / appelamus creaturarum universitatem: sitam natura atque dispositam circa divinam monadem illique intendentem: a qua substantiam primitus accipit cuiusque virtute continet stabiliturque in esse. Constat tibi puto ex his serenissime Germane: senarium pecularius dici posse divine circumstantie sive creaturarum numerum et precipue hominis: qui consumatio est divini operis / supremave creatura. Hic enim creaturarum ordo est / quo a deo pependerunt: Angelus / Materia / Elementum / Minerale / Vegetabile / Sensibile / Rationale".

[105] Pietro Bongo, Mysticae Numerorum Significationis liber, ebda., S. 191; vgl. S. 193.

[106] De l' infinito, Dial.it., 510 (deutsche Ausgabe: Zwiegespräche vom unendlichen All und den Welten, übers. v. L. Kuhlenbeck, Jena 1904, S. 148.

Sex isopleurici anguli totum circuli spacium implentes.

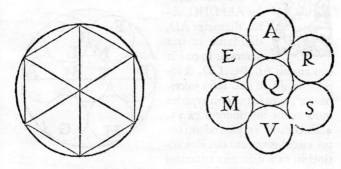

Abb. 23: Pietro Bongo über die Zahl Sechs

Gewölbe der einen und der anderen Sphäre ein Raum bleiben; dieser Raum wird dann entweder durch etwas ausgefüllt oder nicht. Wenn ihn etwas ausfüllt, so kann dies nicht die Natur desjenigen Elements haben, das demjenigen der Umfangswölbung am meisten entgegengesetzt und von dieser am weitesten entfernt ist; denn, wie man sieht, ist ein solcher dreieckiger Raum von drei Bogenlinien, deren jede zum Umfang einer von drei Welten gehört, begrenzt, sein Mittelpunkt ist also am weitesten von den Ecken entfernt. Also wird man sich neue Elemente oder eine neue Welt auszudenken haben, um diesen Raum zu füllen, oder man muß hier notwendig einen leeren Raum annehmen, der doch für unmöglich gilt«. Für die Figur spielt es keine Rolle, ob sie zur Darstellung von Problemen bezüglich des ganz Großen der Weltsphären oder des ganz Kleinen herangezogen wird. In den *Articuli* ist der Raum zwischen den Kugeln auch eine Form des Minimums.[107]

---

[107] Vgl. Articuli, S. 22 f.

Circulorum vacua metiri, quando maior minores contineat. Prop. 21.

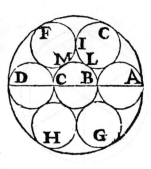

IT magnus circulus AEFDHG, cuius diameter AD, diuidatur in tres partes, & in eo fiãt tres circuli AB, BC, CD, & supra duo alij, & duo infra inscribantur; nam sex circuli æquales intra vnum inscribuntur ex 15. 4. Euclid. & ex præcedenti totus circulus nouem circulos cõtinebit: nam diameter trifariam diuisa est, sunt intus septem contenti, ergo omnia vacua duo erunt circuli cuius 3. pars erit scalprum EIF. cum suo residuo ILM.

Abb. 24: G. B. Della Porta, Elementa Curvilinearum, Roma 1610, S. 53

Wie soll man mit den Teilen umgehen, die durch die Figurierung gerade ausgeschlossen werden? Die zwischen den Kreisen stehen? Kann man auch sie messen, sind auch sie intelligibel? Das sind Fragen, die nicht nur Bruno beschäftigt haben. 1603 erscheinen Giambattista Della Portas *Elementa Curvilinearum*, die sich gerade solchen Problemen widmen. So nahe können im 16.Jahrhundert die Themen der ›exakten Wissenschaft‹ denen der Philosophie und denen der Allegorese sein. Della Portas Werk ist Federico Cesi gewidmet, und Cesi, der einflußreiche römische Adlige und Gründer der Accademia dei Lincei, ist einer der ersten Männer, die die Ergebnisse und Konzepte der noch jungen neuen Naturphilosophien in einem enzyklopädischen Werk zusammenfassen wollen. Das Werk ist Fragment geblieben, aber in den Notizen, die erhalten sind, findet man auch Spuren von Brunos Philosophie der Frankfurter Schriften. Gleich zu Beginn der Physik stehen für Cesi die Konzepte von Minimum und Ma-

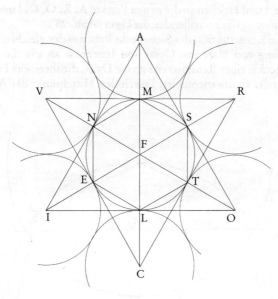

Abb. 25

ximum, und dort steht auch der Begriff der Figur, differenziert in innere und äußere Figur.[108]

Die Figur der Sechsheit, das ›Haus der Ehe und des Werkes‹, ist schnell und einfach konstruiert. Das in den Kreis

---

[108] Die fragmentarischen Skizzen Cesis sind abgedruckt in: G. Gabrieli, *L'orizzonte intellettuale e morale di Federico Cesi illustrate da uno Zibaldone inedito*, Rendiconto della Regia Accademia Nazionale dei Lincei, Cl. scienz.mor., VI,14 1938, S. 663–725.

einbeschriebene Sechseck ist ohnehin mit seiner Seitenlänge durch den Kreisradius schon gegeben und wird von Bruno kaum erwähnt. Die Eckpunkte sind M, S, T, L, E und N. Auch die Umbeschreibung des Kreises ist einfach. Die Strecken vom Mittelpunkt zu den Eckpunkten werden um das Doppelte verlängert und ergeben so die neuen Punkte A, R, O, C, I und V. Verbindungslinien vollenden die Figur (Abb. 25).

Die Konstruktion des Siebenecks hebt mit der gleichen Beziehung von Materies, Opus und Ingenium an wie die des Fünfecks; einer Reminiszenz an die Dyas, die ihrerseits Fragment der figura mentis ist. Durch den Mittelpunkt der Ach-

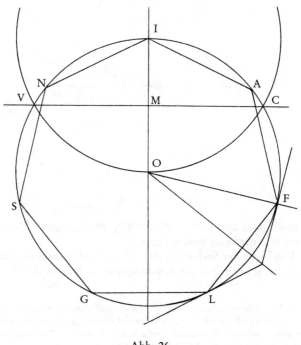

Abb. 26

Kommentar   241

senlinie zwischen Kreismittelpunkt O und Kreislinienpunkt I wird im rechten Winkel eine Gerade gezogen, die die Kreislinie in den Punkten V und C schneidet. Die Streckenlänge MV bzw. MC gibt das Maß für die Seitenlänge des Siebenecks. Das Maß wird also gewonnen aus dem Identitätsverhältnis zweier Kreise im Sinne der figura mentis. Nachdem das in den Kreis einbeschriebene Siebeneck, bestehend aus den Punkten I, A, F, L, G, S und N erstellt ist, gilt es noch das den Kreis umschreibende Siebeneck zu konstruieren. Bruno interpretiert hier die Differenz von einbeschrieben und umschrieben als die zwischen Tempus und Aetas, zwischen der ›kleinen‹ Verlaufszeit und der ›großen‹ Epoche. Die umschreibende Figur entsteht, wenn die Seitenhalbierende jeder Seite in dem Maß über den Kreis hinaus verlängert wird, wie es den Betrag der Strecke von der Seite bis zum Kreisbogen ausmacht (Abb. 26).

Die Seitenlänge des Achtecks versucht Bruno in einem komplizierten Verfahren zu gewinnen, das der Bedeutungsvorgabe der Zahl Acht entspricht. Sie ist als »ein Gleiches auf gleiche Weise« zu konstituieren, »und sie erzeugt ein demjenigen Ähnliches, aus dem sie erzeugt ist« (S. 443). Deshalb operiert Bruno mit einer Kreisverdopplung, zwei sich tangierenden Kreisen, die in der Beziehung ›aequalitas‹ zueinander stehen. Im einzelnen geht die Konstruktion so vor: 1. ein beliebiger Kreis A (M_a; r_a); 2. ein gleichgroßer Kreis B (M_b; r_b) berührt Kreis A in T. 3. ein dritter Kreis C mit Mittelpunkt M_a und Radius $2r_a$; 4. ein vierter Kreis D mit Mittelpunkt T und Radius TP. Es ergeben sich zwei Schnittpunkte mit den kleinen Kreisen A und B. Es ergeben sich zwei Schnittpunkte mit den kleinen Kreisen A und B. S1 = P und S2. Die Entfernung S1S2 ist die gesuchte Seitenlänge des Achtecks im Kreis C (Abb. 27). Wie schon Tocco bemerkt hat, ist diese Konstruktion von großer Ungenauigkeit. »Il risultato ottenuto con questa costruzione è tanto lontano dal vero, che anche con un disegno assai grossolano si può avvertire l'errore.«[109]

---

[109] Tocco, Le opere latine, ebda., S. 197.

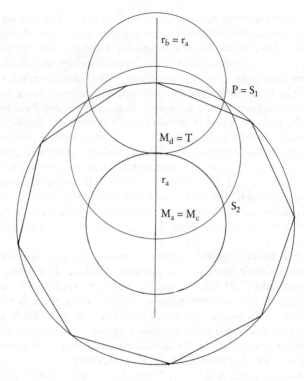

Abb. 27

Die Umschreibung erfolgt nach ähnlichem Prinzip wie beim Siebeneck.

Das Neuneck erbaut Bruno auf der Grundlage der figura intellectus, nämlich auf der Gundlage eines Sechsecks. Schon in den *Articuli* hat er diese Konstruktion erprobt[110] und ihre Figur die ›Clavis Saturni‹ genannt (Abb. 28).

[110] Articuli, S. 54f.

Zunächst wird der Kreis durch die Achse AD zerteilt, dann werden die Punkte des Sechsecks aufgetragen. Danach werden Schnittpunkte konstruiert, indem die Geraden durch B und C bzw. E und F die Kreistangenten zu den Punkten A und D schneiden. So entstehen die Punkte O, I, S und P. Die

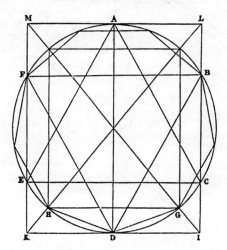

Abb. 28: Articuli, S. 91

Diagonalen OS und JP schneiden den Kreis in vier Punkten. Hier muß die Abbildung im Buch einen Fehler enthalten, denn bei ihr sind OS und JP nicht als Diagonalen zu konstruieren. Die Strecke ASn (Sn für Schnittpunkt) gibt das Maß der Seitenlänge des Neunecks (Abb. 29). Auch dies ist wieder nur ein Näherungsverfahren. Interessant ist Brunos Verwendung des Wortes ›Himmel‹. So wie seit altersher der kreisrunde Himmel in der Astrologie die Projektionsfläche für viele mathematische Figurationen gewesen ist, bezeichnet Bruno den Kreis als Himmel, durch den die Götter ihre Bahnen ziehen. Auch an anderen Orten wird von ihm der Kreis oder die Kreislinie als Himmel bezeichnet, unter dessen Dach alle Vielheiten Platz finden, indem sie ihre Ecken wie Zeltstangen nach oben richten.

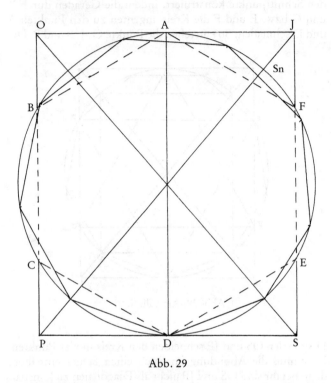

Abb. 29

Die Figur am Ende des Kapitels über die Neunheit (S. 458) ist der Figura A von Lulls *Ars Brevis* nachempfunden, jener grundlegenden Figur für die Kombination der neun Gottesprädikate. Bruno benutzt sie für eine Kombinatorik der neun Schriftsinne. (Abb. 30)

Das Zehneck wird in zwei Versionen konstruiert. Zuerst (S. 460) gibt Bruno die gleiche Kreiskonstruktion des ›Ring des Gyges‹ an wie beim Fünfeck. Der einzige Unterschied ist, daß jetzt natürlich nicht die Strecke Tempus-Aetas die Seiten-

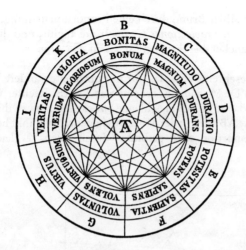

Abb. 30: Raimundus Lullus, Figura A der *Ars brevis*, abgebildet in Brunos *De comp. arch.*, Op.lat.II,2, S. 15

länge markiert, sondern Tempus-Subjectum und Subjectum-Aetas schon zwei Seiten des Zehnecks sind.

Die eigentliche, ausführliche Version aber erstellt Bruno überraschenderweise euklidisch. Nach Euklid, *Elemente* IV,11 ist für die Konstruktion eines Fünfecks ein gleichschenkliges Dreieck nötig, in dem jeder der beiden Winkel an der Grundlinie doppelt so groß ist wie der übrige. Ein solches

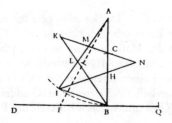

Abb. 31: Pentagon nach den Praelectiones, 78

246 Kommentar

Dreieck erhält Bruno durch eine Proportionalteilung, die er auch in den *Praelectiones Geometricae* angibt, und die dort verständlicher beschrieben ist als in *De Monade*.[111] (Abb. 31)

Ich beschreibe aber das nur in Einzelheiten andere Vorgehen von De Monade. Es sei eine Strecke AB. Rechter Winkel in A und eine zu AB gleichlange Strecke AC, die zu ihr senkrecht ist. AB wird in der Mitte zweigeteilt, der Punkt heißt O. Die Proportion wird gefunden durch einen Vergleich der

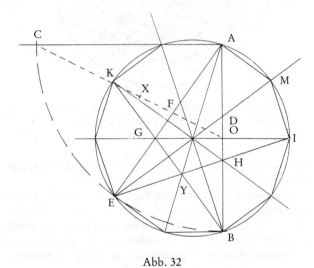

Abb. 32

Strecken AO und CO. Das kann so geschehen: Kreis um O durch A. Der Kreis schneidet die Strecke CO in X. Die Strecke CX ist das Maß, mit dem weitergearbeitet wird. Es wird jetzt auf die Strecke AB angewandt: Kreis um B mit dem Radius CX. Der Kreis schneidet AB in D. (Hier ist die Stelle im Text ›die innerhalb des Dreiecks AGO angenommen wird‹ irreführend.) Kreis um A durch B. Kreis um B durch D. Wo

[111] Vgl. Praelectiones Geometricae, S. 77f.: Problema de Pentagono.

Kommentar 247

sich die beiden Kreise schneiden, ist E. EB ist die Seitenlänge eines Fünfecks, das jetzt erstellt wird. Verbindung von A und E in AE. Kreis um A durch D. Er schneidet AE in F. Kreis um E mit dem Radius AD. Er schneidet AE in G. Kreis um B mit dem Radius AD. Er schneidet AB in H. Kreis um B mit dem Radius AB schneidet die Gerade durch B und G in K. Kreis um E mit dem Radius EA schneidet die Gerade durch E und H in I. Dann wird das Zentrum des Fünfecks bestimmt und zugleich das Zehneck vorbereitet. Die Geraden ED, BF, IG, (zu ergänzen: AY), KH werden gezogen. Sie schneiden sich im Zentrum der Figur. Um das Zentrum wird durch A der Kreis gezogen. Die Schnittpunkte der Geraden mit dem Kreis sind die noch fehlenden Eckpunkte des Zehnecks (so wie M) (Abb. 32).

Die Probleme der Einbeschreibung des Fünf- oder Zehnecks in einen gegebenen Kreis bzw. dessen Umbeschreibung reißt Bruno in *De Monade* nur kurz an, unter Hinweis auf einige seiner Theoreme in *De Minimo*. Zur Einbeschreibung verweist er auf die Hilfsfigur ›Solymus.‹[112] Sie regelt, wie bei einem gleichschenkligen Dreieck ein ähnliches Dreieck gewonnen werden kann. Mit dieser Hilfe kann dann das Dreieck NAB, das man der eben konstruierten Figur entnimmt, in entsprechender Proportion einem Kreis eingepasst werden, wie es auch Euklid in *Elemente* IV, 11 fordert. Die Einbeschreibung der Figur in den Kreis kann leicht in dessen Umbeschreibung verwandelt werden. Auf umgekehrte Weise nämlich, wie im III. Schritt der Erstellung des Pentagons mit dem ›Siegel des Ozeans‹ die Außenecke nach innen geholt wurde.

---

[112] Vgl. De Minimo, S. 292 und S. 309; Praelectiones Geometricae, S. 38.

Appendix

Eine wahrscheinliche Quelle Brunos: die Geometrie von Charles Bovelles

Bovelles[113] ist als Vertreter der lullistischen Tradition und Anhänger des Kardinals Cusanus für Bruno, der seine Schriften kannte,[114] ein Denker gewesen, dem es Aufmerksamkeit zu schenken gilt. Bovelles stammt aus dem Philosophen- und Humanistenkreis um Jacques Lefevre d'Etaples.[115] Im Zusammenhang mit dessen Einführung in die Mathematik entstehen seine ersten eigenen mathematischen Schriften. Bovelles und Clichtove, der demselben Kreis zugehört, betrieben intensiv philosophische Numerologie, und auch wenn ihre Verbindung von Numerologie und Geometrie niemals ganz so eng geworden ist wie bei Bruno, so gehören doch die Bücher von Bovelles ganz sicher zu denen, mit denen man rechnen muß, wenn man nach Inspirationen für die Geome-

---

[113] Zur intellektuellen Biographie von Bovelles vgl. Joseph M. Victor, Charles de Bovelles (1479–1553). An intellectual Biography, Geneve 1978.

[114] De lampade combinatoria, Op.lat. II,2, S. 235: »Mitto Carolum Bovillum, non tam (si Aristarchorum ferulae subiiciantur) orationis stilo Fabro ipso humilior, quam (si e cathedra philosophiae examinentur) ingenio illustrior iudicioque in multiplici disciplinarum genere maturior et excultior, qui de Lullii vita scripsit, Lullianae doctrinae edit ubique specimen et ubique pro summo habet honore, ut Lullianus appareat".

[115] Zur cusanischen Tradition in der Renaissance vgl. St. Meier-Oeser, *Die Präsenz des Vergessenen. Die Rezeption des Nicolaus Cusanus vom 15. – 18. Jahrhundert*, Münster 1989; dort zu Bovelles: S. 49–52; Meier-Oeser weist auch auf den wenig bekannten Gérard Roussel hin, dessen Kommentar zur Arithmetik des Severinus Boethius (Giraldus Ruffus, Severinii Boetii arithmetica [...], Paris 1521) mit Brunos philosophischer Numerologie verglichen werden sollte, beispielsweise die binären Aufteilungen bei Roussel, fol. 13v – abgebildet bei Meier-Oeser, 379 – und Brunos ›Coordinatio Pythagorica‹, *De Monade* S. 354f.; Meier-Oeser über Roussel: S. 52–61.

trie von De Monade sucht. Ein künftiger Kommentar wird besonders folgende Schriften heranziehen müssen:[116]

> De quadratura circuli (1503)
> Libellus mathematicorum rosarum (1509)
> Libellus de mathematicis corporibus (1509)
> Libellus de mathematicis supplementis (1509)
> Liber perfectorum numerorum (1510)
> Liber duodecim numerorum (1510)
> Livre singulier et utile, touchant l'art et pratique de Geometrie (1542)

Bovelles behandelt in seiner Geometrie bevorzugt Theoreme und Figuren, die auch von philosophischer Relevanz sind, wenn man Geometrie als philosophische Darstellungswissen-

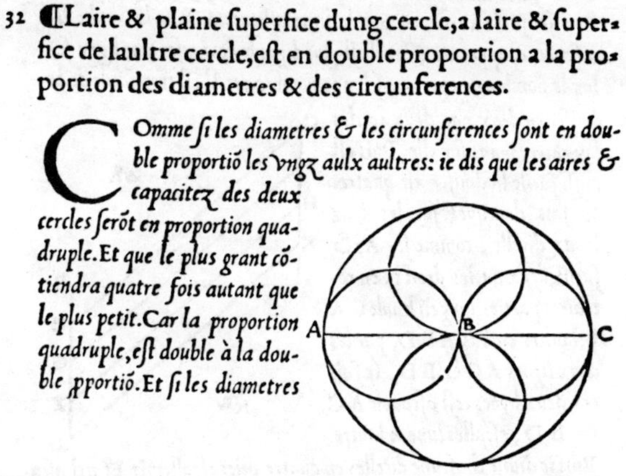

> 32 ⟪ Laire & plaine superfice dung cercle, a laire & superfice de laultre cercle, est en double proportion a la proportion des diametres & des circunferences.
>
> Comme si les diametres & les circunferences sont en double proportiõ les vngz aulx aultres: ie dis que les aires & capacitez des deux cercles serõt en proportion quadruple. Et que le plus grant cõtiendra quatre fois autant que le plus petit. Car la proportion quadruple, est double à la double pportiõ. Et si les diametres

Abb. 33: Charles Bovelles, Geometrie (1542), 12r; vgl. auch: De mathematicis rosis, 185v

---

[116] Bis auf die erste und die letzte Schrift sind alle Arbeiten enthalten in der Sammelausgabe von 1510: Carolus Bovillus, *Quae in hoc volumine continentur: Liber de intellectu. Liber de sensibus.* [...], Paris 1510; Nachdr. Stuttgart-Bad Cannstatt 1970.

schaft begreift. Man findet hier manche Figuren, die von großer Wichtigkeit in Brunos Werk sind. Beispielsweise die Figura amoris:

Ein anderes, auffälliges Beispiel ist Brunos ›Telarium Arachnes‹,[117] ein Verfahren, wie man die Fünfteilung einer Linie vollzieht, indem man von einer Vierteilung ausgeht und dann von dort aus schräge Parallelen zieht (Abb. 35). Bruno behandelt diese Figur in *De Minimo* und in der *Ars Deformationum*. Bei Bovillus findet man sie in der Geometrie von 1542, aber auch schon in *De mathematicis supplementis* von 1509.[118]

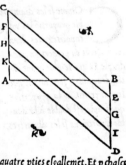

Abb. 34: Bovelles, Geometrie (1542), 7v-8r

[117] De Minimo, 309; Ars Deformationum, S. 90.
[118] Bovelles, De mathematicis supplementis, 192v.

Kommentar   251

Weiter vergleiche man die Figur in Bovelles' *De mathematicis supplementis* zum Quadrat[119] mit Brunos ›Siegel der Nereiden‹[120]. Auch Brunos cusanische Methode, Figuren zu umschreiben und einzubeschreiben, die er, wie erwähnt,[121]

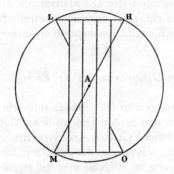

Abb. 35: Bruno, De Minimo, S. 309

26 **C** Dato quadrato: circulus eidem equalis est producendus.
Sit datus quadratus a b c d/ cuius centrum e. Productis in eo duabus dyametris: vtramqʒ diuido in decē pares equales. Et excludo ab vnaquaqʒ semidyametro vnā quintam. Longitudine vero quattuor quintarum/quein vnaquaqʒ semidyametro superant: produco circulum f g h i. Hic enim erit/ dato quadrato equalis.

27 **C** Dato circulo: quadrat⁹ equalis est designādus.

C Sit datus circulus f g h i/cuius cētrū e. Eius vtrāqʒ dyametrum f h et g i: partior in octo ptes eq̄les et ptēdo easdem extra circulū/spacio vnius quarte/in vtrāqʒ partem: vsqʒ ad puncta a b c d. Et perficio quadratum a b c d. Hic enim erit ex conuersione precedentis: dato circulo f g h i equalis. Et hanc propositionem atqʒ precedentem: licet indemonstratas/ nullisqʒ rationib⁹ suffultas: certis tamen et indubijs experimentis/ veritati cō=

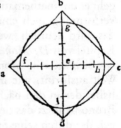

Abb. 36: Bovelles, Libellus de mathematicis rosis, 180v

---

[119] Bovelles, De mathematicis supplementis, 196r (= richtigerweise 199r).
[120] De Monade, S. 377.
[121] Vgl. Kap. V.

252   Kommentar

im *Spaccio della bestia trionfante* anpreist, hat Ähnlichkeit mit Methoden, die Bovelles in *De mathematicis supplementis* und der *Geometrie* beschreibt.[122] Am genauesten aber wird man *De Monade* mit dem Text *Libellus mathematicorum rosarum* vergleichen müssen. Die Mathematik der ›rosae‹ oder ›coronae‹ ist diejenige, die nach den theoretischen Voraussetzungen Brunos für seine Konzeption die interessanteste ist.

VIII. Ars Deformationum: der Epilog der Figur

Die beiden Epiloge von *De Monade* sind sehr enigmatisch. Sie entsprechen den beiden Dimensionen Mensura und Figura, seit den *Articuli* Grundbegriffe von Brunos Geometrie, und tragen nach, was jenseits der einzelnen Zahlenbedeutungen und Polygone an Allgemeinem zu sagen ist. Um eine künftige Kommentierung zu erleichtern, will ich hier einige Hinweise geben.

Ars Deformationum, Kunst der Verformung, hat Bruno ein Fragment überschrieben, das in den Umkreis von *De Monade* gehört und erst 1964 veröffentlicht worden ist.[123] Darin geht es um mathematische Figuren. Daß aber diese Kunst der Verformung auch eine ganz anschauliche Seite haben kann, das wird deutlich, wenn man unter dieser Devise das erste Kapitel von *De Monade* liest. Dort wird davon gesprochen, wie sich die eine Monas in die so vielfältigen Formen dieser Welt ausformt, wie man sich also den Prozeß vorzustellen habe, der in den nächsten Kapiteln beschrieben wird. Und Bruno benutzt das der Renaissance geläufige Bild vom Spiegel, der durch seine Stellung, sein Material und seine Verzerrung aus einem Licht verschiedene Erscheinungen macht. So lassen sich auch im Menschen alle anderen Wesen erkennen.

---

[122] Vgl. Bovelles, De mathematicis supplementis, 196r und Geometrie, 15. Kapitel.

[123] Praelectiones Geometricae e Ars Deformationum, Testi inediti a cura di Giovanni Aquilecchia, Roma 1964.

Kommentar 253

»Dieselbe Art verlängert ihre Form im Verhältnis zum Antrieb der Materie und biegt sie, wie in einem gekrümmten Spiegel, und bewirkt hier das Gesicht eines Hundes, eines Ochsen und eines Elephanten; und zieht dann in lange Glieder die Muskeln auseinander.«[124] Diese Bemerkung scheint auf die Kunst der Physiognomie anzuspielen, den Versuch, in Menschen ähnliche Tiere zu erkennen und dadurch auf seinen Charakter zu schließen. Und tatsächlich, schlägt man die fünf Jahre vor *De Monade* erschienene berühmte *Humana Physiognomia* des Neapolitaners Giambattista Della Porta auf,[125]

Abb. 37: G. B. Della Porta, Della Fisiognomia dell‹ huomo, trad. ital. par G. di Rosa, Napoli 1598; S. 68

findet man in ihr menschliche Gesichter denen von Hunden, von Ochsen, von Löwen oder Schweinen gegenübergestellt.

Bruno, der diese Ähnlichkeiten als wirkliche deformationes darstellt, ist sehr nah an dem, was die Physiognomie für

[124] De Monade, S. 329.
[125] G. B. Della Porta, De humana physiognomia, Neapoli 1586.

die späte Renaissance zu einer so brisanten Wissenschaft[126] gemacht hat: die Auffassung, daß Ähnlichkeit mehr ist als nur oberflächliche Parallelität; daß sie begründet ist in einer Gleichheit der Erzeugung.

Die Deformation des Kreises zu unterschiedlichen Polygonen ist, auf der Ebene der reinen Figuren, eine physiognomische Ableitung in diesem Sinne. Schon Della Porta hat geometrische Figuren und menschliche Gesichter in Zusammenhang gebracht, um den Erwägungen von Ähnlichkeit und Deformation Exaktheit zu geben. Die Geometrie gibt die Möglichkeit an die Hand, Einheitlichkeit und Methodik in eine Ableitung zu bringen, die sonst vor der Vielfältigkeit der Formen kapitu-

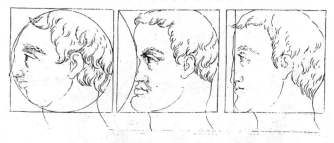

Abb. 38: Della Porta, Fisiognomia, S. 82

lieren müßte. Einheitlichkeit kann durch die Anwendung einer universellen Methode der Verformung erreicht werden. So beginnt der erste Satz im ›Epilog der Figur‹: »Siehe, ich berichte dir von einem universalen Werkzeug [...]«.[127]

Um sich dem Text, der dann folgt, zu nähern, muß man vergleichend arbeiten. Eben diesen Satz zitiert Bruno im

---

[126] Zur Physiognomie als Wissenschaft von natürlichen Zeichen vgl. G. Canziani, *Causalité et analogie dans la theorie physiognomique (XVIe -début XVIIe s.). Remarques liminaires;* in: Revue des sciences philosophiques et theologiques, 72(1988), S. 209–226.

[127] De Monade, S. 471.

Schlußabschnitt der Ars Deformationum, genannt ›Instrumentum Deformationum‹. Dort heißt es: »Triangulum cuius latera in quotlibet partes dividantur constituatur ita ut singulorum laterum partes aequales sint atque totidem inque singulorum laterum medio, vel si lubet in singulis angulis fila alligentur quae ad partes oppositas facile ad puncta in laterum singulis designata significanda, vel etiam ea quae in campo seu in spatio vel area cum altero filorum angulum constituendo certum ubilibet punctum possit designare, cuius nomen a numeris vel a spacio inter numeros, vel eiusdem spacii facile perceptibilibus differentiis erit accipere, quot in propria figura atque loco sub titulo *Pictoris* in *Rota Apollinis* designavimus, ubi Organon ecce tibi tandem generale reporto«.[128]

Das verweist nun auf einen weiteren Text. Denn es gibt zwar keine ›Rota Apollinis‹ in *De Monade*, aber einen ›Annulus Apollinis‹, im Kapitel über die Dreiheit. Möglicherweise wollte Bruno den Text über das universale Instrument statt als Epilog erst innerhalb der Ausführungen über die Dreiheit unterbringen, was auch verständlich wäre, weil am Ende des Epilogs der Figur ein Dreieck abgebildet ist.[129] Es gibt in der ›Dreiheit‹ auch einen Abschnitt, der verwandt ist mit dem Epilog und der herangezogen werden will, »wenn du die Absicht hast, in einer sicheren Folge Figuren zu bilden und nach einer sicheren Ordnung das dargebotene Feld zu unterteilen«.[130] Er folgt unmittelbar auf den ›Annulus Apollonis‹ und ist als ›Tisch der Grazien‹ überschrieben. Auch hier ist ein Dreieck abgebildet. Es mag also das Problem bestanden haben, daß ein Text zur allgemeinen Konstruktion von Figuren mittels eines Dreiecks die Möglichkeit hatte, gesondert als Anhang wegen seiner Universalität, oder innerhalb der ›Dreiheit‹ wegen der triadischen Struktur seines Inhalts zu erscheinen.

Der Text des Epilogs selbst wird Satz für Satz kommentiert werden müssen, um verständlich zu sein. Das kann hier nicht

---

[128] Praelectiones Geometricae e Ars Deformationum, S. 93.
[129] De Monade, S. 473.
[130] De Monade, S. 361.

geschehen. Ich möchte nur einige Hypothesen äußern, die zu prüfen sind. Zum einen ist zu prüfen, ob mit dem ›universalen Werkzeug‹ Mordentes Reduktionszirkel gemeint sein kann. »Aber wer begehrt, alles durch eine Kunst zu begreifen, der verfolge es mit der Speerspitze des Arktur.« Bruno scheint sich auf das von ihm bei den meisten Polygonkonstruktionen praktizierte Verfahren zu beziehen, als erstes das Maß der Seitenlänge eines Polygons zu bestimmen und dieses dann auf der Kreislinie abzutragen. Er hebt zweimal an, um die Einheitlichkeit aller dieser Konstruktionen zu betonen. Beim ersten Mal liegt der Akzent auf dem Kreis, der jedesmal die Grundlage bildet. Beim zweiten Mal (S. 472 oben) steht das Instrument selbst im Zentrum, das die Punkte auf der Kreislinie festlegt.

Ein zweites Thema des Epilogs ist die Ungenauigkeit. Bruno spricht von der Unschärfe, die in der Natur durch Bewegungsverhältnisse herrscht.[131] Das wirkt sich auf das Verhältnis von Figuration und der *Natur der Dinge* aus. Es ist möglich, daß Bruno hier auch eine Apologie der Ungenauigkeiten seiner Konstruktionen geben will. Zumindest wäre zu klären, worin genau die Korrelation besteht, bei der Bruno eine *gewisse Weite* gelten lassen will.

Es werden sechs Figuren genannt, die sich in einer ununterbrochenen Folge herleiten lassen. Da es nur sechs sind, können also nicht die zehn Hauptfiguren von De Monade gemeint sein. Eine Parallele wäre, daß in der Ars deformationum genau sechs Hilfsfiguren (Winkel, Bögen, Sehnen etc.) erörtert werden, bevor das ›Instrumentum Deformationum‹ folgt.[132] Dennoch läßt sich bei einer ersten Prüfung kein unmittelbarer Zusammenhang feststellen.

Ein viertes Thema ist das Verhältnis zwischen Randlinie und Innenfläche im Kreis. Es geht darum, daß mit dem uni-

---

[131] Vgl. die Bemerkungen zu Geometrie, Bewegung und Unschärfe bei Olschki, Giordano Bruno , S. 58 f., und bei H. Védrine, *La conception de la nature chez Giordano Bruno*, Paris 1967, S. 197 ff.
[132] Praelectiones Geometricae e Ars Deformationum, S. 84–92.

versalen Instrument nicht nur kleine Formen, die dem Kreis einbeschrieben sind, konstruiert werden können, sondern auch jenseits der Kreislinie große Figuren, die entstehen, wenn man den Radius verlängert, und die dem Kreis umbeschrieben sind. Vielleicht muß man sich hier nochmals an das in Kap. V beschriebene Verfahren Brunos aus dem *Spaccio della bestia trionfante* erinnern, das mit Ein- und Umbeschreibungen gearbeitet hat und das für Konstruktion und Umwandlung jeglicher Figuren geeignet sein sollte.

Ein letztes Rätsel des Epilogs der Figur ist die das Buch abschließende Abbildung. Es mag sein, daß sie nur die Grundelemente der Geometrie, Kreis und Dreieck, zusammen mit einem nach außen verlängerten Radius darstellen will. Aber auf den zweiten Blick ist die Figur reichhaltiger.

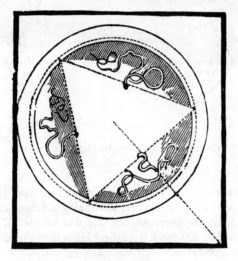

Abb. 39: De Monade, S. 473

Man findet in ihr die *zweifache Linie wieder*, von der Bruno gesprochen hatte. Und sie scheint auf das Instrument bezogen zu sein, von dem im Epilog die Rede ist. Zumindest hat die Parallelfigur der *Ars Deformationum* diesen Bezug: sie hat den Titel ›Figura Organi‹ erhalten.

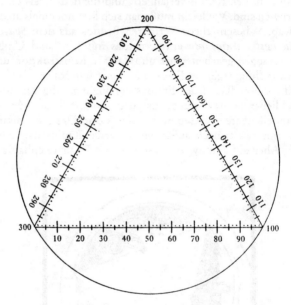

Abb. 40: Figura Organi der *Ars Deformationum*, S. 94

Bemerkenswert ist bei ihr der Unterschied zur Figur von *De Monade*, denn sie enthält Maßskalen auf den Schenkeln des gleichseitigen Dreiecks, ein Maß von jeweils 100 Einheiten bis zur 300. Dadurch wird diese Figur dem ähnlicher, was sonst als geometrisches Instrument gilt; nämlich Quadranten, Astrolabien, Meßstäbe, Zirkel. Das Paradigma der wirklichen Meßinstrumente als mögliches Modell für Brunos abschließende Figur gibt auch einen Hinweis, was mit den seltsam schlängelnden Bändern gemeint sein kann, die aus den Seitenmitten der Dreiecksfigur herausquellen. Frances

Yates hat sie als Zeichen für Dämonen interpretiert,[133] doch dafür scheint mir kein Hinweis vorhanden zu sein. Wenn man sich mit Meßinstrumenten beschäftigt, fühlt man sich an die kleinen Bleigewichte an einer Schnur, an das Lot erinnert, das an Instrumenten wie Quadranten oft angebracht ist, um bei der Erdmessung die Senkrechte festlegen zu können. Zwar gibt es auch gegenüber der Lotschnur offenkundige Differenzen in Brunos Figur, doch ist es nicht ausgeschlossen, daß sie ein Motiv bei der Erfindung dieses seltsamen Emblems gewesen ist.

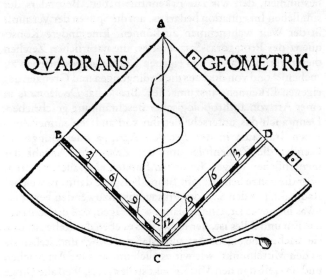

Abb. 41: Quadrant mit Lotschnur; aus: Oronce Finé, Liber de geometria practica, 9

---

[133] F. A. Yates, Giordano Bruno and the Hermetic Tradition, 324; genauer hält Yates sie für *links* mit den Dämonen.

IX. Der Epilog des Maßes

Der Mensch ist das Maß aller Dinge. Schon Cusanus hat den Satz des Protagoras aufgegriffen und zu einer der tragenden Inspirationen seiner Philosophie gemacht. Für Bruno aber gilt dieser Satz in radikalerer Weise: die Mens-Philosophie ist ihm zwar unbestrittene Grundlage der Legitimation von Erkenntnis, doch sie ist relativiert durch eine Ingenium-Philosophie. Das will besagen, daß für uns Menschen die Vermögen Gedächtnis, Imagination und Verstand den Zugang bestimmen, den wir zur Erkenntnis haben. Besonders der sinnlichen Imagination bedarf es, um die Spuren der Vernunft in der Welt wahrnehmen zu können. Eine andere Konsequenz des Protagoras-Satzes ist es, die natürlichen Zeichen dieser Vernunft als in den eigenen Körper eingeschrieben zu suchen[134] und von dort aus die Bedingungen und Grenzen des eigenen Erkennens auszumachen. Bruno hat *De Monade* in einer Art von anthropologischer Beschränkung geschrieben. Denn auch das unterscheidet ihn von anderen numerologischen Traktaten in der Art von Agrippa oder Bongo: er beendet die Zahlenfolge mit der Zehn, der Anzahl der menschlichen Finger. Im ersten Kapitel, aber auch verstreut über die ganze Schrift, gibt Bruno Beispiele dafür, in welcher Radikalität er den Satz des Protagoras anzuwenden bereit ist. »Was immer es ist, eine Schlange wird sagen, daß die Schlange das Ein und Alles ist, der Rabe, daß es eben der Rabe ist, und sie machen die eigene Art zum Maß der Dinge und stellen sie in den Mittelpunkt, wie wir es auch mit unserer Art machen und uns selbst in den Mittelpunkt stellen [...]. Weil alle Dinge in einem Ähnlichkeitsgefüge bestehen, und der eine Geist, der allem innewohnt, alles bewegt, insofern es beweglich ist, und so eifrig ist, daß er die ihm gegenwärtige Gestalt allen vorzieht. So daß sie selbst mit ihrem ganzen Antrieb begehrt,

---

[134] Zur Signaturenlehre in der Renaissance vgl. M. L. Bianchi, *Signatura Rerum*, Roma 1987.

in einem fort sich zu erhalten.«[135] Bruno ist darin sehr konsequenter Schüler Telesios, der gelehrt hat, daß auch noch das Erkennen eine Funktion des Spiritus ist, der dem Impuls der

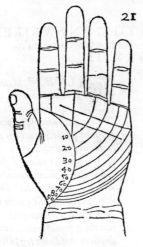

Abb. 42: J. Taisnier, Opus Mathematicum, Colonia 1583; S. 50

[135] De Monade, S. 329.

Selbsterhaltung folgt.[136] Insbesondere die Anzahl der Glieder hält Bruno für eine der zahlenartigen Determinanten, die Denken und Wahrnehmung einer Gattung in seiner *diskursiven Architektur* bestimmen. *De Monade* ist deshalb eine geometrische Numerologie ausdrücklich aus menschlicher Perspektive. »Dem Menschen gestand das beste Schicksal für seine Aufgabe seine Hände zu. Es ist also nicht einfach die

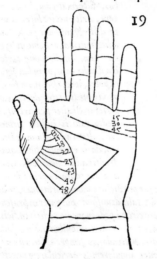

Abb. 43: Marsdreieck und Lebenslinie nach Taisnier, Opus Mathematicum, S. 48

---

[136] Vgl. Bernardino Telesio, De rerum natura, Neapel 1586, 8. Buch; Eine ausdrückliche Verbindung zwischen Telesios Spiritus-Psychologie und der Ingenium-Lehre hat Antonio Persio gezogen: *Trattato dell' ingegno dell'huomo*. Venezia 1576.

Methode der Natur, wenn er im Durchlaufen einer unendlichen Zahl prädefinite Naturen und Figuren ergreift, durch die alles konstituiert und figuriert wird.«[137] Muß man sich dann wundern, wenn der ›Epilog des Maßes‹ mit einer Reminiszenz an die in die Hände eingeschriebenen Zeichen, mit einer Reminiszenz an die Chiromantie beginnt? Bruno nimmt das Problem der Messung der Lebenslinie und der Struktur des Marsdreiecks auf, um seine geometrischen Prinzipien im Bereich der *verificazioni* zu erörtern. Wie man aus der Abbildung aus dem *Opus mathematicum* von Joannes Taisnier sehen kann, gehören diese Probleme bis in die Terminologie der mathematischen ›mensuratio‹ hinein zu den geläufigen einer geometrisch betriebenen Chiromantie. Bruno zeigt an ihnen die Thematik der Differenzen gleich/ungleich, bekannt/unbekannt, gerade/gekrümmt auf und gibt ein Verfahren an, nach dem Übertragungen vom Geraden zum Ungeraden bewältigt werden können. Das Verfahren allerdings ist wie der Epilog der Figur nur kryptisch und enigmatisch dargestellt.

In *De Minimo* gibt es ein eigenes Buch mit dem Titel ›De Mensura‹.[138] Man wird seine Aussagen heranziehen müssen, um den Kontext des Verfahrens, das Bruno angibt, verstehen zu können. In diesem Buch gibt es eine Figur, die ebenfalls in einem gleichseitigen Dreieck konstruiert wird und eine gekrümmte Basisseite hat. Der Unterschied zum sich in der Hand befindlichen Marsdreieck ist, daß dort die Krümmung nach innen gerichtet ist, während in der Figur von *De minimo* eine Außenwölbung vorliegt. Aber für das Problem, die Projektion gleicher Abschnitte auf eine gekrümmte Linie, macht das keinen Unterschied. Die Figur – sie ist auch in der *Ars Deformationum* thematisch[139] – ist von Bruno ›Porta Veneris‹ genannt worden, denn sie ist aus einem Teilstück des ›Atrium Veneris‹, der vormaligen figura intellectus, konstruiert wor-

---

[137] De Monade, S. 331 f.
[138] De Minimo, S. 300 ff.
[139] Praelectiones Geometricae e Ars Deformationum, S. 88 f.

den. Die ›Porta Veneris‹ gehört wie etwa auch das ›Telarium Arachnes‹ zu den für Bruno sehr wichtigen Figuren, deren Bedeutung noch im Detail zu untersuchen ist.

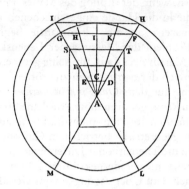

Abb. 44: Porta Veneris, *De Minimo*, S. 309

Man mag sich wundern, wenn Bruno nach der Angabe des Verfahrens doch noch, wie auch im Epilog der Figur, die Evidenz der sinnlichen Anschauung anruft, um das inkommensurable Verhältnis gerade/gekrümmt, das der zahlenmäßig messenden ›Hand‹ entgehe, zu bestätigen. Aber Bruno zeigt sich auch hierin als konsequenter Telesianer. Für Telesio ist auch die Geometrie letztlich auf der sinnlichen Wahrnehmung von Ähnlichkeiten gegründet. »Scientiarum omnium et geometriae ipsius principia a sensu haberi vel proxima eorum, quae sensu percepta sunt, similitudine, et conclusiones omnes ex iis pendere«.[140] Telesio war in seinem Bemühen um eine Naturalisierung des Wissens dahin gekommen, zwar nicht wie Bruno die mathematischen Zeichen als natürliche Zeichen zu rekonstruieren, aber dafür die mathematischen

---

[140] So die Überschrift von Kap. IV des achten Buches von Bernardino Telesio, De rerum natura, Neapel 1586.

Schlüsse durch ›natürliche‹ Schlußverfahren zu ersetzen. »Conclusiones naturales in eo mathematicis praestare, quod hae a signo omnes, illae vero a propriis causis propriisque manant principiis.«[141]

X. Zum Problem der Verschlüsselung

Metaphysica secretiora hat Bruno seinen Text genannt.[142] Nach allen Erfahrungen mit den Konstruktionen, verkürzten Zitaten und enigmatischen Epilogen muß man sich fragen, ob hinter der Opakheit von *De Monade* – die sicher auch für den zeitgenössischen Leser vorhanden war – eine gezielte Absicht steht. Der Text scheint eine Kommentierung geradezu herauszufordern, sei es in der Art, in der Lulls *Ars brevis* eine eigene Kommentartradition inspiriert hat, sei es in einer Explikation, wie sie Bruno in den *Praelectiones Geometricae* für die eigenen Theoreme aus *De Minimo* gegeben hat – möglicherweise als Paduaner Vorlesungen.[143] Dem Stoff eine mythische, rätselhafte Einkleidung verleihen: das regt das Ingenium an, das prägt den Stoff intensivier der Memoria ein, das mag auch der gedanklichen Beschäftigung größere Aufmerksamkeit abverlangen. Vielleicht verhält es sich so wie mit der Emblematik, die im übrigen mit ihrer Verbindung von Wort und Bild der Konzeption von *De Monade* so fern ja nicht steht. Paolo Giove empfiehlt in seinem *Ragionamento sopra imprese*,[144] ein Emblem dürfe weder zu obskur noch zu verständlich sein. Ist es vollkommen obskur, wird es niemand, ob dumm oder klug, begreifen: ist es aber zu offensichtlich,

---

[141] Ebda., Kap. V.
[142] Vgl. den Untertitel von De Monade, S. 323.
[143] Vgl. G. Aquilecchia, Praelectiones Geometricae e Ars Deformationum, Introduzione.
[144] Paolo Giove, Ragionamento sopra imprese, Venezia 1566, S. 6 f.; cf. P. E. Memmo, Jr., *Giordano Bruno's De gli eroici furori and the Emblematic Tradition*, The Romanic Review LV (1964), S. 3–15.

beleidigt es den Weisen. Welche Motive für Bruno im einzelnen leitend gewesen sind, darüber sind Hypothesen erst noch zu entwickeln.

1588 verbringt Bruno einige Monate in Prag. Der Hof Rudolfs II. war in diesen Jahren eines der großen europäischen Zentren für Wissenschaftler und Intellektuelle, insbesondere auch für manieristische Künstler und Literaten.[145] Das Stichwort des Manierismus birgt einige Hinweise, auf die weiter einzugehen sich lohnt. Die späte Renaissance verfügt ja souverän über eine gewaltige Masse an Traditionsgut; für die Beherrschung der antiken Mythologie stehen umfangreiche Kompendien wie die von Natale Conti *(Mythologia)*,[146] Vincenzo Cartari *(Le imagine dei Dei degli Antichi)*[147] oder Lelio Giraldi *(Historiae Deorum Syntagma)*[148] zur Verfügung, Allegorien, Götterfiguren und Mythologeme werden gekonnt arrangiert und ausgedeutet. Diese Kunst hat etwas Experimentelles und etwas Kombinatorisches. Sie enthält den Archaismus einer Sprache mit Göttersymbolen, welche an eine Zeit erinnern, als Götter, Namen und Kräfte noch eins waren, zusammengestellt mit dem Raffinement einer höchst modernen und bewußten Reflexion. Eine Philosophie, die sich dieser Möglichkeiten bediente, wäre manieristische, concettistische Philosophie[149] - bis hinein in ihre geo-

---

[145] Vgl. *Prag um 1600. Kunst und Kultur am Hofe Rudolfs II.* Ausstellungskatalog, Freren 1988: darin: E. Trunz, *Späthumanismus und Manierismus im Kreise Kaiser Rudolfs II.*, S. 57-60; vgl. ferner N. V. Evans, *Rudolf II and his world. A study in intellectual history 1576-1612*, Oxford 1973; J. Korzań, Praski krug humanistów wokót Giordana Bruna, Euhemer 71/72 (1969). S. 81-93.

[146] Natale Conti, Mythologia, Venedig 1567 (Erstausgabe 1551).

[147] Vincenzo Cartari, Le imagine dei Dei degli Antichi, Venedig 1566 (Erstausgabe 1556).

[148] Lelio Giraldi (Gyraldus), Historiae Deorum Syntagma, in: Opera, Basel 1580 (Erstausgabe 1548).

[149] Das Buch von Andrea Gareffi, *La filosofia del Manierismo. La scena mitolologica della scrittura in DellaPorta, Bruno e Campanella*, Napoli 1984, ist leider nur wenig hilfreich.

metrischen Konstruktionen *gegen die Mathematiker unserer Zeit*.[150]

Wenn man Brunos ›Ikonologie‹, nämlich die Verwendungsweise seiner Chiffren aus Götternamen und Symbolen, in ihrer Entwicklung entschlüsseln will, wird man vergleichend vorgehen müssen. In vielen Schriften, vom *Spaccio della bestia trionfante* bis zur *Lampas Triginta Statuarum*, spielt die Entwicklung und Begründung dieser Ikonologie eine zentrale Rolle. In der Tiefe reicht ihre Intention bis zu einer Ersetzung der christlichen ›Ideologie‹, die im Zeitalter der Glaubenskämpfe problematisch geworden war, durch eine neue, philosophisch fundierte Symbolik.[151] Als Bruno sich zur Rückkehr nach Italien verleiten läßt, tut er es, so nimmt man an, in der Hoffnung, offizielle Anerkennung durch eine reformbereite katholische Kirche zu erreichen, denn für einen Augenblick schien die politische Situation ungewiß und hoffnungsvoll.[152] In *De Monade* ist die Ikonologie im Hintergrund, aber immer präsent. Sie taucht auf bei der Benennung der Siegel, etwa als ›Ring des Apoll‹ oder ›Tisch der Grazien‹, und sie taucht vor allem auf bei der Konstruktion einer jeden Figur mittels eines Alphabets von Götternamen. Diese Götternamen reproduzien noch einmal den Gang von der Einheit zur Vielheit in ihren Bedeutungen, denn A, der erste Punkt, ist Apoll, der Sonnengott, der Bruno für das Erste und Eine steht; dann kommt als B Bacchus – der *nächtliche*[153] – das Gegenprinzip zum taghellen Apoll also; weiter

---

[150] Vgl. den Titel der *Articuli adversus mathematicos*.

[151] Vgl. Yates, Giordano Bruno and the Hermetic Tradition; dies., Giordano Bruno in der englischen Renaissance, ebda.; A. Ingegno, Regia Pazzia. Bruno lettore di Calvin, Urbino 1987; P. R. Blum, *D'ogni legge nemico e d'ogni fede: Giordano Brunos Verhältnis zu den Konfessionen*, in: Renaissance und Reformation, hrsg. v. A. Buck, Wiesbaden 1984.

[152] Vgl. die Venezianer Prozeßakten; 1591 war Francesco Patrizi an die Sapienza nach Rom berufen worden, um dort platonische Philosophie zu lehren.

[153] Vgl. De Monade, S. 375.

als C Charis, als D Diana etc. Wie weit sich das Alphabet der Götternamen in diesem Sinne verfolgen läßt, ist im einzelnen zu untersuchen. Der Gedanke, für Punktbenennungen Götternamen zu verwenden, ist alt; sowohl die astrologische Tradition als auch die der Gedächtniskunst kennen ihn. Die von Ficino aus der hermetischen Magie aufgegriffene Idee, sich Statuen von Göttern zu denken, hatte Giulio Camillo zu einem fast perfekten Amphitheater perspektivischer Repräsentationen ausgeformt.[154] Bruno gibt in der *Lampas triginta statuarum* – wieder in philosophischer Distanz – seine Version von der Idee der Götterstatuen.

Für Bruno ist, wie schon im Kapitel II erläutert, die allegorische und mythologische Ausdrucksweise gegenüber bloßer Begrifflichkeit die angemessenere Form. Doch mag er auch einmal von der *initiatio* sprechen,[155] so ist *De Monade* jedenfalls kein grundsätzlich unverständliches Werk. Es fordert nur ein hohes Maß an kontextueller Aufmerksamkeit, um in seine enigmatischen und emblematischen Zusammenhänge einzudringen. Eine Geheimschrift wie die Anwendungsschriften für Proportionalzirkel, die allein mit dem Verkauf des Instruments mitveräußert wurden, ist es nicht. *De Monade* will nur nicht zu schnell und leicht verstanden werden. Dabei mag Bruno Agrippas letzte Worte von *De occulta philosophia* im Sinn gehabt haben: »Wenn nun jemand wegen seines Unglaubens und aus Mangel an Einsicht seine Wünsche nicht erfüllt sehen solle, so möge er das, woran seine Unwissenheit schuld ist, nicht mir zur Last legen und nicht sagen, ich habe mich geirrt oder absichtlich Falsches und Lügenhaftes geschrieben, sondern er möge nur sich selbst anklagen, da er mein Buch nicht versteht, denn es ist freilich dunkel und durch mancherlei Mysterien verschlossen, worin leicht viele den richtigen Weg verlieren und sich nicht zurechtfinden werden. Es möge mir aber niemend zürnen, wenn ich die Wahr-

---

[154] Vgl. Giulio Camillo Delmino, L'opere, Vinfgia 1579; vgl. Yates, The Art of Memory, ebda.
[155] Vgl. De Monade, S. 334.

heit dieser Wissenschaft in Rätsel gehüllt und an vielen Orten zerstreut vorgetragen habe, denn nicht für die Weisen, sondern für die Gottlosen habe ich dieselbe verborgen und in eine solche Redeweise eingekleidet, daß sie zwar den Unverständigen verborgen bleiben sol, den Weisen dagegen leicht zugänglich gemacht ist«.[156] *De Monade* will also nicht leicht verständlich sein; aber es ist nicht ein Buch, das nicht verstanden werden will.

---

[156] Agrippa, De occulta philosophia, Epilog (Dt. Ausgabe, S. 577).

AUSGEWÄHLTE BIBLIOGRAPHIE*

1. Ausgaben und Werke

Die Originalausgabe von ›De Monade‹: De Monade, numero et figura liber consequens quinque de minimo magno et mensura. Frankfurt, bei J. Wechel und P. Fischer, 1591 (zusammen mit *De innumerabilibus immenso et infigurabili; sive de universo et mundis libri octo*).
  Die Ausgabe wurde 1614 bei P. Fischer in Frankfurt nochmals aufgelegt.

De Monade ist enthalten in Band I,2 der *Opera latina*, edizione nazionale a cura di F. Fiorentino, F. Tocco, G. Vitelli, V. Imbriani, C. M. Tallarigo, Napoli und Firenze 1879–1891; Die Ausgabe ist nachgedruckt worden vom Verlag Fromman-Holzboog, Stuttgart-Bad Cannstatt 1961/1962.
  (*De Minimo* und die *Articuli adversus Mathematicos* sind beide in Op.lat.I,3 enthalten.)

Eine Übersetzung ins Italienische existiert von C. Monti: Opere latine di Giordano Bruno, Torino 1980 (dort sind alle drei Frankfurter Schriften übertragen).

Weitere Standardausgaben Brunoscher Werke sind:
  Dialoghi italiani (abgekürzt als ›Dial.it.‹), ediert von G. Gentile, neu herausgegebenn von G. Aquilecchia, Firenze 1958.

---

* Hier sind nicht alle Werke aufgeführt, die in der Einleitung und im Sachkommentar zitiert worden sind. Vielmehr möchte die Bibliographie übersichtlich bleiben durch eine knappe Auswahl nur der wichtigsten Titel, die für eine Arbeit zu Giordano Bruno allgemein und zu De Monade heranzuziehen sind. Die spezielle Literatur zu bestimmten Aspekten ist den Anmerkungen der jeweiligen Kapitel zu entnehmen.

Due dialoghi sconosciuti e due dialoghi noti, ed. G. Aquilecchia, Roma 1957.

›Praelectiones Geometricae‹ e ›Ars Deformationum‹, ed. G. Aquilecchia, Roma 1964.

2. Biographisches, Bibliographisches, Hilfsmittel

Die Standardbibliographie ist: V. Salvestrini, Bibliographia di Giordano Bruno (1582–1950), 2. Auflage 1950; sie ist für die folgenden Jahre durch Einzelartikel ergänzt worden.

Eine sehr nützliche Auflistung der erhaltenen Originalausgaben der Bücher Brunos in den europäischen Bibliotheken findet man neuerdings bei: Maria Rita Pagnoni-Sturlese, Bibliografia censimento e storia delle antiche stampe di Giordano Bruno, Firenze 1987.

Biographisches und Dokumente:
V. Spampanato, Vita di Giordano Bruno, Messina 1921.
V. Spampanato (ed.), Documenti della Vita di G. B., Firenze 1933.
A. Mercati, Il sommario del processo di Giordano Bruno, Città di Vaticano 1942.
L. Firpo, Il processo di G. B., Napoli 1949.

Veraltet, aber dennoch wichtige Hilfsmittel sind die drei Werke von F. Tocco:
F. Tocco, Le opere latine di Giordano Bruno esposte e confrontate con le italiane, Firenze 1889.
–, Le opere inedite di Giordano Bruno, Napoli 1891.
–, Le fonti più recenti della filosofia di Bruno, in: Rendiconti delle reale Accademia dei Lincei, cl. scienz.mor., ser.V, vol.I, Rom 1892, 503–538 und 585–622.

Das ›Lessico di Giordano Bruno‹ von Michele Ciliberto, Roma 1979, ein zweibändiges Stichwortlexikon, ist für die Arbeit an *De Monade* nur bedingt zu benutzen, denn es basiert allein auf den italienischen Dialogen.

3. Literatur

G. Aquilecchia, Giordano Bruno, Roma 1971.

N. Badaloni, Giordano Bruno; verbesserte Neuausgabe (der Ausgabe von 1955), Florenz 1988.

L. de Bernart, Immaginazione e scienza in Giordano Bruno, Pisa 1986.

P. R. Blum, Aristoteles bei Giordano Bruno, München 1980

H. Blumenberg, Die Legitimität der Neuzeit, Teil IV: Cusaner und Nolaner, Frankfurt a. M. 1976.

M. Ciliberto, La Ruota del tempo. Interpretazione di Giordano Bruno, Roma 1986.

A. Corsano, Il pensiero di Giordano Bruno nel suo sviluppo storico, Firenze 1940.

A. Ingegno, Cosmologia e filosofia nel pensiero di Giordano Bruno, Milano 1978.

P. H. Michel, La cosmologie de Giordano Bruno, Paris 1962.

L. Olschki, Giordano Bruno, Deutsche Vierteljahresschrift für Literaturwissenschaft und Geistesgeschichte 2 (1924), S. 1–79.

P. Rossi, Clavis Universalis. Arte mnemoniche e logica fantastica da Lullo a Leibniz, Milano und Napoli 1960.

M. Stadler, Unendliche Schöpfung als Genesis von Bewußtsein. Überlegungen zur Geistphilosophie G. Brunos, Philosophisches Jahrbuch 93 (1986), S. 39–60.

E. Troilo, La filosofia di Giordano Bruno, Torino und Roma 1907–1914

H. Védrine, La conception de la nature chez Giordano Bruno, Paris 1967.

F. A. Yates, Giordano Bruno and the Hermetic Tradition, London 1964.

REGISTER

(die Seitenangaben beziehen sich auf die Seitenzählung
der Opera latina)

Namen

Abimelech Abraham 439
Adam 363
Aegim 400
Aglaia 359
Aglaophemus 334
Ägypter 387, 400, 417
Amaimon 400
Amerika 465
Anaxagoras 408
Anteros 356
Apoll 347, 359, 360, 362, 375, 376, 377, 378, 379, 380, 390, 416, 417, 435, 446, 450, 452
Apollonius 334, 466
Aquilon 468
Areopagita 453
Arimanin 369
Aristophanes 389
Aristoteles 329, 344, 345, 394, 395, 414, 465
Asmit 467
Assur 439
Astaphon 466
Atropos 369
Auster 399
Averroes 411

Babylonier 350, 405
Bacchus 362, 375, 376, 377, 378, 379, 380, 390, 435

Balthasar 438
Behemot 390
Bellerophon 321
Bileam 437
Boreas 399
Brahmanen 423

Caeum 363
Calliope Clio 455
Campo dei Fiori 467
Cerberus 364
Ceres 446
Chaldäer 386, 390, 405, 408, [418, 472
Cham 363
Chaos 446
Charis 362, 376, 380, 450
Chaybdis 449
Cherubim 428, 468
Christus 427, 464
Ciccus Asculanus 467
Cloto 359
Coelius 446
Cyniker 408
Cyrinäiker 408

Daniel 465
David 457
Demokrit 463
Diana 362, 376, 377, 378, 379, 380, 434, 435, 446, 450

Dio 356
Diovis 416, 417
Dis 347

Eldad 428
Elayphaz 422
Empedokles 408, 463
Ennoc 363
Epikur 408
Eremit Theophrast 413
Erigone 362, 378, 379, 450
Eros 356
Eumeniden 363
Euphorosine 359
Eurus 399

Ficino 408
Floron 476
Fortuna 356, 362, 377, 378,
 379, 382, 435, 436, 441, 450
Furien 356

Galen 414
Ganymed 378, 379
Genien 356, 357, 441
Gog 438
Grazien 359, 361, 376, 378,
 379, 380
Griechen 387, 465

Hasmitus 401
Hebräer 367, 387, 408, 457
Hekate 364
Heraklit 408
Hermes 378, 379, 434, 435
Hermes Babylonius 334
Hesiod 457
Hiob 390, 418, 457, 464
Hipparch 400, 466
Hippokrates 414
Homer 457

Hosea 389
Hydra 438

Isis 380, 400
Israel 428, 437

Japet 463
Japhet 463
Jericho 439
Jerusalem 427
Jesaja 428
Josua 439
Julius Caesar 441
Juno 363, 368, 369, 378
Jupiter 326, 356, 362, 363,
 369, 378, 400, 434, 435, 440,
 451

Kabbalisten 385, 386, 387, 418,
 429, 453

Lachesis 359
Laren 449
Leviathan 363, 454
Lukas 389
Lykurg 423

Manfred, König 467
Mantua 359
Marcus Manilius 408
Marmores 401
Mars 325, 378, 416, 434, 435,
 440
Mastigen 322
Medad 328
Mekubalen 427, 462
Merkur 359, 363, 390, 394,
 435, 440, 453
Merlin 401
Minerva 375
Mitrin 369

Mnemosyne 444, 455
Momen 322
Moses 350, 390, 405, 422, 427, 428, 438, 457, 463, 464
Musen 325, 450, 452, 454, 455

Namaan 437, 440
Nabucdonosor 438
Nemesis 380
Neptun 362, 378
Nereiden 377
Nimrod 439
Noah 363
Nymphen 347, 437

Okeanos 378, 446, 451
Olymp 321, 363, 382
Oriens 400
Origines 465
Orkus 363, 434
Oromasin 369
Orpheus 446, 457
Ossa 321, 363

Paimon 400
Palladin 437
Pallas 326, 363, 368, 369, 456
Paphies 359
Paris 364
Parther 423
Parzen 359
Pathmos 439
Pelion 363
Pentagramm 412
Peripatetiker 411
Phanes 446
Phoebus 453
Pierius 454
Platon 329, 334, 384, 389, 406, 408, 465

Platoniker 347, 364, 367, 370, 386, 394, 408, 409, 410, 441, 453
Pluto 347, 362, 378, 451
Prometheus 418
Prytaneum 347
Pyndus 321
Pythagoräer 347, 348, 351, 364, 386, 387, 410, 426, 446
Pythagoras 334, 380, 382, 418, 422

Raphael 440
Rom 334, 416, 467
Romulus 401

Salomon 389, 400, 427, 439, 440, 457, 467, 468
Samier 382, 405, 443
Samson 439
Saturn 361, 400, 435, 437, 446,
Sem 363   [451, 470
Solimo 461
Sophisten 402
Stagyrita (Aristoteles) 329, 344
Stoiker 408
Sybillen 457

Telesio 395
Tellus 363
Thelaia 359, 455
Theophrast 413
Thetis 380
Theut 401
Thomas von Aquin 415
Thyaneus 401
Timaios 329, 389, 407
Titan 444
Tobias 440
Trismegistos 463
Typhon 363

Varro 408
Veiovis 416, 417
Venus 330, 356, 359, 363, 368, 369, 390, 394, 434, 435, 440, 453, 461
Virgilius Maro 417
Vulkanus 380, 435, 446

Zarathustra 334
Zephir 399
Zeus 378
Zoilen 322
Zoroaster 404

Sachen

Ähnlichkeit 368, 396, 400, 401, 427, 429
Ähnlichkeitsgefüge 329
Akt 327, 328, 329, 343, 344, 345, 346, 350, 351, 353, 356, 359, 360, 366, 368, 370, 374, 384, 386, 388, 419, 429, 435, 462, 466, 471
Akzidenz 351, 356, 408, 415, 463
Analogia Entis 356
Analogie 332, 342, 351, 358, 366, 370, 380, 405, 420, 429, 434, 452, 458
Äquinoktialpunkte 400, 401
Äquinoktien 466
Arbeit 324, 403, 405, 419, 422, 423, 424, 434, 439
Archetyp 326, 352, 367, 373, 382, 384, 418, 420, 427, 443, 458, 459
Arkanum 348
Astrologe 369, 389, 394, 397, 440
Äther 378, 394, 396, 463
Atom 328, 352, 409, 410, 411, 463

Barbaren 325, 465
Bild 328, 333, 382, 386, 387, 389, 391, 409, 418, 419, 426, 430, 433, 450, 459
Brennspiegel 390

Caelum 450, 463
Causa efficiens 370
Causa exemplaris 370
Causa finalis 370
Charakter 327, 333
Commune 326, 399

Dämon 356, 359, 386, 400, 415, 438, 440, 453, 463, 466
Dekalog 464
Diacedius-Stein 466
Diapason 388
Diapente 388
Differentia proxima 357
Disdiapason 388

Einfachheit 342, 364, 411
Emanation 346, 389
Erde 323, 324, 329, 339, 347, 352, 363, 364, 382, 390, 394, 395, 396, 400, 410, 411, 421, 422, 426, 427, 430, 436, 438, 446, 447, 449, 463, 464, 465, 467
Erfahrung 324, 326, 330, 369, 378, 387, 410, 415, 447, 456, 460, 469, 470

Sachen

Erinnerung 327, 369, 392, 418
Essenz 339, 346, 349, 353, 359, 366, 388, 409
Ewigkeit 346, 423
Extrem 328, 350, 373, 374, 377, 392, 393, 412, 433, 445

Fatum 321, 343, 346, 352, 359, 360, 382, 404, 434, 441
Figur 323, 328, 330, 331, 332, 334, 335, 336, 348, 349, 350, 352, 358, 361, 362, 367, 375, 376, 378, 379, 380, 384, 400, 401, 403, 404, 405, 407, 410, 411, 415, 418, 421, 422, 423, 434, 443, 445, 447, 460, 462, 463, 465, 466, 471, 472
Finger, fünf 324, 405, 406, 418, 464, 465
Form 327, 329, 334, 335, 336, 337, 342, 345, 351, 353, 358, 359, 368, 380, 385, 389, 391, 398, 399, 407, 408, 409, 413, 414, 415, 420, 434, 444, 452,
Fülle 443 [458, 460, 471, 472

Gedächtnis 419
Geist 321, 323, 324, 325, 326, 328, 329, 330, 332, 333, 343, 344, 346, 353, 358, 359, 360, 375, 384, 391, 394, 396, 397, 398, 399, 405, 407, 411, 415, 419, 420, 425, 426, 428, 434, 436, 437, 438, 439, 443, 450, 452, 453, 457, 460, 463
Gekrümmtes 328, 330, 352
Gerades 328, 330
Gesetz 326, 328, 333, 343, 345, 347, 356, 377, 385, 405, 418, 420, 423, 431, 437, 456, 458, 464, 469

Gift 357, 415
Glück 323, 324, 333, 353, 369, 417, 436
Grammatik 326
Grenze 336, 343, 351, 352, 360, 362, 371, 372, 388, 403, 420, 421, 457, 469, 472
Größe 335, 346, 398, 399, 462

Habitus 368
Hand 327, 329, 385, 398, 405, 406, 418, 419, 423, 437, 455, 464, 468, 470
Harmonie 367
Herz 321, 338, 347, 371
Horizont 335, 388, 412, 466

Ignoranz 413
Ikosaeder 410
Imagination 356, 369
Impetus 338
Incubi 400
Indiz 333
Ingenium 321, 323, 324, 325, 329, 330, 332, 343, 359, 368, 370, 402, 403, 405, 410, 416, 424, 433, 443, 457, 460
Intellekt 358, 359, 361, 366, 368, 370, 386, 387, 395, 407, 415, 440, 453, 456
Intention 346, 356
Irrtum 466, 471

Jahreszeiten 383, 384, 436

Kälte 352, 357, 390, 411, 423, 446
Kirchenväter 394
Koluren 400, 401, 466
Komplexion 360, 361, 392, 430, 441

Konjunktion 400, 401
Körperlichkeit 340, 381, 407, [408
Kosmos 386
Kraft 321, 323, 326, 327, 334, 338, 339, 343, 344, 347, 348, 366, 368, 369, 370, 381, 382, 385, 388, 391, 396, 400, 407, 408, 411, 413, 415, 418, 421, 423, 425, 430, 434, 441, 443, 452, 466
Krebs 400, 467
Kreis 321, 331, 334, 343, 344, 348, 350, 362, 377, 378, 379, 380, 382, 386, 402, 403, 404, 412, 419, 420, 421, 422, 426, 430, 433, 437, 443, 444, 445, 450, 460, 461, 465, 466, 471, 472
Kreislauf 344, 381, 384
Kubus 394, 410
Kugel 336, 338, 339, 341, 343, 347, 392, 395, 410, 416, 421, 426
Kunst 332, 334, 340, 341, 342, 368, 397, 404, 414, 416, 430, 446, 459, 467, 472

Leben 323, 324, 326, 330, 342, 347, 349, 359, 360, 366, 368, 369, 381, 387, 401, 405, 409, 418, 423, 424, 425, 429, 437, 453, 469
Lebensgeist 347, 366, 390
Lemuren 356
Licht 321, 325, 326, 327, 328, 333, 334, 345, 352, 357, 358, 360, 365, 366, 369, 386, 390, 391, 394, 395, 402, 414, 421, 426, 427, 430, 432, 435, 436, 437, 446, 450, 456, 457, 463, 465, 471

Liebe 324, 346, 351, 356, 357, 359, 382, 386, 426, 429, 432, 440, 454, 464

Magie 406, 415
Magier 334, 361, 364, 369, 390, 402, 406, 436, 467
Magnet 415
Maß 329, 332, 334, 335, 337, 346, 384, 426, 430, 460, 468, 471
Materie 327, 329, 330, 332, 344, 345, 348, 351, 352, 353, 356, 368, 370, 371, 373, 384, 386, 387, 392, 396, 397, 398, 399, 407, 408, 413, 414, 419, 425, 430, 435, 441
Maximum 343, 345, 360, 398
Medium 360, 361, 366, 392, 393, 419
Medizin 357, 412, 413, 414,
Melancholie 441 [431
Merinoktialkreis 466
Meßkunst 469
Mineralien 396, 398, 440, 464, 466, 468
Minimum 335, 336, 340, 343, 345, 348, 358, 360, 398, 402, 403, 410, 411, 471
Modul 411
Mond 394, 426, 435, 437, 446, 455, 464, 467
Musik 447
Mutter 332, 352, 356, 381, 382, 384
Mysterium 414

Name 332, 334, 344, 346, 367, 400, 401, 413, 421, 440, 443, 446, 462
Natur 321, 326, 327, 328, 330,

331, 332, 333, 334, 335, 337, 338, 339, 340, 342, 343, 345, 348, 350, 351, 354, 360, 370, 380, 381, 382, 383, 384, 394, 395, 397, 398, 399, 401, 407, 410, 412, 414, 415, 423, 426, 437, 439, 440, 441, 446, 456, 464, 465, 466, 471
Nekromanten 400, 401, 468
Nexus 358, 361
Numina 443
Nutzen 324, 440, 472

Objekt 327, 331, 360, 366, 395, 402, 419, 453
Oktaeder 410
Ort 333, 336, 337, 339, 340, 343, 347, 352, 372, 400, 415, 429, 445, 447, 448, 449, 450, 457, 459, 462, 466, 472
Ozean 375, 376, 382, 396, 404, 461

Parahelien 366
Parallelogramm 376
Partikuläres 343
Pentagramm 406, 412
Pentateuch 464
Pflanze 329, 396, 398, 454, 464
Phantasie 369, 395, 443, 455
Physik 345, 411, 412
Planet 347, 357, 394, 395, 440, 468
Polgon 402
Potenz 327, 328, 343, 344, 350, 351, 353, 356, 359, 360, 368, 369, 370, 381, 386, 388, 391, 410, 415, 430, 466
Priester 361, 364, 380, 437, 439
Proprium 326

Quelle 326, 328, 330, 358, 380, 381, 387, 452, 459

Raum 340, 342, 343, 345, 346, 372, 382, 410, 449, 457
Raumkörper 345, 380, 446
Regel 335, 336, 470
Relation 356, 419, 462

Samen 330, 338, 361, 383, 386, 392, 397, 398, 399, 401, 411, 430
Schatten 321, 327, 360, 364, 366, 389, 390, 391, 446, 467, 468
Schicksal 323, 325, 330, 331, 334, 338, 345, 364, 367, 368, 405, 423, 425, 437
Schönheit 367, 426, 436, 462
Schöpfung 422, 445
Seele 328, 330, 338, 339, 346, 347, 348, 356, 360, 366, 367, 368, 369, 375, 384, 386, 387, 390, 391, 396, 405, 407, 408, 409, 412, 418, 423, 440, 452, 453, 457, 463, 466, 468
Sefirot 426, 462
Siegel 327, 333, 376, 377, 378, 380, 404, 437, 440, 461
Sinne 323, 324, 327, 329, 356, 375, 384, 415, 418, 456, 457, 458, 459, 466, 470, 471
Solstitien 384, 400, 466
Sonne 321, 323, 333, 352, 366, 381, 382, 390, 394, 395, 398, 426, 435, 437, 446, 463, 464, 466, 467
Speerspitze 335, 434, 444, 469, 472
Speerspitze des Arktur 402, 470, 472

Register

Spiegel 328, 329, 366, 467, 468
Spur 327, 340, 360, 366, 390, 391, 412, 420, 469
Steinbock 400, 467
Stereometrie 410
Struktur 337, 338, 340, 370, 457, 462
Subjekt 344, 346, 360, 366, 399, 402, 403, 434, 441, 460
Substanz 329, 335, 336, 339, 343, 344, 345, 346, 351, 356, 360, 366, 382, 384, 388, 389, 394, 396, 397, 398, 399, 407, 408, 409, 415, 419, 429, 459, 461, 462, 463
Succubi 400, 401
Sulfur 364
Symmetrie 348, 367

Talmudisten 418, 456
Terminus 338, 392, 403, 407, 411, 419
Tetraeder 410
Theologen 394, 415
Theriak 414
Tier 438, 447
Tierkreiszeichen 394, 427, 468

unendlich 342, 344, 345, 346, 351, 371, 384, 457
Unglück 417, 436
Universum 344, 345, 346, 394, 415, 427
Ursprung 340, 343, 347, 349, 350, 401

Vergesellschaftung der Dinge 385
Vernunft 360, 361, 366, 384, 399, 412, 453, 455
Verstand 324, 343, 346, 356, 375, 384

Wahre, das 322, 330, 334, 342, 344, 345, 350, 353, 359, 365, 402, 443, 459, 463, 469
Wärme 352, 357, 386, 390, 394, 411, 446
Wasser 360, 363, 364, 386, 390, 394, 395, 396, 410, 411, 429, 446, 449, 463, 466
Wechselfälle 337
Weisheit 328, 329, 341, 359, 363, 437, 440, 453
Weltseele 386, 407, 426
Werk 331, 333, 339, 359, 421, 422, 423, 426, 427, 433, 456, 460, 464, 465, 471
Werkzeug 321, 325, 471
Wort 329, 346, 374, 457

Zauberer 380, 390, 412, 413, 414, 418
Zeichen 326, 375, 384, 400, 405, 406, 415, 422, 427, 435, 469, 471
Zeitalter 333, 421, 434, 460
Zentrum 335, 336, 337, 338, 339, 341, 342, 343, 344, 345, 347, 348, 350, 361, 362, 377, 378, 382, 383, 384, 390, 395, 404, 420, 421, 444, 450, 461

Meiner   Philosophische Bibliothek

Aristoteles
Nikomachische Ethik
PhB 5. 1985. LXIII, 450 S. Kart.

Politik
PhB 7. 1981. LXVI, 365 S. Kart.

Organon PhB 8-13. 5 Bände zus.

Kategorien. Lehre vom Satz
PhB 8/9. 1974. 132 S. Kart.

Lehre vom Schluß oder Erste Analytik
PhB 10. 1975. X, 209 S. Kart.

Lehre vom Beweis oder Zweite Analytik
PhB 11. 1990. XLIII, 164 S. Kart.

Topik
PhB 12. 1968. XVII, 227 S. Kart.

Sophistische Widerlegungen
PhB 13. 1968. IX, 80 S. Kart.

Aristoteles' Metaphysik
PhB 307-308. Griech.-dtsch.

Erster Halbband (I-VI)
PhB 307. 1989. IV*, LXX, 429 S. Kart.

Zweiter Halbband (VII-XIV)
PhB 308. 1991. XXXI, 627 S. Kart.

Aristoteles' Physik
PhB 380-381. Griech.-dtsch.

Erster Halbband (I-IV)
PhB 380. 1987. LII, 272 S. Kart.

Zweiter Halbband (V-VII)
PhB 381. 1988. LII, 331 S. Kart.

Diogenes Laertius
Leben und Meinungen berühmter Philosophen
PhB 53/54. 1990. XXI, 394 S. Kart.

Gorgias von Leontinoi
Reden Fragmente und Testimonien
Griech.-dtsch. PhB 404. 1989. LXII, 225 S. Kart.

Gesamtverzeichnis bitte anfordern!

Felix Meiner Verlag · D-2000 Hamburg 76

Meiner Philosophische Bibliothek

Platon *Griech.-dtsch.*

Euthyphron
PhB 269. 1968. XVII, 52 S. Kart.

Laches
PhB 270. 1970. XXXIX, 101 S. Kart.

Menon
PhB 278. 1982. XXI, 128 S. Kart.

Paramenides
PhB 279. 1972. XLIV, 195 S. Kart.

Das Gastmahl
PhB 81. 1981. XL, 158 S.

Der Sophist
PhB 265. 1985. XLVIII, 215 S. Kart.

Phaidon
PhB 431. 1990. LVII, 217 S. Kart.

Der Staat *in deutscher Übersetzung*
PhB 80. 1989. LXII, 487 S. Kart.

Timaios
PhB 444. 1992. Ca. LXXXVIII, 264 S. Kart.

Plotin

Plotins Schriften Griech.-dtsch
PhB 211-215/276. In 12 Ganzleinenbänden
Einzelbände auf Anfrage

Plotin - Studienausgaben *Griech.-dtsch.*

Heft 1: **Das Schöne - Das Gute - Entstehung** und Ordnung der Dinge. 1968. 72 S. Kart.

Heft 2: **Die Glückseligkeit - Woher kommt das Böse - Das erste Gute.** 1960. 84 S. Kart.

Heft 3: **Seele - Geist - Eines**
PhB 428. 1990. XLIII, 145 S. Kart.

Heft 4: **Geist - Ideen - Freiheit**
PhB 429. 1990. XLVIII, 97 S. Kart.

Gesamtverzeichnis bitte anfordern!

Felix Meiner Verlag · D-2000 Hamburg 76